公共図書館の冒険

未来につながるヒストリー

柳 与志夫・田村俊作編

みすず書房

まえがき——公共図書館の「もうひとつの」可能性

今とは違う、別の公共図書館がありえたのではないか、それが本書を生み出す母体となった研究会メンバーの共通の思いだった。「もうひとつの公共図書館史」、それが研究会当初の本書の仮題である。それでは、「もうひとつの」公共図書館とはどのようなものだったのだろう。近代公共図書館が欧米で成立してからまだ二〇〇年もたっていない。我が国においてある程度普及してきたのは一〇〇年程度の話だ。一般の人々や図書館関係者の間で公共図書館像の揺らぎがあっても何の不思議もない。近年の指定管理者問題や無料貸本屋論争を見ていると、そもそも公共図書館という制度は日本に根づいているのだろうか、という疑問もわいてくる。しかしその一方で、書店や出版をテーマとする本と並んで、図書館に関する本が次々と出版されている。本が売れない、本を読まない、という記事を見ない日はないが、皮肉なことに図書館や本への社会的関心が高まっていることは間違いない。そこにはさまざまな背景を持つ人々の図書館に対する期待や不満、理想が込められているのだろう。残念ながらそれに対して、図書館界から、これからの新しい公共図書館像が提示されているようには思えないのである。そして、私たち「オルタナティブ図書館史研究会」のメンバーが、その解決のヒントを得ようとしたのが、我が国の公共図書館史をもう一度見直してみることだった。そこに別の可能性、別の見方があったのではないだろうか。

実は率直に言うと、私自身は長い間日本の公共図書館史には興味がなかった。大学を卒業して国会図書館に就職したという職業上の必要で、当時の図書館史の本をいくつか読んでみたが、社会的・思想的文脈抜きの、事実の経年的羅列ばかりで、知的関心が萎えてしまったのが最大の理由である。文脈抜きの「事実」というものが果たしてあるのだろうか。その気持ちが変わってきたのが、本書の著者でもある国会図書館における若い同僚、小林昌樹氏と鈴木宏宗氏との交流だった。出版・図書館史オタクと言ってもいいぐらいの知識と探求心をもったお二人と話していくうちに、事実の背後にあるさまざまな思潮・社会的要因・思惑などの面白さを垣間見ることになった。そこから生まれたのが、出版史・図書館史をテーマにする自主勉強会「文脈の会」（二〇〇九―二〇一四年）である。本書の著者たちの大部分がその勉強会のメンバーであった。思えば、まさにそこでのキーワードが「文脈」だったのである。公共図書館史を見直してみるとき、図書館や図書館人の歴史をたどるのではなく、出版流通はもとより、より広い社会的文脈のなかで捉え直そうとしたのがオルタナティブ図書館史研究会（二〇一六―）だった。

取り組みの視点・目標の確認に始まり、論点整理、章立てと、研究会メンバー全員での討議は進み、各章の執筆担当者が決まった後も、各章の構成・内容案について担当者ごとの発表を続けた。章によっては、討議の結果、担当者の当初案とは構成がほとんど変わってしまったものもあった。その意味で、本書は分担執筆のかたちはとっているが、一年半の研究会での討議の成果として、執筆を担わなかった者も含め、全員の共同著作物と言ってもいいだろう。

本書の評価は、もちろん読者に委ねるべきことだが、責任編集者の立場から言えば、本書執筆の当初の目標である、もうひとつ、あるいはもういくつかの公共図書館の可能性を考えるための多くのヒントを盛り込めたのではないかと思っている。同じ歴史的事象を違う観点から解明する、出版流通や読書を含めたより広い文脈からの知見を加える、これまで関連づけられていなかった事象の関係性を見つける、そして一部新しい事実の発掘（特に第2章）など、これまでの公共図書館史とは一線を画したものとなった。何より、最初に章立てのユニークさを見ると、そのことがわかっていただけるだろう。

本書の記述は、一部公共図書館に関する基礎的知識があったほうが理解しやすい章もあるが、基本的には、本や書店、図書館に関心のある人なら理解できる一般的内容となっている。社会から孤立した図書館の歴史ではなく、新しい「もうひとつの」歴史を捉え直す視点から、本や知識の世界におけるこれからの図書館の可能性を考えるきっかけになることをめざしている。

本書へのご寄稿は叶わなかったが、オルタナティブ図書館史研究会メンバーとして、豊富な知見からの貴重な指摘や論点を提示していただいた春山明哲氏と森洋介氏に感謝したい。お二人の参加がなければ、各章の記述ももっと底の浅いものになっていただろう。

最後に、本書の成立にあたって、みすず書房の持谷寿夫前社長と守田省吾現社長の貢献に触れないわけにはいかない。本の上梓にあたって担当編集者にあとがきで謝辞を述べるのは一般的なことだが、お二人の役割はとてもそれにとどまるものではない。生みの親と育ての親と言ってもいいだろう。

書協（日本書籍出版協会）の図書館委員会委員長（当時）であった持谷さんとは、出版界と図書館界の不毛と言ってもいいような論点のずれた論争を終わらせて、新しい関係構築をするための土台づくりのようなことができないか、以前からお会いするたびに話をしてきた。そのためには相互理解の基盤となる共通認識が必要であることでも一致していた。その持谷さんがある日、「戦後公共図書館の歴史」というメモを見せてくれた。出版人が読みたい、そして読むべき、公共図書館を理解するための本を出せないか、という内容だった。図書館史に暗い私が書くわけにもいかないので、同じ本書の責任編集者である田村俊作・慶應義塾大学名誉教授と相談した。そして、既成概念に縛られず、面白い意見を言ってくれる人を集めて研究会を組織し、そこでの議論を踏まえて本にしよう、ということになった。持谷さんは、まさに研究会の、そして本書の生みの親ということである。

当時編集部長だった守田さんとお会いしたのは、持谷さんとみすず書房社屋で研究会発足のための打ち合わせをした時だった。以来、月一回というハイペースで行なう研究会に欠かさず出席されて、大部分が図書館関係者である研究会メンバーに対して、出版人の立場からの忌憚のない意見や質問が浴びせられた。ともすれば、図書館を中心に社会的関係を見てしまいがちな「公共図書館史」ではなく、出版流通の観点も含む社会的文脈のなかで見直すという本書の趣旨が、曲がりなりにも最後まで貫けたとすれば、それは守田さんの存在に負うところが大きい。研究会での「その考え方でいいと思いますよ」という守田さんの言葉に励まされた執筆担当者は多いはずだ。研究会の、そして本書の育ての親なのである。

私は現在大学で学術コンテンツ構築やデジタルアーカイブに関する調査研究を担当し、その研究の一環として「ビヨンドブック」プロジェクトを立ち上げ、検討を進めている。書籍、あるいは大部分がまだそれをデジタル化しただけの電子書籍、そしてネットワーク上のさまざまな情報資源の次に来る、新しい知識源としての何かを作ろうとしているのだが、そこでは残念ながら、これまでの書籍や出版社の場はなさそうだ。しかし皮肉なことに、本書の成立過程を通じて、出版社と図書館の役割、在野研究者や編集者の意義を再認識することになった。それらが果たしてきた本質的機能は、これからの社会を支えるべき知識基盤構築においても変わらず必要なものであろう。公共図書館の多様な可能性を秘めたヒストリーを学ぶことによって知識社会の未来を考えること、それこそが、図書館人だけではなく、すべての読書人に開かれた「冒険」なのである。

二〇一八年二月二六日

柳　与志夫

目次

第1章　歴史から見直す

1　新しい図書館・話題の図書館

ライブラリー・オブ・ザ・イヤーの風景

毎年一一月初旬になると、横浜ベイエリアのコンベンションセンター、パシフィコ横浜は、図書館関係者でにぎわう。「図書館総合展」が開催されるのである。ここで「関係者」と言っているのは、参加しているのが単に図書館で働いている人たちだけではないからだ。図書館に本や雑誌を売っている国内外の出版社、「書誌情報」とか言われる本についてのデータを作成・販売している会社、図書館向けのコンピュータ・システムを開発している会社、本棚やカウンターなどの図書館用品を製作・販売する会社、自治体の委託を受けて図書館を運営している会社、図書館の活動を支援するさまざまなＮＰＯ法人。時には新しく図書館を作った自治体の首長が参加することもある。図書館をめぐっては、こうした多様な人々が関わる、市民や企業のちょっとした活動領域・産業が形成されているのであり、図書館総合展はこうした「関係者」が一堂に会するイベントなのである。

図書館総合展では、フォーラムと呼ばれる、講演やディスカッションによる数多くの集会が開かれるほか、関連企業や団体による展示会もにぎわっている。毎年恒例のイベントもある。その一つに、「ライブラリー・オブ・ザ・イヤー」の最終選考会と授賞式がある。

ライブラリー・オブ・ザ・イヤーの主催団体であるNPO法人知的資源イニシアティブによれば、同賞は「図書館及びそれに準ずる施設・機関における他の図書館の参考となる先進的な取り組みや活動について評価し選考する」ものである。つまり、同賞の受賞館を見れば、図書館や類似の組織による先進的な活動の一端を知ることができるのである。

では、どのような図書館や団体が受賞してきたのか。ライブラリー・オブ・ザ・イヤーの一〇年を振り返った特集記事(1)から、二〇〇六年の第一回から一〇回までの大賞受賞館・団体と受賞理由を取り出すと、**表1**のようになる。

受賞理由からキーワードを拾い出してみると、少々違和感を覚えるのは筆者だけだろうか。「地域に役立つ」「町づくり」「文化・地域活性化」「新しい公共空間」といった地域への貢献を前面に出しているもの、あるいは、「データベース利用」「横断検索」「オープンデータ」「デジタルアーカイブ」のように新しい情報技術の活用に関わるものばかりで、通常私たちが図書館と言って思い浮かべるような、静かな読書の場としての図書館像とはずいぶん離れたことばかり並んでいるような印象を受け

年	大賞受賞館	受賞理由
2006	鳥取県立図書館	連携による地域に役立つ図書館づくり
2007	愛荘町立愛知川図書館	町づくりへの貢献
2008	千代田区立千代田図書館	都市型公共図書館の新しい姿
2009	大阪市立中央図書館	データベース利用のモデル
2010	カーリル	全国の図書館蔵書の横断検索
2011	小布施町立図書館	小布施文化・地域活性化の拠点
2012	ビブリオバトル	人を通じて本を知る／本を通じて人を知る試み
2013	伊那市立図書館	新しい公共空間としての地域図書館の可能性
2014	京都府立総合資料館	オープンデータのデジタルアーカイブ構築
2015	多治見市図書館	収集の難しい資料の収集

表1　Library of the Year 大賞受賞館と受賞理由

出典：福林靖博、岡野裕行「総特集：Library of the Year の軌跡とこれからの図書館」『LRG』13号、2015年

る。

しかし、もう少し掘り下げてみると、本や読書との関わりが見えてくる。「ビブリオバトル」とは聞き慣れないことばだが、「知的書評合戦」という別名が示唆しているように、自分が読んで良いと思った本を会場の聴衆に説明し、その説明の魅力を競う、というイベントである。本についての語り口を楽しむという、新聞の書評欄などで昔から行なわれてきたことを、一種の競技イベントに作り込んだアイデアの新しさが評価された。

それ以外でも、「横断検索」というのは、複数の図書館が持っている本をまとめて検索するしくみだし、多治見市図書館の受賞理由も、美術館やギャラリーの図録という、入手はむずかしいが、地場産業と関わりが深く重要な本を、司書が足を使って集めた点が評価されている。「新しい公共空間の創出」も、ことばとしてはむずかしいが、

地域に暮らす人々の「知る」「学ぶ」といった活動を互いに繋ごうとする試みで、決して本や読書と無縁なわけではない。

本のある読書の場という私たちが通常思い描く図書館像と、一見かけ離れているように見える受賞理由との間をつなぐヒントは、多治見市図書館の受賞理由にある。多治見市図書館の本の収集が評価されたのは、単に収集のむずかしい本を集めたことにあるのではなく、地場産業にとって重要な本、多治見の陶磁器制作の際に役に立ちそうな本を集めたからである。つまり、ライブラリー・オブ・ザ・イヤーが評価したのは、まず第一に、本や読書といった「モノ」や「行為」自体ではなく、そうしたモノや行為が地域に対して持ちうる力であり、力を発揮させようとする活動、すなわち、

本や読書を通じた地域の振興

だったということになる。本や読書を否定し、それに代わるものを提案するのではなく、むしろその価値を社会の側から再評価しようとしているのだ。

ライブラリー・オブ・ザ・イヤーが本や読書の価値を否定して、まったく新しい図書館像を求めているのではないことは、大賞受賞館の中に

新しい情報技術や新しい発想による本や読書の振興

を行なったところが含まれていることからもうかがい知ることができる。先に見たビブリオバトルやカーリルがそれである。大賞受賞館に見る新しい図書館のもう一つの方向性とは、これまで図書館が営々として振興してきた本や読書の伝統を、新たな発想・新たな視点から捉え直そうとするものなの

である。

図書館の活動範囲を広げるような新たな要素も登場している。産業界や医療等との「連携」「データベース」「デジタルアーカイブ」などは、本や読書には直接つながらない、これまでの図書館とは縁が薄かったものである。ただし、データベースはもともと紙の本として発行されていた新聞記事や経済統計などをデジタル化したものだし、デジタルアーカイブも本や文書の保存に端を発するもので、いわば図書館の延長上にあるとも言え、その限りでは前記二つの評価ポイントと発想は同一である。「連携」もそうだが、従来の図書館をベースにして、革新的なアイデア、技術、新たな社会関係の構築により、図書館の新たな可能性の領域を拓く試みが始まっているのだ。

東日本大震災後の公共図書館の活動

東日本大震災後の図書館をめぐる動きのなかに、ライブラリー・オブ・ザ・イヤーとはまた少々異なる、最近の図書館の一面が見えてくる。それは今日の社会状況に沿いつつも、いや、それゆえにこそ、「図書館」ということで人々が何をすべきと考えているのかが見てとれるのである。国立国会図書館が編集・発行した調査研究レポート『東日本大震災と図書館』（国立国会図書館、二〇一二年）に、東日本大震災以後の復興に向けた図書館関連事業が網羅されている。ここでは同書によって復興事業を概観してみよう。

東日本大震災のとき、他と同様、図書館も壊滅的な被害を受けるところが続出した。建物が壊れ、本は本棚から落ち、津波で流出した。亡くなった利用者・図書館員も多数いた。福島第一原子力発電所の事故により立ち入ることのできなくなった図書館もあった。何よりも、図書館員を含む地元自治体職員は、地震直後は住民の安全をはかり、ライフラインを確保することが最優先事項で、図書館の復旧をはかる余裕などなかった。一方、こういうときだからこそ、必要な情報を収集・提供することは大切だし、ある程度落ち着いたところでは、読書に対するニーズに応えることも必要になってくる。図書館に関わる支援が必要となるのは、こうした場面においてである。

『東日本大震災と図書館』では、図書館に関わる支援活動を、復興を支援する活動と記録や経験を残す活動とに分けている。

復興を支援する活動としては、被災資料の救済、被災地における図書館・読書環境の復旧支援、図書館サービスを通じた被災地支援、被災図書館支援ポータルサイトの四つが挙げられている。

被災資料の救済とは、被災した資料、特に地域の資料や貴重な資料を被災図書館から救い出し、汚れ、壊れた資料を修復する活動である。被災地における図書館・読書環境の復旧支援としては、本を贈る活動、自動車図書館を寄贈したり、支援者が自ら運営する活動、仮設図書館を開いて、公立の図書館の肩代わりをする活動、端末を用いた電子書籍・雑誌の提供などがある。図書館サービスを通じた被災地支援としては、被災地に対する電子書籍や電子雑誌の無料提供、被災地からのメールによる質問への回答、県外の図書館が避難者に対し地元住民と同等のサービスを提供すること、震災や原子力発電に関する情報提供、利用者が本を一冊借りるごとに図書館が一円寄付する、というユニークな募金活動が挙げられている。最後の被災図書館支援ポータルサイトとしては、博物館（M）、図書館（L）、文書館（A）、公民館（K）における被災状況と支援活動に関する情報共有サイトであるsaveMLAKを挙げることができる。これは有志によって自主的に運営されているサイトで、震災発生翌日の二〇一一年三月一二日に開設されている。

記録や経験を残す活動としては二種類挙げられている。一つは、図書館による震災関連刊行物・写真集・記録集、報告書、震災当時の新聞、チラシ、フリーペーパー、自治体広報紙誌、個人の手記などの収集と保存で、県立図書館などが積極的に取り組んでいる。いま一つは震災関連のデジタルデータの収集と保存・公開の試みで、国立国会図書館をはじめとする政府機関や大学、インターネットサービス企業が、画像、映像、文書、音声、ウェブページやブログなどインターネット上のコンテンツのようなデジタルデータの収集・保存・公開に取り組んでいる。なかでも東松島市図書館の「ICT地域の絆保存プロジェクト」は、市民一人一人の震災体験を記録・保存する試みとして注目される。

震災によりあらゆるインフラが壊滅したなかで、図書館機能の復興が早くから取り組まれたこと、しかも、政府機関だけでなく、出版社を含む民間団体や多数の個人が復興事業に積極的に参加したことは、図書館というものの社会的な意義について、世の中にある種のコンセンサスが存在していることを示しているように思われる。そのコンセンサスのなかには、本を利用者、特に子どもに届ける、というサービス面だけでなく、本を中心とした資料を収集・保存すること、さらには、震災に関連した経験や活動を記録することという、地域の記憶装置としての役割が含まれていることに注目したい。

図書館の役割というと、とかく本の提供や読書の推進といったことに目が向けられがちだが、その前提となる、本を残すこと、記録を集め、保存するといったことも、図書館の大切な役割であり、それは世の中に広く認められていることが、震災復興の取り組みのなかに見て取れるのである。

ライブラリー・オブ・ザ・イヤーと東日本大震災から見えてくるもの

これからの図書館の方向性を示唆してくれるライブラリー・オブ・ザ・イヤーも、失われたものを記録し復興しようとする東日本大震災以後の動きも、共に図書館というものの価値を考えるうえで示唆的な出来事である。いずれも図書館にある「本」というモノ、図書館で行なわれる「読書」という行為が、人々や社会に対して持つ価値を認め、その振興を図ったり失われた価値を取り戻そうとするものであった。

では、ここで肯定的に捉えられている本や読書の価値、そして、人々のために本を集積し、人々に広く読書の機会と場所を提供する社会的装置としての図書館の価値とは、一体どのようなものなのだろうか？　また、図書館はどのような本を集積し、どのようなサービスを通じて、人々にどのような読書機会を提供することによって、どのような価値を生み出してきたのだろうか？

図書館の歴史を振り返ることを通じて、こうした問いに答えることは、本書全体の課題なのだが、その作業にかかる前に、もう少し検討しておくべきことがある。それは、図書館の価値は歴史的に形成されたものであり、したがって時代によって変化してきているし、さらに、同じ時代でも、複数の価値が併存ないし競合してきた、ということである。

今日でも、図書館の価値をめぐっては、容易には解消しそうにない複数の見解が対立している。本書執筆の動機となったのも、「現在の図書館に対して、どうして互いに相容れないような見解の対立があるのか。それぞれの見解は、図書館をどのようなものとして捉え、図書館にどのような価値を見ているのか。書店があるのに、どうして図書館が求められるのか」といった問いからであった。そこで、図書館の歴史を取り上げる前に、現在の図書館のあり方に対し異議を唱えた論評と、現在の図書館の行き方に挑戦するような図書館を取り上げて、何が問題視されているのかを考えてみよう。

2　無料貸本屋と武雄市図書館

公的に本を貸すことの意味

貸出を中心にした現在の図書館サービスに対しては、作家を中心に、「無料貸本屋」であるとの厳しい批判が寄せられてきた。直接のきっかけとなったのは、作家・書誌学者の林望が二〇〇〇年に発表した「図書館は「無料貸本屋」か」(2)という論考だから、もうずいぶん長い間議論の応酬が続いてきたことになる。

「無料貸本屋」論とは、現在の図書館が、読書による出版文化の維持と発展という本来の任務を忘れ、利用者に迎合してベストセラーなどの人気のある本ばかり大量に購入し貸出をすることによって、書籍の販売を妨害し、作家の利益を損なっている、というものである。安井一徳[3]によれば、こうした無料貸本屋論とそれに対する図書館側の反論は、すでに一九七〇年前後から存在しており、後で見るように、図書館における現在のような誰でも気軽に利用できる、貸出中心のサービス体制の成立とほとんど同時に、無料貸本屋批判が起こっているのである。

ただ、一口に無料貸本屋批判といっても、論者の図書館観や状況認識の違いによって、その論点は千差万別である。安井はそれを次の三点に整理している。

・貸出サービスの位置づけと他のサービスとの関係――郷土資料など貸出サービス以外のサービスがおろそかになる

・公共図書館の図書選択――より多く貸し出される蔵書を求める結果、ベストセラーなど特定の資料が過度に購入される

・図書館外との利害調整――貸出サービスが充実するほど、著者など他のアクターに与える経済的損害が大きくなる

それぞれの論点において、図書館側と作家側の見解は真っ向から対立する。たとえば、貸出サービスの位置づけに対して、図書館側では貸出サービスに集中することに肯定的なのに対し、作家側は、図書館が本来持っている他のさまざまな役割がおろそかになると否定的に捉えている。図書選択については、同じ本を複数冊購入する、いわゆる複本がやり玉に挙げられ、複本の比率は高くないとする図書館側と高いとする作家側が対立する。著者や出版社に与える経済的損害についても、複本の場合

と同様に、問題とするほどの損害が生じているとする根拠はないとする図書館側と、貸出冊数から損害は相当額にのぼると推定する著者・出版社とは対立している。日本書籍出版協会と日本図書館協会は、二〇〇三年七月に共同で公立図書館貸出実態調査を行ない、議論の基盤となる客観的なデータの整備を図ったが、結果の解釈はさまざまで、議論が収束に向かうことはなかった。

こうした対立点の周辺には、実にさまざまな議論が展開している。たとえば、図書館には本の販売を促進する展示効果があるとする意見や、経済的損害が問題となるのは一部のベストセラーについてであって、大多数の一般書や、少部数出版の学術書などでは、図書館による購入はむしろ著者や出版社にとっても歓迎すべきことであるとする意見などである。

こうした多様な意見が飛び交うなかで議論が収束しないのは、本来市場の商品であるものを公費で買い上げ、住民に無料で使わせて市場の機能を阻害するようなことを、自治体はどうして行なっているのか、という著者・出版社の側の不信感を、図書館が払拭し切れていないからである。特に、貸出を重視し、読みたい本のリクエストに積極的に応える近年の図書館のサービスに対しては、出費を惜しんでただで本を読もうとする人々を積極的に後押ししているようにしか見えないが、果たしてそれが税金を使ってやるべきことなのだろうか、という不信感はむしろ強まっているように思われる。

二〇一七年六月にシカゴで開催された米国図書館協会年次大会で、筆者は日本ではおよそ考えられない光景を目にした。大会会場に設けられた展示会場には、大手から独立系まで、多数の出版社がブースを出して、二万三〇〇〇人を超える来場図書館員たちに本を売り込んでいた。さらに、「著者に会おう！」というプログラムでは、延べで五〇〇人を超える作家やイラストレーターがサイン会やトークイベントを開催していた。また、最終日の特別講演では、サイモン・アンド・シュースター社がスポンサーとなって、講演者のヒラリー・クリントンが、出版予定の自著の紹介を兼ねて、本と図書館がいかにアメリカ社会にとってかけがえのないものかを語った。著者も出版社も、自分たちの本を売り込む機会として大会を捉えているのは明らかであった。

電子書籍の貸出回数制限をめぐっては、米国でも図書館と出版社は激しく対立した。その他にも両者はしばしば特定の問題をめぐって対立しているが、基本的には両者は共生関係にあり、構造的な対立関係にあると捉えているようには見えない。両者の間に構造的な対立関係があるとするわが国とはまったく違っている。

こうした違いの背景は、出版流通のしくみの違いなどいろいろ考えられるが、基底には、図書館の役割、その公共性に対する日米の考え方の違いがあるように思われる。その違いは、長い年月にわたって形成された歴史的なものであるだろう。本書は、そうした対立構造形成の一端を、主に図書館の側から解き明かそうとする試みでもある。

知的飾りとしての本棚

無料貸本屋批判が、知的に意義のある読書を推進せずに、利用者におもねり、内容よりも人気を重視した資料提供を進めているように見える、現今の図書館のあり方を批判するものであったとすれば、資料提供よりも来館者を重視し、図書館と商業施設の垣根を大胆に取り払って、これまでの図書館とは違う「図書館」の姿を見せてくれたのが、佐賀県にある武雄市図書館であった。

同館については、導入にあたっての強引な意思決定や手続き、受託企業による不明瞭な資料購入など、運営上の問題が指摘されているが、図書館の役割を問うている本書の趣旨からは外れるので、その種の問題はひとまず措き、図書館が利用者に対してどのようなことを行なっているのか、利用者用の施設やサービス面に限定して、これまでの図書館とどのように違うのかを考えてみたい。また、ここでは二〇一三年にリニューアルオープンした当初のサービスをもっぱら取り上げたい。本稿を準備していた二〇一七年一〇月には、本稿で言及するCD・DVDのレンタルコーナーは廃止されて学習室になり、隣接地にこども図書館ができるなど、リニューアル時とは施設もサービスも相当変わってきているようだが、筆者は見ていない。筆者が見に行き、利用登録をして実際本を借りたりしたのは、二〇一三年と二〇一四年である。

リニューアルオープン当時、武雄市図書館の施設やサービスで話題になったのは、従来の図書館の常識を無視した空間構成の大胆さであった。館内はコーヒーショップ、レンタルコーナー（二〇一七年五月廃止。学習室に）、書店、図書館、歴史資料館で構成されていた。改装以前からあった無料の施設である図書館と歴史資料館のスペースが削られて、公営の施設ならざる収益施設が作られたのである。特に、無料の常設展示施設で、武雄市が誇る蘭学資料を展示していた蘭学館を廃止してレンタルコーナーにしたことは、武雄市の姿勢を端的に示すものと受け取られた。

武雄市図書館の運営企業であるカルチュア・コンビニエンス・クラブ（CCC）が、同社のポイントサービス用のカードであるTカードを図書館利用カードに用いようとしたことに対しては、法令違反ではないかとの疑義が出された。公共サービスを利用して自社への利益誘導を行なおうとしているのではないか、との批判と、利用者の利用の事実が特定企業に渡り、使われるとしたら、個人情報保護法に抵触するのではないか、との疑問である。これについては、利用者の個人情報は図書館の運営業務についてのみ使用すること、Tポイントのつかない通常の図書利用カードも用意し、図書利用カード作成時に、Tカードにするか通常の図書利用カードにするか利用者が選べるようにすることで決着した。

空間構成にしても図書利用カードにしても、注目を浴び、また批判の対象となったのは、図書館の運営を請け負う企業が、従来民間が担ってきた範囲を大胆に超えて、集客による企業収益確保の姿勢を明確に示したことである。これは、図書館への販売が自らの収益確保を阻害すると考える著者・出版社と好対照をなす姿勢と言えよう。

図書館という観点から見た武雄市図書館の特色は、図書館がこれまで蓄積してきたノウハウを無視して、書店経営のノウハウを基にしたと覚しき独自の館内レイアウトや本の並べ方を採用しているところにある。本棚は、児童書も含め私たちの背丈よりもかなり高く、本棚間の通路も狭い。いくつかのジャンルでは、本は本棚で四角形に囲まれたエリアに並べられている。壁の本棚は天井まであり、実際に高いところにも本が並べられている。

一般に図書館の本棚が低いのは、多くの人が無理なく本を手に取れるようにとの配慮からである。高齢者が増えてきた最近は、あまりかがまなくとも取れるようにと、最下段を床よりもかなり高くしているところも増えてきた。通路が広いのは、車椅子などの人でも自由に本棚に行き、本を取れるようにとの配慮である。天井までの本棚では、上の方の段の本は背文字がよく読めないし、簡単に手に取れないうえに、地震のときには頭上に落ちてくる危険性がある。本棚で四角形に囲まれたエリアに、「小説」とか「ビジネス」といった特定ジャンルの本を並べようとすると、エリアの本棚の収容冊数とジャンルの本の所蔵冊数が大きく違っていたりする場合、調整に苦労することになる。多くの図書館で、低めの本棚が列をなしてずらりと並んでおり、また、本棚間の通路が広々としているのは、誰でも開放的な環境で自由に動き回り、本が取れるように、また、本が並べやすいように、との配慮からで、それなりの合理性があるのである。武雄市図書館の本棚は、こうした本の利用のしやすさよりも、本に囲まれているという知的な雰囲気作りを重視した結果であろうと筆者は推測している。

本棚への本の並べ方も独特である。ふつう図書館は本棚上の本のあり場所を請求記号という記号で表わし、本の背にラベルとして貼って、利用者であれ図書館員であれ、一見して本の所在がわかるようになっている。請求記号の柱は日本十進分類法と呼ばれる、主に本のテーマを基にした分類記号である。これにより、日本十進分類法を基にした請求記号を背に貼って本棚に請求記号の順に並べれば、似たテーマの本が一箇所に固まって本棚に並ぶように工夫されている。

日本十進分類法は一九二〇年代末に考案されたもので、たびたび改訂されているとは言うものの、書店などの本の並べ方と比べると、本のテーマに対する私たちの感覚とずれているように感ずる点が多い。たとえば、「留学」は「海外旅行」に近いように感ずるが、日本十進分類法では「教育」に含まれる。「実用書」というジャンルはなく、「結婚式のスピーチ」に関する本は語学に含まれる。

このように使い勝手は悪いのだが、いまだに改訂され使いつづけられているのは、図書館界の一種の共通言語として、いろいろ使い回しができるからだ。不満はあっても、ともかく本は本棚にテーマ別に並んでくれる。使っている記号は数字だけなので、並べる手間はかからない。だいたいどこの図書館も日本十進分類法なので、一度並び順を覚えてしまえば、どこの図書館でも本棚で本を探すのに困らない。子どもの本のコーナーに育児や料理・手芸の本を置くなど、ジャンルの並び順の工夫をしている図書館は多いが、そうした工夫ができるのも、実は基盤に日本十進分類法があるからで、誰もが日本十進分類法を念頭に、それを部分的に修正して使い勝手のよい本棚を工夫しているのである。これを一から分類を考えていたら、大変な手間がかかるうえに、新しいテーマは次々に生まれてくるから、分類を絶えず見直して更新してゆくのも大変である。武雄市図書館が行なったのは、まさにそのことである。

武雄市図書館は日本十進分類法を採用せず、代わりに「ライフスタイル分類」という独自の分類を用いている。これは、たとえば「歴史・郷土—東洋史—中国」のように、テーマを三段階で細分するもので、大分類は「歴史・郷土」など二四項目に分かれている。区分が多いうえに、日本十進分類法のように記号を使っていないので、本棚に並べるのは大変なのではないかと推測する。また、ラベルは本の背ではなく、裏表紙に貼られていて、利用者は手に取らないとラベルを見られないため、利用者にとっても本のテーマを確認するのはむずかしい。ここでもまた、書店のような知的雰囲気づくりに重点が置かれ、利用しやすさについての図書館のノウハウは敢えて考慮していないような印象を受ける。

武雄市図書館の空間構成や本の配置は、これまで図書館が培ってきたものを否定し、蔦屋書店のノウハウを基にした図書館を実現しようとした図書館の姿勢の端的な表われであるように筆者には見える。全国平均から見て決して悪くない実績だった旧武雄市立図書館を敢えて否定して全面リニューアルした市長の決断に、従来の図書館像を否定する姿勢は明瞭に見て取れるし、本棚をすべて替え、すべての本の分類をやり直したところに、否定の徹底ぶりを感ずることができる。つまり、武雄市図書館は、これまでのような図書館ではない図書館なのである。では、一体何なのか？　どのようなものが実現されたのだろうか？

図書館の現状について、肯定的に捉える動きと、逆に否定的に捉える動きの両方があることを見てきたわけだが、現在の図書館の世界に中心的な考え方というのは確かに存在するいっぽう、それに対する反発も、また、現状を踏まえて新たな方向を探る動きもあった。

では、現在の中心的な考え方というのはどのようなもので、いつ頃に成立し、どのように展開してきたのだろうか。また、現在の考え方が成立する以前は、どのような考え方が中心的で、結果としてどのようなサービスが提供され、どのように利用されていたのだろうか。

実際、図書館の歴史をひもといてみると、主流となる考え方は、これまでに何回か大きく変わり、サービスもまた大きな変化を遂げてきたのを見て取ることができる。そうした変化を歴史的に辿ることにより、現在の考え方やサービスを相対化し、同時に変化を通じて変わらないものを確認することは、わが国の図書館がそもそもどのようなもので、社会のなかで図書館がどのような役割を果たす存在なのかを理解するのに有益であろう。本書では、わが国の図書館の諸側面の歴史をたどることにより、図書館の社会的な意義・役割を理解することをめざす。

以下の節では、『近代日本図書館の歩み 本篇』（日本図書館協会、一九九三年）や永末十四雄『日本公共図書館の形成』（日本図書館協会、一九八四年）に主に拠って、今日に至るまでのわが国の図書館の変遷をざっと辿ってみたい。ここで見ようとするのは、時代時代で図書館が何をめざし、それはどのような時代背景や社会基盤のもとでのことであったのか、ということの概観である。一つの時代をとっても、ライブラリー・オブ・ザ・イヤーと無料貸本屋批判のように、図書館に対する見解は多様であり、利用者の利便性を重視し、日本十進分類法を基本として採用しているわが国の大多数の図書館と武雄市図書館のように、図書館運営のコンセプトも多様である。そうした多様な側面から図書館の展開を見ることは次章以降の課題として、ここではそのための予備的知識を入手するつもりで、これまでのわが国図書館の歩みを読んでいただければありがたい。

3　図書館のはじまり

図書館の誕生

現在につながるわが国図書館の淵源を語るときには、明治時代から始めるのが通例である。奈良時代に石上宅嗣《いそのかみのやかつぐ》が開設した芸亭《うんてい》を最初の図書館とする見方もあるが、欧米の図書館の起源を古代バビロニアの図書館に求めるのと同工異曲で、現在の図書館を構成する要素の幾分かを備えたものを歴史から探してみても、それは今日の図書館に直接つながるものではない。

今日のわが国の図書館は、近代ヨーロッパと米国において発達・成熟した、近代図書館の制度を基礎に発展したものである。それは、地方自治体、大学、企業等の構成員が、本・雑誌・新聞といった印刷メディアから知識を得る機会を広く保証するという理念に基づいており、その理念の実現のために、印刷図書を中核に据えた資料の組織的な収集、人々による利用の便を考慮した資料整理、本棚への本の排列などの利用環境の整備、貸出や閲覧などのサービスといった今日よく知られている図書館の仕組みが整えられてきたのである。

江戸時代にすでに、わが国には幕府の紅葉山《もみじやま》文庫や藩校の文庫などの文庫や、個人による書物の収集と友人同士による利用など、今日の図書館に通ずるものが相当数存在し、それらのなかには、今日各地に存在する図書館蔵書の基盤になっているものも少なくない。八戸市立図書館のように、八戸藩士による読書組織を源流とするような希有の例もある。しかし、「図書館」という制度は、そうした江戸時代の制度・活動とは理念的に異なる欧米由来のものとして、明治時代の初め、まだ洋装本や近代出版産業が登場する以前に導入されたのである。

図書館史によれば、江戸時代にすでに欧米の図書館は紹介されていたが、今日欧米図書館の初期紹介例として知られているのは、福澤諭吉の『西洋事情』である。同書では、「図書館」について次のように説明している。[4]

西洋諸国の都府には文庫あり『ビブリオテーキ』と云う。日用の書籍図画等より古書珍書に至るまで、万国の書皆備り、衆人来りて随意に之を読むべし。

ここですでに、資料の組織的収集と、不特定多数の人々に対するサービスという、近代図書館制度のポイントが描写されている。福澤諭吉自身、京都などにおいて図書館の設立を試みるが、近代図書館制度が従来の文庫とは異なることをどの程度認識していたのかはわからない。

今日最初の近代図書館として知られているのは、一八七二（明治五）年に湯島聖堂内に文部省により設立された書籍館《しょじゃくかん》である。それまで用いられてきた「文庫」ではなく「書籍館」という新しいことばを用いたところに、従来とは異なる「本の館」を作ろうとする意気込みが伝わってくる。書籍館はその後東京府書籍館、東京図書館など幾多の変遷を経た後、一八九七（明治三〇）年に帝国図書館になった。

このようにして、明治の初めから、図書館という欧米近代の制度は、他の諸制度と同じようにわが国に紹介され、学校教育同様、知識の普及による日本の近代化に役立つものとして導入されてくる。近代図書館がどのようなものであるのかは、最初は福澤諭吉のように、海外に渡航した際の訪問先の一つとして見てきたり、あるいはいわゆる御雇《おやとい》外国人による図書館建設の働きかけなどを通じて知られるようになった。具体的な導入の試みは、政府によっても民間でも行なわれた。

明治政府による図書館制度の導入と整備の試みは、早くから始まった。書籍館の設立以後も、各地で新聞が発行されるようになると、各県に新聞縦覧所と呼ばれる新聞の読書施設を設け、その普及を図った。さらに、半官半民ではあるが、教育の改善・発達を図るため、一八八三（明治一六）年の大日本教育会を手始めに各地に設立された教育会は、図書室を設け、後の公共図書館の母体となった。

図書館の設立には、政府以外にも、さまざまな個人や団体が関わっていた。小野梓や岩崎弥太郎たちの結社、共存同衆が一八七九（明治一二）年に設立した共存文庫は、有力者によって作られた図書館のごく早い例である。やや時代は下るが、博文館の大橋佐平・新太郎父子は、一九〇二（明治三五）年に市ヶ谷に私立大橋図書館を設立し、一般に開放した。宗教関係では、同じく一九〇二年に開館した成田山新勝寺の成田図書館（現・成田山仏教図書館）などが古い。企業が設立したものとしては、一九一三（大正二）年に設立された八幡製鉄所図書館は、従業員と家族のための図書館ではあったが、一般市民にも開放されていた。一九〇六（明治三九）年開業の南満州鉄道（満鉄）は、奉天や大連など満鉄が管理権を持つ鉄道附属地に、日本人住民のための図書館を設立した。

以上のような顕著な例の背後には、篤志家や有志によって設立された、大小さまざまの数多くの図書館がある。やや後の統計(5)では、一九一三(大正二)年度に公立図書館が二四五館なのに対し、私立図書館は三七九館と、私立図書館の方が多かった。一方、蔵書総数では、公立の約一三三万冊(一館平均約五四〇〇冊)に対し、私立は約一七二万冊(一館平均約四五〇〇冊)と、公立図書館の方がやや規模が大きいことがうかがえる。

総じて戦前期には、中央政府も地方行政府も図書館予算が乏しかったため、しばしば活動を制約され、また、有力者・篤志家を中心とする民間の力に頼るところが大きかった。たとえば、湯島聖堂の文部省書籍館は、西南戦争前後の政府財政窮迫により、一時東京府に移管され、後に文部省に戻されて東京図書館として再出発した。東京図書館が帝国図書館に変わった後も、上野に新築された建物は、日露戦争による財政逼迫のあおりを受けて、当初計画されたロの字形の施設の四分の一の部分のみで開館しなければならなかった。一九〇四(明治三七)年開館の大阪図書館(現在の大阪府立中之島図書館)は、住友家からの多額の寄付によって設立された。住友家からの援助は開館後も続いた。東京市立図書館は、一九〇八(明治四一)年の日比谷図書館開館後、深川(現在の江東区立深川図書館)・一橋(駿河台図書館を経て現在の千代田区立千代田図書館)の両独立館、学校付設の簡易図書館十数館と、次々に図書館を開設してゆくが、深川は東京勧業博覧会の施設の転用、一橋は帝国教育会図書館の移譲、簡易図書館のほとんどは地元有志の寄付金による設置であった。(6)時代はくだって一九二六(大正一五)年広島市に開館した浅野図書館は、旧広島藩主の浅野家が広島城入城三〇〇年を記念して建てたもので、後に広島市に寄付されて市立浅野図書館（現在の広島市立中央図書館）となった。

政府の図書館振興策は、図書館建設に限られるものではない。法令等制度の整備、統計等による実態の把握、基準の制定や優れた実践の紹介による水準の維持・向上、職員の養成等の方策を通じて振興を図るのが通例である。もちろん、このすべてを政府が担うわけではなく、いわば官民の協力関係のなかで図書館の振興が図られていった。

教育法制上に図書館が位置づけられるのは一八七九（明治一二）年と早いが[7]、図書館に関する独立の法令として最初のものは図書館令（明治三二年勅令第四二九号）である。附則を入れてわずか八条の短い法令だが、図書館を設置できる団体、設置・廃止の手続き、館長および職員とその待遇、有料制を可とすることを簡潔に定めている。ここで図書館は「図書ヲ蒐集シ公衆ノ閲覧ニ供」（第一条）することを目的とする施設と定められている。福澤諭吉が西洋のビブリオテーキとして描いたものが、わが国の法令で実現したのである。

文部省は図書館統計や図書館の現況調査をたびたび実施して、現況の把握に努めている。先に見た一九一三（大正二）年度の統計はその一つである。

政府はまた、館長や職員の養成にも取り組んだ。しかし、この領域においても、実質的に図書館の振興に大きな役割を果たした民間の努力を無視することはできない。

岩倉使節団をはじめ、政府は欧米にたびたび使節団を派遣し、欧米諸制度の視察を行なっているが、そのなかに図書館の視察も入っていた。米国建国百周年を記念する一八七六（明治九）年のフィラデルフィア万国博覧会に、政府は文部大輔の田中不二麿らを派遣、田中らは米国内を中心に各国の教育事情を視察したが、その報告書は、今日で言う障がい者教育や博物館と並んで、書籍館についてもかなりのページを割いて報告している。

長期にわたる出張として特筆されるのは、東京大学助教授から東京図書館に転じた田中稲城のケースである。田中は一八八八（明治二一）年から一年半にわたり米国、英国その他の図書館を回り、帰国後は東京図書館長に就任、東京図書館が帝国図書館になると、初代の帝国図書館長に就任し、わが国図書館界の初期の指導的人物となった。しかし、明治中期くらいまでで図書館を主なテーマに欧米に長期出張したのは田中くらいで、他の図書館関係者が渡航するのは明治末から大正以降になってからであった。明治三〇年代以降図書館の発展に大きく貢献した佐野友三郎《ともさぶろう》も、文部省の派遣により米国を視察したのは大正に入ってからである。人的な交流の乏しいなかで、欧米の図書館に関する知識は、もっぱら文献から得ることとなった。

図書館を作る機運を高めるためには、図書館を作り、また運営しようとする人々のための手引き書が必要となってくる。最初に出版されたのは、東京図書館員だった西村竹間《たけま》により一八九二（明治二五）年に上梓された『図書館管理法』（金港堂）で、図書館施設、資料選択、整理、閲覧といった図書館設置・運営上のポイントが簡潔に記されている。本書は西村の個人著作の体裁をとっているが、一九〇〇（明治三三）年刊行の文部省編纂『図書館管理法』（金港堂）へと継承されてゆく点を見ても、文部省の意向を受けて刊行されたものであろう。

欧米図書館事情の紹介や手引き書の刊行に次いで、図書館職員の養成が始まる。これには、図書館団体としての日本図書館協会が関係していた。

日本図書館協会は、一八九二（明治二五）年に日本文庫協会として発足した。日本図書館協会への名称変更は一九〇八（明治四一）年である。図書館協会としては、一八七六（明治九）年設立の米国図書館協会、翌一八七七（明治一〇）年設立の英国図書館協会に次ぐ歴史を誇っている。主唱者は米国図書館協会の活動を知る東京図書館長、田中稲城であり、発足時の主要会員は東京図書館、内閣記録局、宮内省図書寮、陸海軍の文庫、帝国大学図書館、第一高等学校図書館と、官立の図書館員主体の団体であった。

日本文庫協会は、通例の会合の他、一九〇三（明治三六）年にはじめて図書館事項講習会を開催する。これにより図書館員の組織的な養成が始まった。一九〇五（明治三八）年には、国内図書館員の相互連絡を図るべく、第一回全国図書館員大会が東京で開催された。さらに、一九〇七（明治四〇）年には『図書館雑誌』が創刊される。日本図書館協会を結節点にして、全国の図書館関係者が相互に意見や情報を交換し、また後進図書館員を育成する体制が徐々に整備されてきたのである。また、官立図書館員以外にも、早稲田大学図書館長の市島春城《しゅんじょう》、南葵《なんき》文庫を主宰する紀州徳川家当主の徳川頼倫《よりみち》侯爵、博文館が運用する大橋図書館の坪谷善四郎館長、成田山新勝寺貫首として成田図書館を運用する石川照勤など、有力な私立図書館関係者も主要メンバーとして協会の運営に参加し、日本図書館協会は図書館員の全国組織となった。

幕末から明治初年に西洋文物の一つとして移入された図書館は、施設の整備と並行して、法令の整備、管理運営法の導入とその普及、関係団体の設立と関係者間の知識共有、職員養成等の措置により、官主導のもと、民間の大きな力も加わって、明治末～大正初年には、ほぼ制度の骨格が形成されたのである。

図書館の発展と二重の課題

明治末から大正初年になると、図書館にさまざまなサービスが登場してくる。その嚆矢は、巡回文庫、児童閲覧室、公開書架などで、これらを始めたのは佐野友三郎である。佐野は一九〇〇（明治三三）年以降秋田県立図書館長や山口県立図書館長を歴任し、革新的な運営により図書館の発展に貢献した。

運営面でも、自治体内の複数図書館を組織的に運営することが行なわれるようになった。東京市立図書館が複数の図書館を持っていたことは前述したが、大正期に入るとそれらの図書館間で人事・経理などが統一され、一つの図書館組織として運営の効率化とサービスの充実が図られた(8)。

このように、明治後半以降のわが国図書館の歩みについては、わが国の歩みに呼応するかのような図書館の充実・発展が語られる一方、国の図書館政策に対しては、単なる図書館の振興策であるだけでなく、図書館を国民教化の手段に位置づけようとする側面も併せ持っていたのであり、特に昭和期に入ると、思想統制の強化により、図書館の健全な発展を阻害するものとなった、とする見解が有力である。

　戦前期の図書館と国の統制との関係に対する見解は、単に歴史的な意味を明らかにするだけのものではない。図書館のあるべき姿と国との関係、すなわち、図書館は住民の意思により運営され、また、思想の自由な交流の場であるべきであり、国はそのあり方を尊重し振興を図りこそすれ干渉してはならない、とする見解を支持する際の反省材料を提示する、という意味も持ってきた。

　しかし、最近は、図書館に関与した人物や個別図書館についての実証的な研究が進展を見せているため、それらの検討を通じて、戦前期の図書館がわが国の読書状況や文化の発展において果たした多様な役割を検討することが可能になってきている。また、図書館の発展に及ぼした国の政策の影響についても、国民教化の面だけでなく、読書機会の拡充や読書の普及、学問・芸術・文化の振興といった側面からも捉えてみることが必要だろう。図書館を「読書装置」の一つとみる永嶺重敏の研究[9]は、そうした新しい観点からの研究のよい例である。

　まずはサービスから見てみよう。すでに見たように、米国などで実践されはじめた新しいサービスは、それほどの時を置かずにわが国でも導入されている。児童サービス、自由に本棚を見て回って本を利用することのできる公開書架、利用者による資料を用いた調べものの手伝いをするレファレンスサービス等々である。なかには岡山市立岡山図書館のように、三輪車を用いて本の宅配サービスを行なったところもあった。

　地域の特性に合わせた資料収集とサービスを行なった図書館もあった。初期の例では、住友家の寄付により設立された大阪図書館は、商業中心地という立地上の特性と、企業・商店の使用人の役に立つ図書館にしてほしいという住友家の意向もあり、特許などビジネス関係の資料に特色があった。また、関東大震災後に東京市立図書館の主力三館を再建する際には、地域の特性を考慮して、学生街に立地する駿河台図書館は学術全般、商業地区に建てる京橋図書館は商業、工業地区に建てる深川図書館は工業と、各図書館の性格づけが行なわれた。

都市の規模の大きな図書館や府県立図書館では、こうしてサービスの充実が図られていき、成果も上がっていたのに対し、農村部などでは、小規模な図書館の設立が進んでいった。小学校に付設された図書館も少なくなかった。

永末は町村の小規模図書館開設の契機として、①国家的慶事、②地方改良運動、③青年団・補習教育・通俗教育の三点を挙げている。[10] これらは互いに独立した別個の契機というよりは、①設立の直接のきっかけ、②背景にある社会運動、③設立主体、という、互いに深く関係しあった三つの側面から設立の契機を整理したものと考えるのが適当だろう。

このうち、国家的慶事とは、戦勝、即位や結婚等の皇室の慶事などで、図書館の設立は国家意識の昂揚に結びつくものであった。

地方改良運動は、日露戦争後、内務省の主導によって明治末から大正期にかけて全国規模で展開された運動で、住民の自発的な活動によって地域社会の向上をめざすことを目的としていた。学校教育外の自発的な学習活動、すなわち社会教育は、住民一人一人の向上を図るために重視された。図書館を通じた読書活動はその重要な部分となっており、各地で図書館の設置が奨励されることになった。村落における青年組織は江戸期から「若者組」などとして存在していたが、明治期に入ると再編成され、青年のための社会教育の場となった。青年の読書活動の場として、図書館が各地で設立されることとなる。

こうして、図書館は社会教育の一環としての読書活動の場、読書習慣を涵養する場とされたことにより、地方において設置が推進されることとなった。

この時期の図書館を特徴づけることばは「通俗図書館」である。明確な定義がある語ではないが、一般には、学術書・専門書を備える参考図書館に対して、わかりやすく一般教養を与える通俗図書を備えた図書館とされている。地方改良運動の結果として、青年団や篤志家によって全国各地に設立された図書館は、その国家主義的なイデオロギーはともかく、わかりやすく一般教養を与える図書を備えた通俗図書館として、永嶺が指摘するように、それまで本屋ひとつなかった地方に、読書の機会を提供する役割を果たしたのである。

永嶺はさらに、図書館の利用者層とその推移を考察している。明治後半までの図書館利用者の中心は、中学、農学校、師範学校などの中等教育の学生で、高等教育機関のある都市では、高校生、大学生も重要な利用者であった。上級学校の受験生や官吏・教員等の中産知識人層も利用者であった。

明治三〇年代後半以降になると、利用者層が拡大してゆく。永嶺は、地方改良運動などの結果として図書館数が増えたことが、農村など地方において読書機会の拡大をもたらしたこと、さらに、東京市など図書館既設置都市において、利用者が中産知識人層から商工徒弟・職工層へと拡大していったことを指摘している。都市部から農山漁村部への水平方向の拡大と、都市部における社会階層上の垂直方向の拡大が起こったことになる。

さらに付け加えるならば、明治後半期からの就学率の上昇と、その結果としての潜在読者層の増加も、こうした図書館の増加、利用者層の拡大の背景的要因としてあげることができるだろう。初等教育の就学率は一八七三（明治六）年には二八パーセントだったのが、一九〇七（明治四〇）年には九八パーセントに達した。中等教育は一八九九（明治三二）年頃までに制度が整備され、以後特に大正初年度から就学率は急速に上がっていった。大まかな言い方をすれば、初等教育において基礎的な読み書きを修得した人々に対しては、図書館の設置による読書機会の拡大と、「読書運動」という啓発活動により、読書習慣の形成がめざされ、一方、中等教育修了以上ですでに読書習慣を持つ人々に対しては、資料とサービスの多様化によりその多様なニーズに応えることがめざされたのである。このうち、前者の読書運動に取り組んで実績を上げた代表的な人物が中田邦造であり、後者の人々を含む都市図書館の整備に力を尽くした人物が今澤慈海である。

中田邦造は一九二七（昭和二）年に石川県立図書館長に就任（最初は事務取扱）して以降、石川県内で読書会を通じた読書活動の推進に取り組んだ。読書会はやがて読書学級として、学校教育以後の農村青年に自発的学習の機会を提供する運動へと発展する。読書学級は石川県内各地に設けられ、県立図書館主導のもと、町村図書館が窓口となって運営された。

次いで中田は、義務教育修了後の未成年者を主な対象とする青少年文庫を発足させる。文庫を通じた集団読書指導による学習がめざされたが、その際、学習に系統性を与え、青少年文庫の活動に公教育相当の実質的内容を与えるために中田が提唱・実践したのが、「図書群」に基づく図書の選定である。図書群ということば自体は、特定の目的を持って計画的に収集されたコレクション、というほどの意味であるが、ここで言う図書群は、自己陶冶を目的とする系統的読書のために選択された一群の適書からなっており、系統だった読書ができるよう工夫されていた。図書群の構想は後に体系化され、年齢と学力・読書力に応じて対象者を甲群・乙群・丙群に分けるとされた。このうち甲群は義務教育修了後二〇歳くらいまでの青年を対象として、さらに初級・中級・上級に細分されるとともに、各級共、教養、情操涵養、理科的教養等の内容を持つものとされた。

中田の読書指導論は、このように読書を標準化しカリキュラム化することにより、単に石川県内を越えて全国的に広がる可能性を持ったのであり、事実、中田が東京帝国大学附属図書館司書官に転出すると、全国規模で読書運動が推進され、ついには大政翼賛会の国民読書運動として展開するに至るのである。

中田邦造が農村部において読書会を組織する社会教育的な読書推進活動を行なったとすれば、今澤慈海は都市部にあって厳しさを増しつつあった都市問題に対処することを狙いとした図書館サービスを推進した人物である。

東京市立図書館は今日の東京都立図書館の前身だが、対象とする地域の範囲と行政上の位置づけはまったく異なる。東京市立日比谷図書館開設時の東京市は、現在の千代田区、中央区、港区、新宿区（一部）、文京区、台東区、墨田区（一部）、江東区（一部）という、江戸時代以来の市街地を対象とする行政組織であった。広域行政組織として後背農村地域も範囲に含む東京府が別にあったから、東京市立図書館は、都市東京の市民に対して直接サービスをする図書館であった。日本の都市の近代化に最初に向き合う図書館だったのである。近代化のなかで生じた都市問題との関連で東京市立図書館の歴史を考察した吉田昭子の一連の論考[11]を基に、東京市立図書館の変遷を辿ってみよう。

東京市の最初の図書館は日比谷図書館で、一九〇八（明治四一）年の開館である。建設の際には、図書館の性格が問題となった。専門書・学術書をはじめとする多数の資料を揃えた大図書館（参考図書館）を建設し、市民の調査研究を支援することをめざす、とする意見と、日比谷を手始めに、一般書を収集して、市民の日常的な読書要求に応える小規模図書館（通俗図書館）を複数建設すべきだとする意見とがあった。言うまでもなく、大規模図書館は都市の知識人層や専門的なニーズに対応しようとするものであり、一方、小規模図書館は、勤労者をはじめとする一般市民の日常的な読書要求に応え、読書振興を図ろうとするものであった。最終的には通俗図書館をめざすことになったが、英国からの大量の寄贈などもあり、実際に建設されたのは比較的規模の大きな図書館であった。

日比谷開館後、東京市は同様の通俗図書館を、当時一五あった各区に一館以上建設することを計画したが、財政難のなか到底実現できるものではなかった。一方、人口の急増に対応するための都市インフラの整備が喫緊の課題とされ、教育関係では小学校の建設が急がれた。そうしたなかで考案されたのが、「簡易図書館」と呼ばれる小規模図書館を、地元の資金により小学校に付設することであった。この案は成功し、一九一四（大正三）年までに、一六の簡易図書館を学校付設で設けることができた。既存施設の移管ないし転用により、一橋、深川という二つの独立館もできたので、日比谷開館から七年で東京市は一九の図書館を持つに至ったのである。

施設整備の後は、効率的な運用によるサービスの充実が求められる。一九一四（大正三）年末の市政検査報告で経費節減と経営効率化を求められた東京市立図書館は、組織を改正して全館を統一的に運用することで、経費節減とサービスの充実を同時に達成することに成功する。東京市立図書館の黄金期はかくして準備されたのである。

一九一五（大正四）年の組織改正により、新たに設けられた館頭の職に今澤慈海が就任する。今澤館頭のもとで図書の共同選定と一括整理、高額書等の分担収集、各館相互の図書の貸借、利用者の資料探しを支援するレファレンスサービス、東京関係資料の収集、館外貸出や児童サービスの拡充等の事業を相次いで実施した。多様なサービスを提供し、また、数多くの資料を効率的に利用者に届ける体制を構築することにより、新たに登場した中産階級、貧民、児童など都市住民各層の多様化するニーズに応えようとしたのである。

今日に通ずるような運営組織とサービスの効果は、関東大震災の際に発揮された。東京市立図書館は地震直後から罹災者への救護活動や復旧情報の提供を行ない、また被災した図書館に代わり臨時閲覧所が設けられた。阪神・淡路大震災や東日本大震災時の図書館に匹敵するような、図書館独自の活動を展開するだけの力量を備えていたのである。

関東大震災前後に東京市立図書館は活動のピークを迎える。震災後に市民や施設の郊外移住・移転が進み、市域の膨張がはじまった。東京市外において新たに発生した図書館需要と、震災後の財政逼迫による経費削減の要求に対して、東京市立図書館が対応できようはずもなく、一九三一（昭和六）年の今澤館頭の辞任と、その後の職制改革により、東京市立図書館の黄金時代は終わりを告げるのである。

今度は図書館をめぐる制度や職員に目を向けてみよう。

図書館数が増えれば職員養成のニーズも増大する。すでに日本図書館協会や文部省などは講習会を開いて、図書館員養成の役割を担っていた。また、明治後半期には地方でも講習会が始まった。

こうしたなかで、日本図書館協会は一九一二（明治四五）年、図書館員養成機関設置の建議を文部省に提出した。九年後の一九二一（大正一〇）年、待望の図書館員教習所が開設された。設立当時、この学校は旧制中学校卒業程度の学生を受け入れていた。のち、幾多の変遷を経て、一九七九年に四年制の図書館情報大学となり、さらに二〇〇四年には筑波大学と合併してその一部となった。

職員養成制度の整備と並行して、図書館管理の概説書や、目録作成法・分類法等図書館運営の諸領域を扱う本などが出版されるようになってきた。また、図書館目録や参考書目等の文献リストも刊行された。図書館運営上の諸問題を考察し、分類法や目録規則など必要なツールを開発し、『図書館雑誌』や講習等を通じて図書館員がその成果を共有する体制が形成されたのである。

大正期の終わりから昭和の初めには、関東大震災や世界恐慌などの異変が相次いで起こるが、図書館の設置と内容の充実は続いた。そうした図書館の充実を背景に、一九三三（昭和八）年に図書館令が大改正された。改正図書館令は全一四条で構成され、図書館の発展を踏まえた新しい項目が追加されている。その一つが第一〇条で規定する「中央図書館」制度である。これは各県に一館中央図書館を置き、貸出文庫の実施、図書館経営に関する調査研究指導、目録編纂などの事業と並んで、管内市町村に対する指導連絡に当たらせるというものであった。市町村立図書館が増えてきたことを承けて、相互協力体制の構築を図ると同時に、管下の市町村立図書館に対する指導統制を強化しようとの面もあるため、戦後は図書館に対する国家統制の強化を狙いとする悪法であるとの否定的評価がある。

戦前期の図書館については、主に米国に範をとった海外図書館運営法の移入に始まったのが、大正デモクラシーの時期を経て、次第に国家主義的色彩を強め、読書指導やその他の思想善導方策を通じて、国家主義イデオロギーの伝達装置になった、との否定的評価が一般的である。戦前期の図書館が国家主義的色彩を強めていったことは事実であり、また、図書館の指導者層の多くが国家主義イデオロギーの信奉者であったであろうことは、当時の社会一般の風潮からして予想されるところではある。さらに、特に昭和戦前期の図書館をそのように評価することは、戦後図書館が再出発する際の目標設定にとって有効であったことも理解できる。しかし、そうしたイデオロギーの意匠を取り去って、市民に読書機会を提供する読書装置、という側面から戦前期の図書館を眺めてみるならば、相次ぐ戦争による困難を乗り越えて、サービス面や運営面、さらには担当する人材の育成といった面で、それなりの発展を遂げていた、と評価することができる。事実、第二次世界大戦直後の一九四六年に来日し、わが国の戦後教育の方向を定めたとされる米国教育使節団の報告書では、成人教育のための重要な機関として図書館を位置づけたうえで、その現状を次のように述べている。

幸いにも、日本における公立図書館運動の基礎はすでにできている。相当数の都市および府県の図書館が国中で盛んな活動をしていたのだが、それらの大半は、一部あるいは全部を破壊されてしまったのである。(12)

4 『格子なき図書館』

民主化のなかの公共図書館

第二次世界大戦が終わり、平和が戻ると、図書館活動も再開された。しかし、そのあり方は、理念・制度の面から大きく変えられてゆく。言うまでもなく、占領軍によるわが国の民主改革、特に教育の大改革である。

日本の占領政策を担当した連合国軍最高司令官総司令部(GHQ/SCAP)は、民間情報教育局

（ＣＩＥ）に図書館担当官を置き、わが国図書館制度の改革に着手した。改革の手法としてとられたのは、①米国人の専門家による現状調査と改革提案、②米国の機関の移植、③米国の助言のもとでの日本人自身による制度づくり、といったところである。

①ＣＩＥの図書館担当官に加え、幾人もの米国人専門家がさまざまな機会に来日し、日本の図書館に対して助言を行なった。前記の米国教育使節団には、シカゴ大学図書館学大学院のレオン・カーノフスキー教授が加わっていた。一九四七年末から四八年にかけて、米国議会図書館副館長のヴァーナー・Ｗ・クラップと米国図書館協会のチャールズ・Ｈ・ブラウンが来日し、国立国会図書館法の起案に貢献した。その他にも、イリノイ大学図書館長のロバート・ダウンズや、慶應義塾大学に設けられた日本図書館学校（文学部図書館学科）の初代主任教授ロバート・Ｌ・ギトラーと日本図書館学校の訪問教授団など、数多くの図書館関係者が来日した。明治時代の図書館制度移入期とは異なり、米国の図書館関係者は戦後の図書館改革に直接関与しているのである。

②ＣＩＥは一九四五年に東京に設けたのを手始めに、全国二三か所に図書館を設け、日本国民一般に開放した。通称ＣＩＥ図書館と呼ばれる。米国とその文化を紹介する窓口になるとともに、米国の図書館が実際にどのようなものなのかを見せるモデル図書館としての役割も果たした。

一九五一年に講和条約が発効すると、ＣＩＥ図書館のうち一三館は国務省に移管され、アメリカ文化センターとして再出発した。残りの図書館は閉館した。現在はアメリカンセンターと名前を変えて、全国六都市に設けられている。

③一九五〇年制定の図書館法は、米国、なかでもＣＩＥの強い影響のもとに成立した法律である。図書館の義務設置や中央図書館制度を条文に盛り込みたいとする日本側担当者の意向は、米側ＣＩＥ担当官によって否定された。代わって米側が主張し、条文に盛り込まれたのは、図書館の条例による設置や、無料の原則である。

地方自治体が図書館を設置する際には、自治体の法律である条例によって設置を決議しなければならない。また、設置に際して戦前のような国の認可はいらなくなった。すなわち、図書館は住民の総意によって設立され、国が監督するようなものではないとの考え方が、制度として公的に保証されたのである。

図書館法制定当時の文部省社会教育局長だった西崎恵は、公立図書館の公共性を示すものとして、無料公開の原則と図書館協議会の制度をあげている(13)。このうち無料公開の原則は第一七条に規定されており、

第一七条　公立図書館は、入館料その他図書館資料の利用に対するいかなる対価をも徴収してはならない。

として、公立図書館が入館料をとったり、貸出に対価を請求するようなことがあってはならないと明確に定めている(14)。これは、住民の総意で設けられた図書館では、住民の誰もが図書館の資料を自由に利用できる環境を整えなければならない、ということを意味している。

図書館協議会については第一四条から第一六条で定められている。図書館協議会は館長に対して、図書館のサービスや運営について意見を言う組織で、図書館が市民や関係者から意見を聞く貴重な機会となっている。

図書館法における図書館の性格を理解するうえでさらに見逃せないのが、図書館サービスを規定した第三条である。同条ではまず、「図書館は、図書館奉仕のため、土地の事情及び一般公衆の希望にそい」と図書館の基本姿勢を示したうえで、具体的なサービスとして、資料の収集と整理、レファレンスサービス、図書館間協力、分館や自動車図書館などを用いた自治体内全域に対するサービス、さまざまな集会・行事、他機関との連携を挙げている。

つまり、図書館法には、図書館とは地元の要望に添って第三条に掲げるような利用者サービスをすべての人に展開することを任務とするものであり、その設置と運営には住民の意思が反映されなければならない、また、サービスの中核をなす図書館資料の利用は、無料ですべての人に開かれていなければならない、という図書館像が示されているのである。戦前の教育的な図書館像からの鮮やかな転換であった。

この時期の文書で、もう一つ、後の図書館に決定的な影響を与えたものに、一九五四年に日本図書館協会により採択された「図書館の自由に関する宣言」（以下自由宣言）がある。これは、戦後、東西の冷戦が激化し、国内でも破壊活動防止法などの治安立法が制定されてゆくなかで、市民の知る自由を守る、という図書館の立場を表明したものである。

自由宣言に先行し、自由宣言に大きな影響を与えたものに、米国図書館協会の「図書館の権利宣言」がある。ナチ・ドイツの焚書や、米国内での書物規制の動きに危機感を持った米国図書館協会が、図書館は思想・信条・人種・政治的見解などによって資料選択が歪められることのないようにすること、異なる見解は公平に扱うことを宣言したもので、一九三九（昭和一四）年に採択された。

一方、わが国の自由宣言が採択されたのは一九五四年である。次のようなものである。

基本的人権の一つとして、「知る自由」を持つ民衆に、資料と施設を提供することは、図書館のもっとも重要な任務である。

図書館のこのような任務を果すため、我々図書館人は次のことを確認し実践する。

一、図書館は資料収集の自由を有する。

二、図書館は資料提供の自由を有する。

三、図書館はすべての不当な検閲に反対する。

図書館の自由が侵される時、我々は団結して、あくまで自由を守る。

短い宣言なのだが、ここには、①基本的人権の一つとして知る自由があり、図書館の自由は知る自由に根拠を持つこと、②図書館の自由は資料収集の自由と資料提供の自由で構成されること、③検閲その他図書館の自由を侵す動きに反対し、抵抗することが謳われている。「知る自由」を根拠とすることや、資料提供の自由も含むことなど、米国「図書館の権利宣言」に比べ非常に踏み込んだ内容になっている。

福井佑介が指摘するように、これは図書館の社会的立場の表明であると同時に、図書館人の行動規範としての側面を併せ持っている。(15) すなわち、図書館の自由を守るための日々の実践が、知る自由を保障するという図書館の重要な社会的立場の表明になるのである。そのためには、図書館の実践が図書館の自由に即したものかどうか、日々検証することが必要になる。実際、日本図書館協会は図書館の自由に関する調査委員会を設けて、図書館の自由を守るうえで問題となる事例が起こるたびに見解を出している。しかし、委員会が設けられたのはずっと遅く、一九七四年になってからであった。図書館の自由を実践の場で検討する必要性が認識され環境が整ったのは、二〇年後のことだったのである。また、知る自由や図書館の自由概念の概念的基礎や法的地位の議論は、今日に至るまで継続されている。

図書館法と図書館の自由に関する宣言は、相携えて戦後における図書館の理念、すなわち、地域の実情と住民のニーズに合わせて、無料ですべての人に公開された図書館を作ることが、住民の知的自由を保障することになるのだ、という理念を形成した。この理念に対してはさまざまな検討が行なわれ、また、批判もなされてきたが、代わりとなるような理念はいまだに登場していない。今日なお生きつづけている理念なのである。

図書館を発展させるための理念的な基盤は整ったものの、理念をサービスによって実体化することはすぐにはできなかった。一九五〇年に米国国務省が提供した宣伝映画『格子なき図書館』では、閉架式で閲覧中心の戦前の図書館に対し、開架で、お話会などの行事を行なう戦後の図書館を紹介している。しかし、実のところ、戦後から一九六〇年代頃までは、戦前のサービスを引きずりながら、図書館ではサービスの模索が続いていた。

さまざまな新しいサービスが始まった。自動車を使った移動図書館は、一九四八年から、高知・鹿児島を皮切りに、千葉・栃木等の県立図書館を中心に始められた。貸出や映画の上映なども行なったが、サービスポイントの数も巡回頻度も不十分だったため、大きな成果をあげるには至らなかった。

調べものの手伝いをするレファレンスサービスは、東京市立日比谷図書館などで戦前から提供されていたが、戦後になって再登場した。慶應義塾大学日本図書館学校の訪問教授であったレファレンスサービスの専門家、フランシス・N・チェニーの講義に触発されて、神戸市立図書館長の志智嘉九郎が自館で始めたのである。志智はレファレンスサービスの振興に力を注ぎ、テクストブックの出版、事務規程の編纂、日本図書館協会公共図書館部会参考事務分科会での活動などを通じて、レファレンスサービスの普及と向上に努めた。

小田原市立図書館長だった石井富之助は、図書館は地域の知識基盤となるべき、との独自の考えから、郷土資料や専門書、レファレンスブックを系統的に収集し、その保存に努めた。必然的に、利用者が教員など調べものをする人に偏り、少数になってしまうことに対しては、一種の間接効果論を展開した。利用者は少数かもしれないが、その人たちが調べ学んだことは、授業や執筆した文献を通じて、間接的におおぜいの人たちの役に立つのだから、単なる消費的読書を推奨するよりは効果が大きい、との主張である。

米国では第二次世界大戦後、米国図書館協会の委嘱により、「公共図書館調査」と呼ばれる大規模な研究プロジェクトが実施された。その成果の一つにバーナード・ベレルソンの『図書館の公衆』（コロンビア大学出版局、一九四九年）がある。それまでの利用者調査の綿密な検討を踏まえて、ベレルソンは、図書館の利用者はコミュニティ全体中の少数を占めるに過ぎないが、活発なコミュニケーション活動を行なう人々であるから、コミュニケーションを通じて、間接的にコミュニティの成員全体に効果が及んでいる、と主張した。石井がベレルソンの主張を知っていたかどうかはわからないが、ほぼ同時期に同じような主張をしている点は興味深い。

高知市民図書館は一九五六年にユネスコ共同図書館事業に採用され、分館や自動車図書館を通じて市内全域にサービス網を構築した。図書館サービスに対する考え方を含め、後述する『市民の図書館』の先駆けとなるサービスであったが、他に波及するには至らなかった。

読書運動は県立図書館を中心に継続して展開された。長野県のＰＴＡ母親文庫、滋賀県「明日からの家庭を明るくするための本を読むおかあさん運動」、鹿児島県「親子二〇分読書運動」などが代表的なものだが、運動全体は全国で展開された。いずれも、子どもだけでなく、母親の読書推進を事業の柱にしていることが特徴である。背景の一つに、高校進学率の急上昇に伴う親の学習の問題があったと推測する。一九五五年に五〇パーセント強だった高校進学率は、一九六五年には七〇パーセント、一九七五年には九〇パーセントを超えるに至った。学歴の世代間格差が急速に進行するなかで、家庭の学習環境を整えるために、親の側に強い学習意欲の生ずることは、容易に想像される。親子読書運動は、こうした母親たちの強い意欲に支えられるものだったのだろう。

一方、都市部の図書館では、学生・生徒による座席の占拠、いわゆる席借りが常態化していた。利用者サービスといっても、本の大多数は閉架書庫にあり、まして館外貸出になると、煩雑な手続きを踏んではじめて許可されるような状態だったから、利用者の大多数は学校の勉強や受験勉強をする学生・生徒によって占められた。ベビーブームと高校・大学進学率の上昇により大量の学生・受験生が生まれ、座席を求めてあふれた利用者が館外に行列を作るなかで、座席を管理することが図書館の日常の業務になっていた。図書館法や図書館の自由宣言が謳う理念を実践する状況ではなかったのである。

5　市民の読書施設へ

空間から資料へ

高度成長がまさに始まろうとする一九六〇年代前半、図書館の世界にも大きな革新運動が始まろうとしていた。日本図書館協会が一九六〇年に設けた中小公共図書館運営基準委員会は、三年間の調査を基に、一九六三年、『中小都市における公共図書館の運営』という報告書を提出した。後に「中小レポート」と呼ばれるこの報告書は、当時の常識を覆す大胆な提言を行なった。後に影響を与えた主要な提言には次のようなものがある。

①図書館の自由宣言および図書館法第三条を引いて、地域住民の知的自由を保障するのが図書館の役割であり、そのためには日常的に資料を提供するサービスこそが図書館運営の中核に据えられなければならない、とした。図書館法・自由宣言の理念を、はじめて図書館サービスに具体化したのである。②日常的な資料提供サービスによって地域住民の知的自由を保障できるのは、住民の身近にある中小図書館であるから、中小図書館が図書館のすべてであるとした。大図書館中心の考え方を否定したのである。③資料提供サービスの中心は、館内サービスではなく館外サービスであるとした。ただし、ここでの館外サービスでは、個人貸出は想定されておらず、分館や自動車図書館など図書館の外に出て行くサービスであり、団体貸出であった。また、図書館計画の単位は個別の施設ではなく、自治体全体であるとした。④調査では、政令指定都市を除く市立図書館の資料費の中位数が四四万円だったのに対し、人口五万人台の最低資料費を二五二万円と、当時としては常識はずれの金額を提示した。資料提供サービスを中核に置く姿勢を数値で具体的に示した。

「中小レポート」の提言は、まもなく実現の場を持つことになった。一九六五年、日野市立図書館が、五〇〇万円の資料費と自動車図書館一台で開館する。閲覧室のない図書館、利用者のところまで出かけて行く図書館、資料提供のみをサービスとする図書館の開館である。資料費をほとんど持たず、資料を提供する代わりに、席貸しにより学生に図書館空間を利用させるだけの当時の図書館に対する強烈なアンチテーゼであった。図書館は日野市民に大歓迎され、人口約六万七〇〇〇人の市で、最初の半年間に六万三〇〇〇冊の本を貸し出したのだった。

日野市立図書館の実践とその成功は、他の図書館のサービス転換の引き金になった。府中市、町田市など東京都多摩地域の図書館が貸出中心のサービスに切り替え、次々と成功を収めていった。

こうした一九六〇年代の図書館の成功を踏まえて出版されたのが、「中小レポート」作成のメンバーで、館長として日野市立図書館を成功に導いた前川恒雄によって執筆された小冊子『市民の図書館』（日本図書館協会、一九七〇年）である。同書で前川は、図書館サービスの基礎としてまず実施しなければならない当面の目標として、次の三点を掲げた。

①市民の求める図書を自由に気軽に貸出すこと
②児童の読書要求にこたえ、徹底して児童にサービスすること
③あらゆる人々に図書を貸出し、図書館を市民の身近かに置くために、全域へサービス網をはりめぐらすこと

この重点目標は、日野市立図書館での経験に基づくものであると同時に、図書館法と自由宣言の趣

旨に沿ってサービスを体系化しようとする理論も持ち合わせていた。一度手続きを済ませてしまえば、いつでもどこでも本を手にすることができる貸出こそが基礎となるサービスで、専門書や法令・判例集、統計データなどさまざまな資料を用意して市民の調べものを支援するレファレンスサービスは、図書館が市民になじんだあとではじめて意味を持つサービスである。読書会やイベントは、資料の多様な側面に触れる機会を提供するもので、これも貸出により多様な資料に触れてはじめて意味を持つサービスと言えよう。児童サービスは読書習慣形成の基礎となるものであり、市民がどこに住んでいようと、身近に資料に触れる機会を持てるようにする、分館や自動車図書館による全域サービスは、知る自由の保障にとって重要な意味を持つ。

図書館法成立後二〇年にして、図書館はその理念を実現するための実践理論を手に入れたのである。市民に開かれ、多様な資料を用意し、利用しやすさに配慮した今日の図書館の基礎は、ここにおいて築かれた。

市民の要求に全面的に応えることこそが知る自由を保障することにつながると考え、もっぱら市民の要求に基づいてサービスを提供しようとすれば、図書館が収集・提供する本は限りなく書店の品揃えに近づく恐れがある。なぜなら、書店こそ売り上げ、すなわち読書要求の予測に基づいて品揃えをしているからである。先に触れた無料貸本屋論の根底には、このような提供する本の重複に由来する民業圧迫の可能性に対する批判があり、他方、図書館員は知る自由の保障という理念を降ろすことはできないため、両者の議論は平行線をたどることになる。図書館が収集する本の選び方を考え直そうとする議論は根本彰らが行なっているが、対立を解消するものとはなり得ていない。

また、中小図書館、すなわちまちの図書館こそが知的自由を保障する市民の日常的な読書施設とされる時代が到来したことにより、それまで中心的な役割を担ってきた都道府県立図書館は、役割の再定義を求められることになった。通俗図書館では十分に提供できない、十分な蔵書を備えて調べものに対応するという、戦前からの参考図書館を指向する図書館もあった。しかし、そうした図書館像を否定し、市町村立図書館を支援することこそ都道府県立図書館の役割だ、とする意見も有力だった。日野市立図書館の後に館長に就任した滋賀県立図書館で前川が実現しようとしたのは、この「市町村立図書館のための図書館」であった。しかし、目の前にいる利用者よりも市町村立図書館の利用者の方が大切、というのは、図書館政策としてはありうるかもしれないが、図書館サービスとしてみたときには、サービス上の位置づけが何とも曖昧なものになってしまう。都道府県立図書館はそのあり方に対する有効な解決策を見出せないまま、今日に至っている。

この時期にもう一つ見逃せない動きがあった。石井桃子が一九六五年に出版した『子どもの図書館』（岩波新書）に触発されて、家庭文庫が全国に広がったことである。これは家庭の主婦が、子どもの本を用意し、自宅を開放して、自分の子や近所の子どもたちに利用してもらう、という一種の私設図書館である。背景の一つは女性の高等教育進学率の急激な上昇で、一九五五年に一五パーセントだった進学率は、一九六五年に二〇パーセント、一九七五年に三五パーセントと、二〇年で二倍以上に増加している。もう一つ注目すべきは進学率の地域差で、一九六五年には最低の埼玉県の一二パーセントに対し、最高の東京都は二九パーセントと、倍以上の開きがあった。この当時の女性は、大卒でも結婚退社が普通であったから、東京などで読書習慣を持つ専業主婦のなかに、自らの能力を生かして、家庭文庫という社会貢献の場を持ちたいと願う人たちが登場するのは、十分にうなずける。『子どもの図書館』はこうした人々に、家庭文庫は子どもに良い本を手渡すという、本来公立の図書館が果たすべき重要な役割を持っていることを教えてくれたのである。また、家庭文庫の広がりは、教育水準の急激な上昇を背景に、都市部を中心に読書習慣を持つ人々が大量に生まれ、そうした人々とその子どもたちが、図書館の利用者として登場してきたことを示唆している。

空間の再発見

空間性の否定から始まった図書館の革新運動も一巡すると、市民の多様な読書ニーズに応えようとする試みが生まれてくるようになる。嚆矢は一九八三年開館の浦安市立中央図書館で、広々とした開架スペースに、高低さまざまな本棚が並び、いろいろな種類の椅子やソファが随所に置かれて、人々が本棚を眺めたり、興味を引かれる本を手にとって読むことができるよう工夫がこらされている。図書館内に楽しい読書空間を作ろうとする試みで、資料提供という本質に関わらないものとして一度は軽視した空間性を、資料提供の多様化に即して再発見したとみることができよう。

図書館内に資料提供のための空間を見出したことによって、図書館施設の規模は大型化への道を歩むことになった。これはまた、資料提供機能と無関係だとして排斥した、児童館、公民館、博物館など他施設との併設への道を開くものでもあった。

6　多様な担い手・多様な資源・多様な空間・多様な活動

公共図書館の役割の再定義

公共図書館が市民の読書施設として再出発をとげた一九六〇年代は高度成長の時代であった。単に経済が成長しただけでなく、人口も、人々の所得も、進学率も、読書人口も、出版市場も増大・上昇・拡大を続けていた。公共図書館は、かつてのように読書普及と席貸しを主とする活動ではなく、増大する読書人口の旺盛な読書欲に応えることによって急成長した。公共図書館の実践理論も、こうした急成長を図書館界内部から支える理論として大きな役割を果たした。

しかし、こうした拡大・成長の環境はもはやない。自治体の厳しい財政状況が続くなかで、読書人口が頭打ちとなり、出版市場も縮小する、というときに、従来は当然のこととされてきたサービスや裏付けとなる理念の内実が問われているのである。

本章冒頭に見たライブラリー・オブ・ザ・イヤー、無料貸本屋批判、武雄市図書館などは、こうした図書館の役割の批判や再定義の試みとして理解することができる。その方向は多様だが、いくつか今後につながる動きはある。

その一つが読書活動の振興で、メディアの多様化や、特に携帯電話やスマートフォンの普及などにより、読書が衰退するのではないかとの危惧から、地域の学校や家庭や公共図書館において読書活動を推進しようとする動きが活発になっている。学校における朝の読書運動は一九八〇年代末に始まり、今日なお続けられている。また、二〇〇一年には子どもの読書活動の推進に関する法律が施行され、二〇〇五年には文字・活字文化振興法が成立した。読書推進は戦前からの長い歴史を持つ活動であるが、今日なお、公共図書館が担うべき重要な役割とされているのである。

公共図書館内部でも変化があった。先に見た空間の再発見は、館内空間の多様化から、施設の大型化、複合化をもたらしたことはすでに述べた。多様化したのは空間だけではない。図書館サービスも、サービスの視点も変わってきた。

文部科学省これからの図書館の在り方検討協力者会議が二〇〇六年に公表した報告、「これからの図書館像——地域を支える情報拠点をめざして」では、従来のサービスに加えて、課題解決支援機能の充実が謳われている。すなわち、図書館は行政支援、学校教育支援、ビジネス（地場産業）支援、子育て支援などを行なうことにより、地域の人々がさまざまな地域の課題を解決しようとするときに、資料や情報の提供を通じて支援するとされているのである。

図書館界ではあまり議論がないのだが、この課題解決支援には、従来のサービスとは異なる重要な視点の変更が含まれている。貸出やレファレンスサービス等の従来のサービスは、図書館法や自由宣言から出発して図書館サービスを組み立てていたが、課題解決支援サービスでは、視点はむしろ図書館外、地域にあり、地域にとっての有用性からサービスを組み立てようとする。資料や情報を提供するという点では、従来の資料提供と変わらないし、従来のサービスを基盤にしていることも間違いないのだが、違うのはサービスの組み立て方で、課題解決支援の方は、課題に沿って、既存の貸出、レファレンスサービス、ワークショップなどを組み合わせて、その場に適合するよう臨機応変にサービスを提供するのである。つまり、サービスの組み立てを考える際に、図書館外の視点を取り入れようとしている。これは、貸出、レファレンスサービスと、既存のサービスメニューをいかに地域に提示してゆくかを考える、つまり、図書館内部からサービスの組み立てを考える従来の視点をいったん逆転させることにより、地域の役に立つかたちで図書館の役割とサービスを再定義しようとするものである。

読書施設から知の広場へ

空間性の再発見と共に始まった施設の大型化と複合化は、図書館内での活動の多様化と視点の変化をもたらした。他機関との連携により、従来のサービスの拡充も図られるようになってきた。図書館は資料提供の場、読書施設であることを超えて、市民が多様な知的刺激を受ける場、多様な活動を行なう場、知の広場へと変わりつつある。そして、これがわが国だけの傾向でないことは、アントネッラ・アンニョリが教えてくれている。(16)

この新しいサービス観が成功して、図書館に対する見方を大きく変えることにつながるのかどうかは、まだわからない。次章以下において、これまでの図書館サービスの歩みを多面的に振り返ることにより、こうした新しいサービスの可能性を考えるヒントを探っていきたい。

注

（1）福林靖博・岡野裕行「総特集　Library of the Year の軌跡とこれからの図書館」『LRG』一三号、二〇一五年。
（2）林望「図書館は「無料貸本屋」か」『文藝春秋』七八巻一五号、二〇〇〇年。
（3）安井一徳「第一章　「無料貸本屋」論」田村俊作・小川俊彦編『公共図書館の論点整理』勁草書房、二〇〇八年。
（4）三浦太郎「「書籍館」の誕生——明治期初頭におけるライブラリー意識の芽生え」『東京大学大学院教育学研究科紀要』三八巻、一九九八年。
（5）『日本帝国文部省第四一年報　自大正二年四月　至大正三年三月　上巻』文部大臣官房文書課、一九一五年、三〇七—三〇八頁。
（6）吉田昭子「東京市立図書館網の基盤形成——学校付設図書館の設置」『Library and Information Science』七〇号、二〇一三年。
（7）中林隆明「明治初期の図書館行政と田中不二麿——岩倉米欧使節団との関連において」『東洋英和女学院大学人文・社会科学論集』二二号、二〇〇四年。
（8）吉田昭子「東京市立図書館の統一的運営——一九一五年—一九一九年」『Library and Information Science』七三号、二〇一五年。
（9）永嶺重敏『〈読書国民〉の誕生——明治30年代の活字メディアと読書文化』日本エディタースクール出版部、二〇〇四年。
（10）永末十四雄『日本公共図書館の形成』日本図書館協会、一九八四年。
（11）前記（6）（8）の他に、次の論文がある。吉田昭子「東京市立日比谷図書館構想と設立経過——論議から開館まで」『Library and Information Science』六四号、二〇一〇年。「東京市立図書館規模拡張組織変更計画——関東大震災前後の東京市立図書館」『Library and Information Science』七五号、二〇一六年。

(12)『アメリカ教育使節団報告書』講談社学術文庫、一九七九年、一〇二頁。
(13) 西崎恵『図書館法』日本図書館協会、一九七〇年。
(14) 図書館法では、図書館として、地方自治体が設置する公立図書館と、財団法人などの民間団体が設置する私立図書館を規定している。このうち、無料の原則が適用されるのは公立図書館で、私立図書館は料金を徴収することが認められている。
(15) 福井佑介『図書館の倫理的価値――「知る自由」の歴史的展開』松籟社、二〇一五年、六三頁。
(16) アントネッラ・アンニョリ『知の広場――図書館と自由』萱野有美訳、新装版、みすず書房、二〇一七年。

(田村俊作)

第2章　図書館ではどんな本が読めて、そして読めなかったのか

1　近代「読書装置」の輸入——新聞縦覧所と書籍館の挫折

「読書」の転換（明治一〇年代）——江戸貸本屋の和本から明治洋装本へ

文明開化を迎える前、江戸時代後期の日本は、すでに読書がかなり盛んであった。方言は各地で異なったが文章語は国内でほぼ統一されていたこと、寺子屋の普及により小農たちも読み書きに参加するようになっていたこと、商業出版が成立して本の生産量が上がったこと、それまで文化の中心であった京都、大阪に比して、江戸で、まじめな「物の本」（学問書）以外の娯楽書（滑稽本、人情本、絵草紙）などが多く刷られたことなどが要因として挙げられているが、本書の文脈から注目すべきは、貸本屋の興隆であろう。

たとえば娯楽書の代表、滝沢馬琴の『南総里見八犬伝』（一八一四—四二）は代表的な「読本《よみほん》」（江戸

後期の小説。草双紙類に比べ挿絵が少なく、文字が主体の娯楽書）だが、そのような馬琴の本も発行部数が一〇〇〇部を越えることはなく、数冊セットの帙《ケース》入りで現在にすると一万円以上するものであった。しかし馬琴の読本は当時の人々にとても親しまれていた。というのもメディアミックスよろしく、すぐ歌舞伎に仕立てられたりしたためでもあるが、高い本を貸してくれる貸本屋が存在したからである。

貸本屋は、娯楽書であってもなお庶民にとっては高価であった本を貸す商売であり、京都などには一七世紀から存在したが、江戸においては一八世紀に急増し、一八〇八（文化五）年には市中に六五六店あるという記録が残っている。天保年間（一八三〇—四〇年代）には八〇〇店にまで増加した。出版社を兼ねる本屋や古本屋が貸本屋を兼業することもあったが、むしろ、本を背負って大名屋敷から遊郭まで回るという、今でいうとデリバリーの営業形態が多かった。そのため持本屋とも呼ばれた貸本屋は、一店で一七〇から一八〇軒の得意先を有していたという。

彼らが持ってくる本は、浮世草子、読本、浄瑠璃本、軍記物、写本（実録物、浮説）など多岐にわたり、「貸本屋　無筆に貸すも　持っている」（柳多留）と川柳に詠まれたように、枕絵に至るまで、笈《おい》に背負い、風呂敷に入れて本を持ち回っていたのであった。このように江戸時代すでに日本人は、デリバリー式の貸本屋によって、本を読むことを覚えていたといえよう。

一方で、物の本（学問書）も貸すような巨大貸本屋も名古屋にあった。大野屋惣八、略して大惣《だいそう》と呼ばれた貸本屋は、三都（江戸、京都、大阪）に次ぐ文化都市名古屋に成立した特殊な貸本屋であった。

名古屋にだけ巨大貸本屋が成立したのは、三都の本屋（出版社）に対抗する本屋が名古屋に育たなかったためらしい。逆に言うと三都の学者、文化人は、学問書を買ったり相互に貸借したりしていた。貸本屋は三都だけでなく、地方都市や湯治場にも存在した。農村では豪農が自分の蔵書を貸し出していた例もある。地方の武士も藩校から学問書を借りることがあったろう。

以上のような読書状況のうちに、日本は明治維新を迎える。

明治政府は文明開化というスローガンのもと、さまざまな近代化政策を遂行したが、その一つにニューメディアである新聞の振興があった。一八七五（明治八）年に政府は、讒謗律《ざんぼうりつ》を制定し、言論統制へと政策変更したため目立たなくなってしまったが、当初は新聞紙の買取りを地方庁や役人一般に推奨し、新聞普及に努めたのであった。

明治初めからの新聞の普及は、それまで貸本屋を中心にした庶民の読書に影響を与えることになる。具体的には、新聞、とりわけ庶民向けで総ルビつきの「小新聞《こしんぶん》」には、「つづきもの」という、ドキュメンタリーとも作り話ともいえない連載記事――「毒婦お伝」といった「毒婦物」が典型――が載るようになったのだが、これが好んで読まれるようになったのである。現在でいう連載小説のようなもので、開化の世に新しい「つづきもの」が、読みやすい活版で読めるようになり、新聞一枚の値段もそこそこ安かったのだった。自然、江戸風のデリバリー式貸本屋は衰退していくことになった。

一方で明治一〇年代になると本屋（出版社）にも技術革新が及び、活版印刷が新聞に次いで図書の出版にも広まってくる。そして現在の形の図書（それまでの和装に対する洋装本、戦前は「洋本」とも言った）の「ボール表紙本」が生産されるようになり、西洋知識の本だけでなく「つづきもの」も図書に仕立て直され、本屋で売られるようになる。「つづきもの」は近代文学の起源のひとつとなった。

江戸期以来の本屋（出版社）と貸本屋が次第に凋落、消滅していき、新聞紙、洋装本という明治のニューメディアが出そろったのが明治一〇年代であった。

新聞縦覧所の顚末——利用者ニーズへ順応の果てに

政府が明治初めに新聞振興の一環として設置したものに「新聞縦覧所」がある。これは、新聞や雑誌を備えつけ、室内で自由に閲覧させたもので、当初は閲覧料も取らず、複数のメディアを横断的に読む（勝手に見る＝縦覧する）ことができた施設として、日本の図書館史では必ず言及される。しかしその後の展開は、必ずしも後の公共図書館へとつながっていったわけではない。

一八七二（明治五）年から一八七五（明治八）年あたりまで、全国の県や町村の官吏が開化の一環としてその設置を進めたが、この官営の新聞縦覧所は不人気で——なにしろ官吏が「読師」となる「新聞解話会」などの役割もあり、お堅い「啓蒙」的なものであった——政府が「讒謗律」により言論統制へと舵を切ると、官営の縦覧所は徐々に廃止されていく。

代わりに明治一〇年代に設置されるようになったのが、自由民権の結社による縦覧所である。この頃から、新聞も単に読むだけのものではなく読み手が投書する双方向メディアへと進化しはじめ、この民権派による縦覧所には民衆も通ってくるようになったようである。自由民権の壮士たちも、縦覧所を機関紙の売りさばき所、討論所など、運動の拠点として考えたのであった。図書館などで黙読が規範化される前のことであるから、音読や討議に新聞縦覧所はフィットし、読物をきっかけとする公論形成の場になる可能性が縦覧所にはあった。また、これらの縦覧所では幅広い新聞へアクセスできた。地元県の新聞だけでなく東京など大都市の新聞、雑誌、あるいは官権派、民権派、両方の立場の新聞も揃えられていた。

しかし明治後半、新聞が普及し、月極めで購読して家庭に宅配されるものになった段階で縦覧所は衰退していく。一九〇三（明治三六）年に東京市には九三軒の新聞縦覧所があったが、すでにこの時期には、新聞を購読していない下宿学生が「牛乳を飲みながら新聞を見る」というミルクホール（軽飲食店）のようなものに変質していた。そして縦覧所は喫茶店になるものと、女給が酌婦に化したのだろう、売春斡旋を兼業するものに分かれていき、かなりいかがわしい施設と見なされるようになっていった。

ここに珍しく昭和の始めまで残っていた新聞縦覧所の写真（図1）を掲げておく。ここのことが永井荷風『断腸亭日乗』の一九三〇（昭和五）年五月二八日に出てくる。

「池のほとりの新聞縦覧所にわかき芸者二人何やら人を待つ様子にて牛乳を飲みゐたり。お歌（関根歌。当時、荷風の愛人で待合茶屋を経営）曰くこの縦覧所は久しき前より法政大学の学生と芸者または女学生の出会いをなす処なり。縦覧所のかみさんは艶書の取次をなすこともあり。進んで取持をもなすといふ噂もある程なりと」。

図1　靖国神社附属新聞縦覧所（大正後期）　左の入口から新聞読者が見える。おそらく中は土間で立ち見をしている

この縦覧所の最終形態を見ると、新聞縦覧所は図書館の先祖というよりも、娯楽と親和性が高いという点で、一九九〇年代に発展したマンガ喫茶を思わせる。

府県書籍館の挫折——新刊書の不足

図書館もまた開化政策の一環により設置された読書施設であった。明治政府は自ら「書籍館《しょじゃくかん》」を一八七二（明治五）年、東京の湯島に開設して公共図書館のモデルを全国に示し、京都府や大阪府など先進的な一部の府県も続けて「書籍館」を設置した。これが明治初年の「書籍館ブーム」と図書館史家に言われる現象である。図書館なるものが西洋先進国に必ずあることは、福澤諭吉が『西洋事情』（初編一、一八六六）で「文庫」として紹介して以来、知識としては知られていたが、実際にはどのようなものなのか、誰も見たことがない状態での模索であった。

そもそもライブラリーやビブリオテークといった原語の訳語も最初は一定せず、京都では「集書院」、福澤の慶應義塾では「書館」という言葉も使われた。一八七九（明治一二）年教育令に法令上はじめて定められた際には「学校幼稚園書籍館等」という文言であり、この前後に設置された図書館も、一八七六（明治九）年、大阪書籍館、浦和書籍館、一八七九（明治一二）年、高知書籍館、秋田公立書籍館、石川県立勧業博物館書院、一八八〇（明治一三）年、栃木県書籍縦覧所、一八八一（明治一四）年、宮城書籍館と、おおむね「書籍館」の名称を用いていた。「書籍館」が「図書館」という新しい漢語に置き換わっていくのは明治三〇年代、図書館令（一八九九年）が公布されてからである。

政府の設置したモデル館であった東京湯島の「書籍館」はその後、改称を繰り返しつつ一八八〇（明治一三）年、東京図書館となり上野へ移転、一八九七（明治三〇）年、帝国図書館へと官制改正、ようやく国立中央図書館としての設置理念を明確にし、戦後の国立国会図書館まで続いていった。この、国の「書籍館」は、自身の「館種」（図書館の種類。国立、公共、学校、大学図書館の四つ）の所属を公共から国立へ変えることで生き延びていったのだが、一方、明治初年のブームであった府県書籍館はどうなったのだろうか。

結論からいうと、ほとんど全部が廃止されてしまったのである。

直接的な原因はいずれも来館者の減少にあるが、その主因は、新しい時代の新しい読書ニーズに合致しない蔵書構成にあったろう。京都府立総合資料館文献課の調査[1]によると、京都集書院の場合、書庫の「本箱」には「当府在来之書類」つまり、史書、儒書、仏書といった古い知識の本が並んでいたが、一方で「翻訳書」「新版之書類」といった新刊本、つまり文明開化の新知識を載せた本が少なかったと推定されている。残っている本を数えると全体の四分の一程度しか維新後の新刊書がなかったという。実数でいうと一八六八—七四年に三都で新刊書は二五九二点出版されたが、四九点（割合だと一・九パーセント）しか集書院旧蔵書に見つからなかった。

栃木県書籍縦覧所の場合、三島通庸《みちつね》関係文書『〔栃木県〕書籍縦覧所目録』（明治一八年一月）を見ると、漢籍がその所蔵の大半を占め（和古書はほとんどない）、大井憲太郎訳『仏国政典』といった新刊書もあるにはあるが、二割程度である。また新刊の小説や通俗書は記載されていない。これでは新しさが求められていた明治一〇年代のニーズに十分応えられなかったであろう。結局、この時期続々と新設された府県の書籍館のうち、存続できたのは宮城書籍館（一九〇七年、宮城県立図書館と改称）だけであった。各図書館の正史では淵源を遡りすぎるあまり、明治はじめの府県書籍館がその蔵書構築の失敗のため一旦断絶したことが分からなくなってしまっている。

東京における事例ではあるが、代わりにこの時代に公共図書館の役割を果たしていたのが「新式貸本屋」である。

明治時代は中学進学率がたった数パーセントであった時代だが、そこを出たごくごく一部の学生や学者は帝国大学附属などの学校・大学図書館を利用し、洋書、新刊書、主要な新聞雑誌を閲覧できるようになってはいた。しかし、そうでない民間学者や記者、遊学者が利用できる図書館は、東京でさえ帝国図書館にほぼ限られていた。当時、東京にいたといわれる五万人もの遊学生は、娯楽書については買ったり知人友人に借りたりして読んでいたが、まじめな本、学問書を読みたいと思った場合に利用したのは、江戸期貸本屋が明治一〇年代に消滅した後に新しく出てきた「新式貸本屋」であった。洋書、まじめな新刊書を貸してくれることから「新式」と後に言われるようになったようだ。

　この新式貸本屋は明治二〇年代に本郷や神田といった学生街にあり、共益館、いろは屋貸本店、東京貸本社、博覧堂、石垣貸本所などの名前が見受けられる。これら貸本屋は新刊の学術書や小説、洋書を数千点載せた目録を頒布し、会員によるはがきの申し込みに対して配達を行なった。当時、東京図書館（後の帝国図書館）主幹であった手島精一は、これら新式貸本屋を図書館へのニーズを満たすものと見ていたし、太平洋戦争後に流行った、マンガや大衆小説主体の貸本屋とはずいぶん性格が異なる。今日から見ても、公共図書館の代わりを果たしていたといってもよいだろう。

　庶民はといえば、洋装の講談本や実録本を貸してくれる「居つきの貸本屋」で、これら新刊書を借りるようになり、この庶民向け貸本屋も明治末まで存続した。

　このように明治初期から始まるかに——外見上は——見えた図書館の歴史は、事実上止まってしまい、ようやく明治三〇年代に再スタートを切ることになるのである。

2 読書公衆の出現と図書館の増加（明治末—大正）

読書公衆の大衆化

図書館がそうこうしている間に明治末から大正時代にかけて、読書史上、画期的な出来事が日本で進行していた。それが「読書公衆」（「読者公衆」とも）の出現である。英語でリーディング・パブリック（reading public）というと、読書界、一般読者のことを指すが、直訳すると読書公衆とも言え、その読書する公衆が量的に拡大し、何を読むかは別にして、本を読む人々が日本全体を覆ったのだった。古代以来、貴族、武士など支配層を中心に読書人はいたが、これは日本ではじめての事態であった。

すでに明治期にその準備がされてはいた。一九〇三（明治三六）年に義務教育の就学率は九割を突破する。つまり、これ以降に成人した日本人は誰でも——小農民でも都市の未熟練労働者であっても女性であっても——一応の読み書きができる世界が大正の初めから日本に出現したのだ。あとは何を読むか、ということになる。

明治時代から都市民を中心に「つづきもの」や新式貸本屋などを通じて読書が行なわれていたのは前節でみたとおりであるが、明治半ばからはさらに新しいメディアが登場してきていた。それが後の昭和戦前期に「総合雑誌」と呼ばれるようになった種類の雑誌で、これが読書公衆を作りあげていったのであった。時事、経済、社会、文化など、オールラウンドなジャンルの記事を取り揃えて、一つの視点から世界が展望でき、同じ社会階層に属する人であれば誰でも読む／読めるような雑誌が総合誌だ。明治半ば以降、『国民之友』『太陽』『中央公論』といった総合雑誌が成立し、月刊という刊行頻度で、新聞より落ち着いた議論や創作（小説）などを掲載していた。

これらは中産階級の男性向けのものだが、女性向けの総合誌も続き、『女学雑誌』『家庭之友』『婦人世界』といった女性誌が発刊された。一方で子どもたちも『少国民』『少年世界』『少女之友』といった子どものための総合雑誌を読みはじめていた。

こうして総合的な雑誌が、中産階級だけでなく、工場労働者や一般農民をもとりこんでいくことで、読書公衆が日本全体を覆っていく。その時期は大正時代半ばである、と当時の読書調査をこまめに参照した永嶺重敏は言う。永嶺を参考にすると、およそ都市部においては、総合的な次の四種類の雑誌ジャンルと読者層で、リーディング・パブリック全体が代表できるだろう。

総合雑誌　学生、知識人、サラリーマン
講談雑誌　労働者、庶民
婦人雑誌　女性
少年雑誌　少年、少女

そして労働者、庶民に読まれていた講談雑誌の延長上に出てくるのが大衆雑誌『キング』（大日本雄弁会講談社、一九二四年創刊）と、それにならった農村向けの『家の光』（一九二五年創刊）だ。これら大衆雑誌は農村の一般農民をも読者に取り込んでいく。都市においても『キング』は浸透していき、昭和始めには一〇〇万部を突破、『キング』を読む大学生がいる、困ったものだ、といった話題すら出されるようになる。一九七〇年代の『少年マガジン』を読む大学生のように。

それまで図書を中心に扱っていた全国の小売書店もまた、こういった総合雑誌の展開を迎えるべく再編されてきていた。特に博文館の雑誌を扱った東京堂の影響が大きかったが、明治二、三〇年代から五大取次、六大取次などといった全国的な書籍取次業（小売書店に本を卸す問屋）が形成されていき、小売書店は中央（東京）から月々に送られてくる雑誌を、日本全国津々浦々に流す端末として再編成されてきていたのであった。いまでも地方へ行くと、小学館などの大きな広告看板をかかげた昔ながらの書店をかろうじて見ることができるが、それは書店の主力商品が図書でなく雑誌になったためである。近代書籍流通は、「書籍」流通といいながら、その実、「雑高書低《ざっこうしょてい》」（雑誌は売れるが書籍は売れない傾向のことをいう業界用語）的な構造を本来持っていた。

明治初めから徐々に普及していた新聞は家単位で購読するもので、基本的に個人で読むというものではなく、実際、識字率が低い時代は家長（父親）が家族に読み聞かせていたものでもあった。それに対し大正期に全国に普及した雑誌は、総合誌であれ少年誌であれ、個人が入手してひとりで読むものである。ここにおいて読書する個人が立ち現われてくる。雑誌の全国的普及は、それまで都市部の中産階級や豪農に限られていた個人的な読書が、地方農民や都市部の庶民においても行なわれるようになっていく過程であった。

このように、雑誌の普及によって読書公衆は大正期に全国化・大衆化していった。しかるに図書館は雑誌をどのようにサービスに取り込んでいったかといえば、戦前はほぼそれに失敗したと言ってよい。新聞縦覧所は明治末に雑誌を取り込みつつも、来場者のニーズに忠実に対応しすぎたためか、結局、喫茶店か売春斡旋所に変質してしまった。対する図書館ではどうかと言えば、新聞・雑誌は限定的にしか入らなかったうえ、保存し、検索・参照する対象と見なされなかった。図書館はあくまで「図書」の館であった（この事情は後述する）。

では、明治末から大正期にかけての図書館は何をしていたのだろうか。どのような資料を読ませるために取り揃えていたのだろう。

図書館の量的増大（明治末―大正）――私立図書館の時代

明治初めの府県書籍館は、新刊書が乏しいため利用者が増えず、明治二〇年頃に廃止されていった。そしてようやく明治三〇年代になってから今につながる形の図書館が増えはじめる。この頃、各地に成立した教育会（学校教師による半官半民の団体）が図書館を創設するようになり、これらの多くは紆余曲折を経ながらも、現在ある県立図書館や主要都市の市立図書館につながっていく。またこれらの館は、大富豪や府県の教育会、地元の青年団など、さまざまなレベルであったが、総じて民間のイニシアチブで創設されたので、図書館の明治二、三〇年代は「私立図書館の時代」とも言われる。

この時代の図書館では、どのようなジャンルの図書が閲覧できたのか、あるいはどのような物が見られなかったのかを概観してみたい。

教育会附属図書館の先駆けとなったのが、東京の大日本教育会附属書籍館（現・千代田図書館。以下、教育会書籍館）である。この図書館は当初、団体附属の教育学専門図書館として発足したが、すぐに文部省や東京図書館系の識者の眼を引くところとなり、彼らのアドバイスによって「館種」を明確に意識した「通俗図書館」（popular library　当時の公共図書館の一種。「通俗教育」つまり社会教育のための図書館）としての蔵書構成を備えるにいたる。識者らは米国流図書館学を身に付けており、図書館は無目的に典籍を保存するのではなく、館種ごとに異なるミッション（使命）があり、蔵書構成もそれにあわせて変えていかねばならないことを知っていた。彼らは自分たちの傘下にある東京図書館を、調べ物をメインとする「参考図書館」にする一方、東京図書館所蔵の通俗書（一般書・入門書）、実用書を教育会書籍館に長期に寄託することによって、通俗図書館のモデルを即席的に作ろうとした。

このときに実際の閲覧現場で使われていた目録『東京図書館増加書目録 第一編 和漢書之部』（東京図書館、一八八九）（**図2**）が最近、古書展で国文学研究者の松永瑠成により発見された。この目録は、押された「貸教育会」という印影から、どの本が「通俗図書館にふさわしい本」として選ばれたかが判るものだが、東京図書館は内務省から検閲用の新刊図書をすべて交付（移管）されていたので、結果として、全新刊リストのうち「何が選ばれなかったか」（＝何が通俗図書館にふさわしくないと見なされたのか）まで判る目録でもある。通覧すると、実用書や通俗書はもちろん、専門分野の学術書でも、ある分野の概論にあたる図書はよく選ばれている。人生訓（当時は修身や修養といった）などの通俗書も意外に選ばれているが、新刊小説については、見事なまでにほとんど選ばれていない。教育会書籍

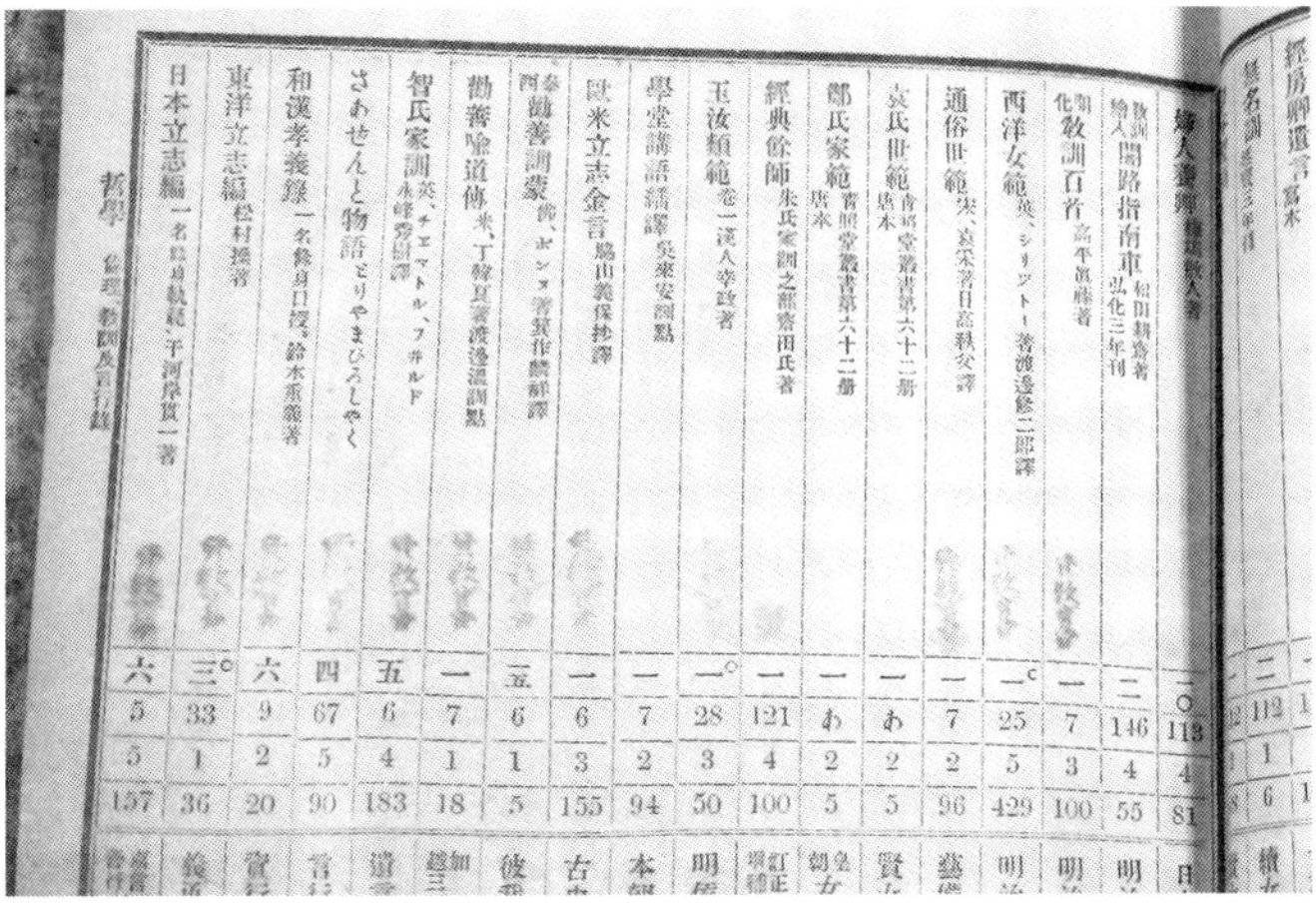

婦人壽鏡	一〇	113	4	81
教訓 輸入 閨路指南車 松田耕鶴著 弘化三年刊	二	146	4	55
和刻 教訓百首 高平眞藤著	一	7	3	100
西洋女範 英、シリゾトー著 渡邊修二郎譯	一°	25	5	429
通俗世範 宋、袁采著 日高耕斐譯	一	7	2	96
袁氏世範 唐本	一	あ	2	5
鄭氏家範 唐本	一	あ	2	5
經典餘師 朱氏家訓之部	一	121	4	100
玉汝類範 巻一 漢人李政著	一°	28	3	50
學堂講語續譯 吳樂安訓點	一	7	2	94
歐米立志金言 島田義保抄譯	一	6	3	155
泰西 勸善訓蒙 佛、ボンヌ著 箕作麟祥譯	五	6	1	5
勸善喩道傳 米、丁韙良著 渡邊溫訓點	一	7	1	18
智氏家訓 英、チエマトル、フホルド 永峰秀樹譯	五	6	4	183
さあせんと物語 とりやまひろしやく	四	67	5	90
和漢孝義錄 一名修身口授 鈴木重義著	六	9	2	20
東洋立志編 松村操著	三°	33	1	36
日本立志編 一名修身軌範 千河岸貫一著	六	5	5	157

哲學　倫理、教訓及言行錄

図2　『東京図書館増加書目録　第一編　和漢書之部』（東京図書館、1889）教訓の項。「貸教育会」の押印が大日本教育会附属書籍館に委託された図書を示す。松永瑠成所蔵

館では当初の二万冊のうち四分の三が東京図書館から寄託された本だった。ここにおいて明確に、新刊小説は「通俗図書館」つまり、一般の公共図書館で閲覧させるべきものではない、という価値観が実際の選書行為に反映されていたことがわかる。東京図書館の中心人物で、初代帝国図書館長となった田中稲城は「稗史小説の類は士君子の読むべきものにあらず」と言ったという逸話も残されている。

ただしこの後すぐ、教育会書籍館は娯楽系資料をかなり入れて通俗性を強化したようである。蔵書が当初の倍、四万冊に達した一八九〇（明治二三）年の報告[2]によれば、真面目な本の他にも実数は不明だが「娯楽ニ供スベキ図書ニ至リテハ、詩集アリ、歌集アリ、書画譜アリ、又夥多ノ赤本類アリ、定時刊行物中ニモ、囲棋俳諧音楽絵画ノ雑誌アリ、絵入振仮名付ノ新聞紙ア

リ」とある（それでも小説が挙げられていない点に注意）。明治の「赤本」は少年向きの講談本と考えてよいだろう。

図書館は明治三〇年代に再スタートした――大阪府立図書館の場合

大日本教育会附属書籍館によって、通俗図書館としてふさわしい蔵書構成を持った図書館がモデルとして示された後、明治三〇年代に主要都市において図書館は再スタートする。京都府立図書館（明治三一年）、東京の私立大橋図書館（明治三五年）、日比谷図書館（明治四一年）などである。成田山新勝寺の私立成田図書館（明治三五年）なども併せて、戦前期の先進的モデル図書館が出揃うのがこの明治三〇年代である。

大阪においてもいったん図書館が途絶えた後、民間のイニシアチブにより図書館が再設置された。住友家第一五代当主、住友吉左衛門が欧米視察（一八九七年）の途中、米国の富豪寄贈の美術館を見学したことがきっかけで、一九〇〇（明治三三）年、建物と蔵書あわせて二五万円以上の寄付を申し出たことから、現在の中之島図書館である大阪府立図書館が一九〇五（明治三七）年に開館したのである。

開館当初の二万八〇〇〇冊の蔵書も基金や寄贈により増加し、開館後一〇年で一〇万冊を越えた。そのなかの寄贈図書が占める割合は三割の多きに及んだが、大阪府立図書館の正史『中之島百年』所収の「草創期寄贈本一覧」を見ると、漢籍よりも『経済原論』『英国戯曲略史』『地形図』『〇〇村是』

『経済時報』『風俗画報』などといった、当時の新刊書、概説書、地方誌、一般雑誌などが多くの割合を占めている。

　大阪府立の特色は今でいうビジネス支援に力を入れていたことで、一九一六（大正五）年の『大阪府立図書館年報』を見ると、一日の平均利用者は学生が一九〇名なのに対して「実業」が四三名と、全体五〇四名のうち二八パーセントという値となっている。教員、官吏、記者・著述家、雑業などを足すと一日平均一八〇名となって学生とほぼ拮抗し、学生ばかりが多かった戦前の図書館では異例の多さと言えた。

　蔵書構成においても、同館は開館当初から特許公報を備え付けている。雑誌、新聞についても、『年報』巻末の「図書の寄贈」欄を見ると、雑誌が四〇〇タイトル以上、新聞も七〇タイトル以上が認められる。その種類も一般紙誌や『英語青年』といった学習雑誌よりむしろ『大阪化粧品商社報』『関西木材商報』といった業界紙誌や専門誌の割合が多い。

『中之島百年』は当時の館長、今井貫一の一九一一（明治四五）年のこんな談話を紹介している。「大阪特有の閲覧者ともいふべきは銀行会社員なり、彼等は執務中、不図、其仕事に就き行詰りたる際には、早速俥《くるま》を飛ばせて図書館に駆け付け〔中略、このような利用は〕東京にて一寸見られぬ処なり」。

　住友財閥による巨額の寄付という好条件もあるだろうが、大阪府立図書館においては、学生、遊学者の自習だけでなく職業人たちのビジネスユースによる読書が行なわれていたことが判る。

　それでもやがて「近頃は何んな書物が多く読まれるかと大阪図書館で調べて見るとヤハリ小説が一

番で次が伝記、化学、実業、哲学、教育、宗教と云ふ順序であるが」ということになり、年を追って利用者が増加する。今井館長は当初、大阪市内に通俗図書館たる分館を新設することでそれに対処しようとしたが、これは結局、大正期に府立でなく大阪市立の図書館の新設へと転換されていく。

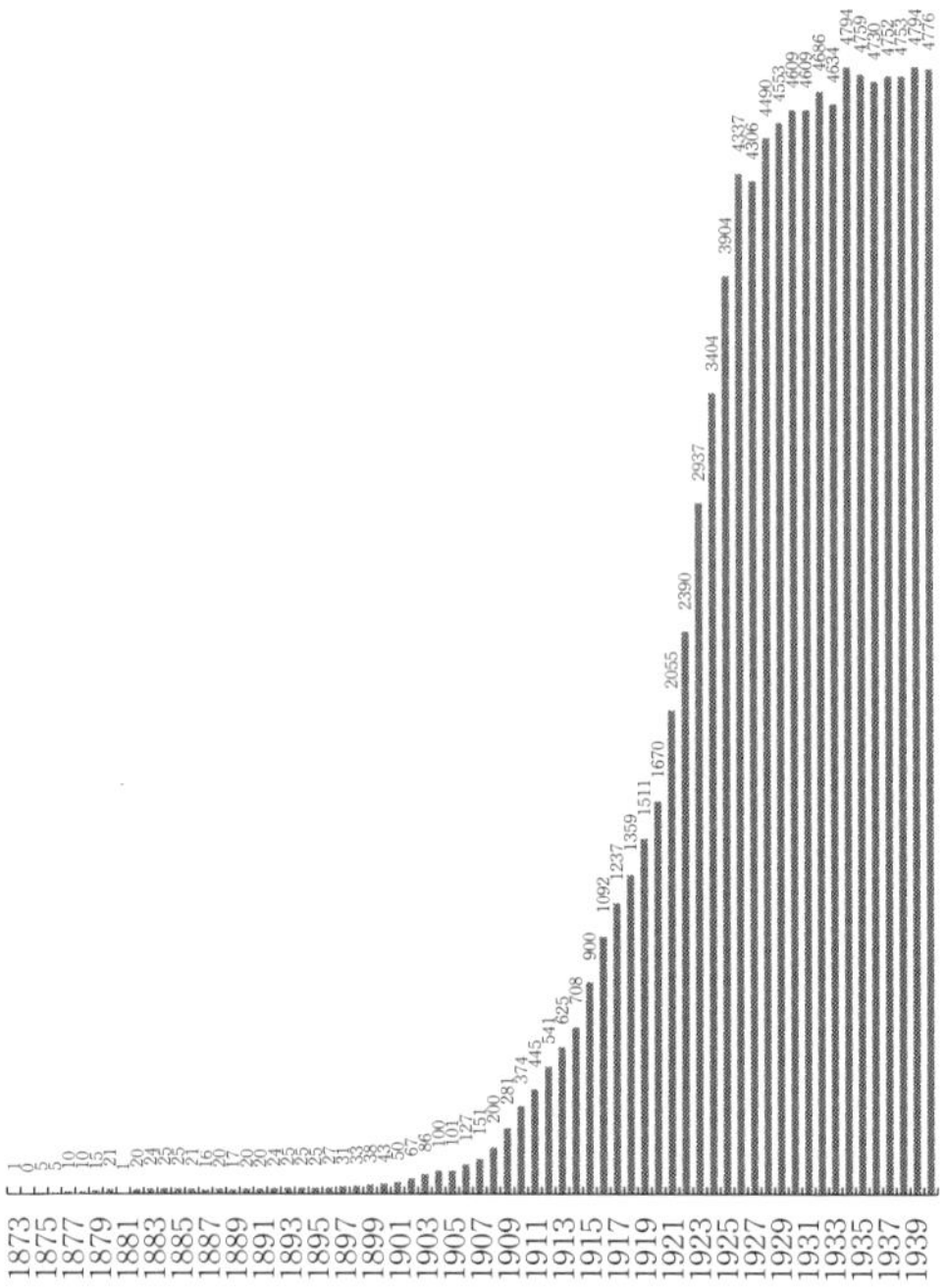

グラフ1　全国図書館数(3)

全国四〇〇〇の小図書館群の意義と可能性——青年会図書部

明治三〇年代に都市部の図書館は再スタートをしたが、大正期に入るとさらに全国の図書館数は飛躍的に伸びていく（グラフ1）。日露戦争後から内務省の主導で全国的に行なわれた「地方改良運動」のなかで地方に図書館、特に「通俗図書館」を作ることが奨励されていたからである。しかし、この通俗図書館の多くは蔵書数百冊という、現在の眼で見るときわめて小規模な図書館であった。

この絵葉書（図３）に写っている本棚は、愛媛県温泉郡余土《よど》村（現・松山市）の青年会（古くからの若者組から脱皮した自主的な修養・奉仕団体。のち青年団と言われるようになる）が運営していた通俗図書館である。余土村は地方改良運動の一環で村長、森恒太郎のもと、モデルとなった村であった。写っている本の冊数は二―三〇〇冊ぐらいになろうか。絵葉書のキャプションには「通俗文庫」とあるが、統計上はこれも一図書館と数えられる。一九二二（大正一一）年の文部省編『全国図書館に関する調査　大正一〇年三月現在』によると、全国一六四〇館のうち、蔵書一〇〇〇冊未満の図書館は一〇三〇館で、全体の六三パーセントを占めていた。一万冊以上の図書館は八八館で五パーセントでしかなかった。言い換えると、この時期に劇的に増えたのは写真にあるような蔵書数千冊未満の小図書館群であった。

図３　青年会の通俗文庫（愛媛県温泉郡余土村）

従来、これら小図書館群について図書館史家はかなり否定的な評価をしていた。戦後、日本図書館協会が出した『みんなに本を――図書館白書1972』では、この時期の小図書館の激増を「粗製乱造」と評価し「こんな図書館が民衆に愛され支持されるはずはなく」その後なくなった、としている。

しかし永嶺重敏は『〈読書国民〉の誕生』で、

少し違う見方をしている。それは、とにもかくにも、書店や新聞配達所すらなかった町村に、たとえ古本の数百冊のものであっても図書館が出来たこと自体に意味があり、その蔵書は使えないものであったかもしれないが、町村の人々の読書に対する意欲を新たに引き出したのではないかというものである。また少額の予算であれ新刊を購入することになるので、全国の数千館が積み重なれば、図書館に喜ばれるような特定のタイトルかもしれないが、つねに数千冊は売れることになり、新刊市場への図書館の影響力が増しただろうと指摘する。当時の出版マニュアルなどによると、戦前の初刷り部数は一〇〇〇部前後であったので、成り立つ指摘ではある。大正末から続々と出版されるようになった「円本」も、その多くは何十点もの著作をセットにした全集物で、選書する専任職員がいなかった小図書館では喜ばれたと思われる。なにより、「活字を読むことはよいことである」という建前が農業主体の町村部で明示的になるといった効果があったろう。

このように、小図書館では雑誌も図書も多くは読めなかったが、町村域の人々の読書に対する意識を変え、新規の出版物の傾向に影響も与えた可能性がある。

小図書館群の多くは青年会などの付属事業として運営されていたため、個人の自由な読書に重きを置く戦後の図書館史家からは否定的な評価をされてきた。しかし、現在のように個人読書は電子図書などで済んでしまうような時代になると、むしろイベントや事業と結びつけた図書館読書といった点で、潜在的可能性を持つものであったのかもしれない。

サラリーマンの読書――雑誌回読会（東京巡回図書館など）

個人としての読書は、地方の場合、青年会などの小図書館では雑誌の供給がおぼつかず、地方素封家、豪農の子弟による郵送の直接購読や、書店での購入、さらにまた少年雑誌のようなものは兄弟や友人関係による回し読みに頼ることになったであろう。

都会では、まじめな入門書などであれば市立図書館で閲覧できる体制が大正期にほぼ確立したと言ってよい。東京市においては、明治三〇年代には常に満員になるようになった帝国図書館のほかに、一九〇二（明治三五）年に博文館社主、大橋佐平の寄贈にかかる大橋図書館、一九〇八（明治四一）年に東京市立日比谷図書館が開館し、本格的な大図書館が複数開館するようになっていた。

しかしこれらの館は、朝早くから入館待ちの列に並ぶ学生たちの試験勉強などに閲覧席が占有される傾向が強くなってきていたうえ、大規模な「参考図書館」として運営したいという運営側の意向が反映されるようになり、娯楽雑誌や小説は、蔵書構成上、忌避される傾向にあった。公共図書館の役割に、今日のようにレクリエーションのための読書は含まれてはいなかったのである。

大正期には、都市部のサラリーマンなど中産階級は、書店、駅売店で総合雑誌を購入して、それを通勤の車中などで読んでいた。労働者は露店の古本屋（店持ちの古本屋はむしろ中産階級向けのもの）などで月遅れの講談雑誌などを購入し、銭湯帰りなどに読んでいた。こういった二層構造の読書現象があったわけだが、これら書店、駅売店、古本屋は東京の場合、山の手に書店、下町に露店の古本屋という地理的な住み分けを見ながら、上下層の市民に雑誌を供給していたわけである。では、この雑誌の供給に図書館はどのような役割を果たしていたかと言えば、実はあまり関与できていなかったのである。

前述のように図書館は、通俗図書館の発達の過程で、明治末から大正期にかけて図書はそれなりにニーズを反映した概説書、実用書、通俗書を所蔵するようになっていったが、雑誌は当初からあった新聞閲覧室の添え物に過ぎなかった。バックナンバーなどを保存供給できるような本格的図書館においては、むしろ参考図書館にしたいということで、大衆雑誌などは購入や保存が控えられたと思われる。

雑誌を安く読むという点で言うと、大正期には都市部の「雑誌回読会」がかなりの規模で市民に雑誌を貸し出していた。これは一時大変な流行を呼び、売上げを喰われたと見なす出版社、書店が非難する声明を発したほどである。永嶺重敏『モダン都市の読書空間』によると、一九二二（大正一一）年、東京に回読会は二十数社あり、それぞれ二〇〇〇人の会員を擁する五つの回読会（「雑誌博読会」「回読会」「大正堂文庫」「東京雑誌回覧会」「東京マガジンクラブ」）や、さらに会員数七〇〇〇名以上を擁する「東京雑誌会」もあった。回読会の会員は東京全市で三万から四万人にも達したという。雑誌の配送には学生が従事したが、その数も総計五〇〇人にのぼった。

同年の東京市の戸数は六四万戸であり、雑誌を定期購読した戸数は半分に達していなかったと思われるので、回読会の会員が三万から四万というのはそれなりの割合といえる。この時期、回読会には雑誌を売らない申し合わせを書籍流通側がしたり、雑誌回読会がそれを法的に訴えたりといった事件も起きている。[4]

会費は月に一円前後、総合雑誌一冊が八〇銭、婦人雑誌の売値が五〇銭であったので、一円前後で月に一〇冊の新刊雑誌を読めた回読会はかなり「お得」だった。しかも宅配までしてくれたのである。ここでは、総合雑誌から婦人雑誌、少年雑誌、講談雑誌、大衆雑誌も読め、また各学問の専門雑誌も選ぶことができたという。回読会に入会すれば、かなり広いジャンルの雑誌を閲覧できたわけである。

こういった商業的な回読会は、一九〇九（明治四二）年から活動を開始した「東京巡回図書館」が最初で、総合雑誌から娯楽雑誌までひと通り、約一〇〇タイトルの新刊雑誌が宅配された。この最初の団体が「図書館」を名乗ったのは、図書館的なものに対する市民の期待と、それを本物の図書館が必ずしもフォローできなかった実態が反映されているだろう。また当時の図書館は基本的に閲覧料を徴収したので、蔵書構成以外の点で貸本屋・雑誌回読会と図書館の差異は市民に意識されなかったことだろう。言い換えると、まじめな図書は図書館で読み、娯楽雑誌などはそこにないので雑誌回覧会に入会して読めばよい、と当時の手許不如意な市民は考えていたはずである。

実は図書館においても大々的に雑誌回読会を始めた例がある。[5] 岡山市立図書館は、同市にあった県立図書館に対抗するため、岡山婦人読書会という外郭団体に一九二二（大正一一）年から図書の回読会をやらせていたのだが、それを一九三二（昭和七）年に雑誌中心に改組したところ、図書館が貸本屋のまねをするなど、市議会などで批判されたのである。この事例などからも、公共図書館が大々的に雑誌を貸し出すと本来の使命に反するかのようなコンセンサスが当時の社会にあったことがうかががえる。

明治三〇年代以降にできた都市部の先進的な図書館では、新刊を十分用意し、ビジネス支援のために特許公報や専門誌、業界紙誌などを広く揃える館もあり、今から見てもかなり多様な読書をすることができるようになった。それは現在の図書館につながっていったが、そこにおいてもなお、娯楽雑誌や大衆雑誌は読めなかったと言えるだろう。図書館は「図書」の館と考えられていたのである。

鉄道網の発展を背景とした雑誌購読網の全国化は、大正期に日本全国に「読書公衆」とその大衆化をもたらし、彼らが率先して読むものは『キング』『家の光』といった大衆雑誌ではあったが、これらは図書館で読むというより直接購読するか、雑誌回読会で読むものであって、やはり同じ頃全国に林立した小図書館で読むものではなかった。ただし、とにもかくにも図書館なるものが地方にまで出現したことの文化的意味は小さくはなかったようである。

3　先進館の発展と多様性（昭和前期）

都会の図書館――東京市立四大館の多様な利用者指向

大正期に図書館は地方小規模館を中心に増えつづけ、その数は昭和の初めには四〇〇〇館を突破した。地方農村部にある多数の小規模館と、都市部にある少数の大規模館という対比のもとであるが、全国に図書館（と呼ばれるもの）が遍在するようになったのが昭和前期の日本であった。

ではこの時代、都市部においてはどのような本を読むことができたであろうか。東京市の事例を見てみたい。

関東大震災（一九二三年）による東京の壊滅は、東京市の図書館群に一大刷新をもたらした。翌年、東京市議会を通過した総額一〇〇〇万円の復興予算による「復興図書館」ともいうべき図書館が建設されたからである。深川図書館（一九二八年開館）、京橋図書館（一九二九年開館）、駿河台図書館（一九三〇年開館、旧一橋図書館を改称）の三つの復興図書館がそれだ。これら三館は、震災を免れた日比谷図書館とともに東京市立の四大図書館を形成し、全館を束ねる「館頭《かんとう》」（図書館行政局長の如き役職）今澤慈海の下、「東京市立図書館の黄金時代」を築いたと言われる。

これら四大館の一番の特色は、立地による利用階層の違いを意識した蔵書構成にあった。下町の工業地帯を後背地にした深川図書館は工学書、工員向けの修養書などを、商業の中心であった日本橋、銀座を後背地に持つ京橋図書館は商学本やビジネス書を、そして神田神保町を後背地にした駿河台図書館は受験参考書などを重点的に収集していた。日比谷図書館は総合的な参考図書館としての機能と、全館を統括する図書館行政局的な機能を持つとされた。他にも蔵書が数百から数千の簡易な図書館が一区に一館程度設置され、日比谷の指揮下にあった。

京橋図書館では異能の館長、秋岡梧郎のもと「実業図書室」（ビジネス支援室）が普通閲覧室とは別に設けられ、銀座の街頭で来館者集めのチラシが撒かれたこともあり、深川図書館では印半纏《しるしばんてん》を羽織った職人が閲覧する風景も見られたというが、ここでは歴史的研究が比較的進んでいる駿河台図書

主題		%
0類	総記	12
1類	哲学宗教	8
2類	歴史地理	18
3類	社会科学	12
4類	自然科学	20
5類	工学	7
6類	産業	8
7類	芸術	10
8類	言語	2
9類	文学	3
		100

表1　千代田図書館蔵内務省委託本　日本十進分類法による割合（概算）

館（前節で見た大日本教育会附属書籍館の後身でもある）を例に、何が読めたのかを見てみよう。

駿河台図書館など東京市立図書館で読めたもの

主に学生を利用対象として想定された駿河台図書館の、当時の蔵書構成を知る手がかりが、現在後継館の千代田区立千代田図書館に残る「内務省委託本」にある。これは内務省に届けられた検閲納本のうち、副本が一九三〇（昭和五）年頃から東京市に委託されるようになったもので、日比谷図書館の指示のもと、四大館ごとに利用者特性を考慮して分配された。現在二三六〇冊残されているこの委託本のリストを元に日本十進分類法ごとの割合を概算すると、当時のジャンル別蔵書構成を覗うことができる。

後から蔵書が入れ替わっていく過程で、主題ジャンルの割合が当時から多少変わってしまった可能性はあるが、総記が多いのは図書館事業のために戦後も優先的に残されたと考えられる――それでもなおこの**表1**は、一九三〇年代における駿河台図書館の蔵書構成を類推する手がかりにはなるだろう。

一見して特徴的なのは、現在、通常の図書館で三〇パーセント以上を占める9類の文学（ここに小説が含まれる）が、たった三パーセントしかないことである。これは、小説は、かなり限定的な所蔵に留まっていたことを示唆する。４類が多いのは、元のリストを見ると医学書が多く残されているのによるもので、隣接するお茶の水に病院が多かったという「地元産業」のニーズを反映したか、医学校生の試験勉強のためのものか。８類の言語が少ないのが気になるが、これは学生たちに激しく書込みをされ、早々に廃棄されてしまったものだろうか。

次に細かく個別のタイトルごとに見よう。駿河台だけでなく東京市立四大館全体でよく読まれた本のリストだが、『東京市立図書館と其事業』七二号（一九三七年一一月）に「最も多く読まれた図書百種　日比谷、駿河台、京橋、深川図書館調査」（一四─一五頁。以下、この種のリストを「多読図書」リストという）というものが掲げられ、独自の十門分類順に計一〇〇点がリストアップされている。これは「昭和十一年十月より十二月九月迄の間に備付けられた新刊書中閲覧回数多きもの」と注記があるので、一九三六、七年中の新刊ベストセラーと近似し、そのうち図書館で読めたものということになろう。そこでベストセラーリスト[6]にあるものが、この「多読図書」リストに載っているかを見よう（表２）。

昭和前期のベストセラーの多くが小説なのは戦後も続く傾向であるが、注意すべきなのは「多読図書」リストに出てくるものが半分に達しないということである。「多読図書」リストは四大館を併せた閲覧統計を基にしており、利用者層による単館ごとの偏りは回避されているはずなので、これは、東京市立図書館全体が実際に小説の購入をかなり絞っていた、あるいはベストセラーか否かといった利用者からのリクエストに依存せず、図書館独自の判断で図書を購入していたことを示唆するものだ

	書名	著者	出版社	ジャンル	リスト上の有無
1936年	宮本武蔵	吉川英治	講談社	小説	あり
	いのちの初夜	北条民雄	創元社	小説	なし
	怪人二十面相	江戸川乱歩	講談社	小説	なし
	真実一路	山本有三	新潮社	小説	あり
	戦争	武藤貞一	宇佐美出版事務所	軍事	なし
1937年	生活の探求（上・下）	島木健作	河出書房	小説	なし
	大地	パアル・バック	第一書房	小説	なし
	若い人	石坂洋次郎	改造社	小説	なし
	雪国	川端康成	創元社	小説	あり
	綴方教室	豊田正子	中央公論社	教育	なし

表2　ベストセラーのうち当時東京市立図書館で読めたもの（1936年、37年）

ろう。

地方の図書館で何が読めたか——石川県の場合

では同じ昭和前期、地方においてはどのような本が図書館や小図書館で読めたのだろうか。青年会の小図書館で実際、何を持っていたか、何が読まれていたかを直接知ることは困難なので、ここでは『石川県立図書館月報』五三号（一九二八年八月）に掲載された「昭和2年度に於ける巡回書庫多読図書百種」（六―七頁）を手がかりにしてみる。「巡回書庫」というのは「巡回文庫」とも言い、主に府県立図書館によって行なわれた事業である（**図4**）。五〇冊から一〇〇冊程度の図書をセットにし、配本所（**図5**）（町村図書館、工場、会社、青年会）に送り巡回させる、というもので、一九〇二（明治三五）年に山口県で本

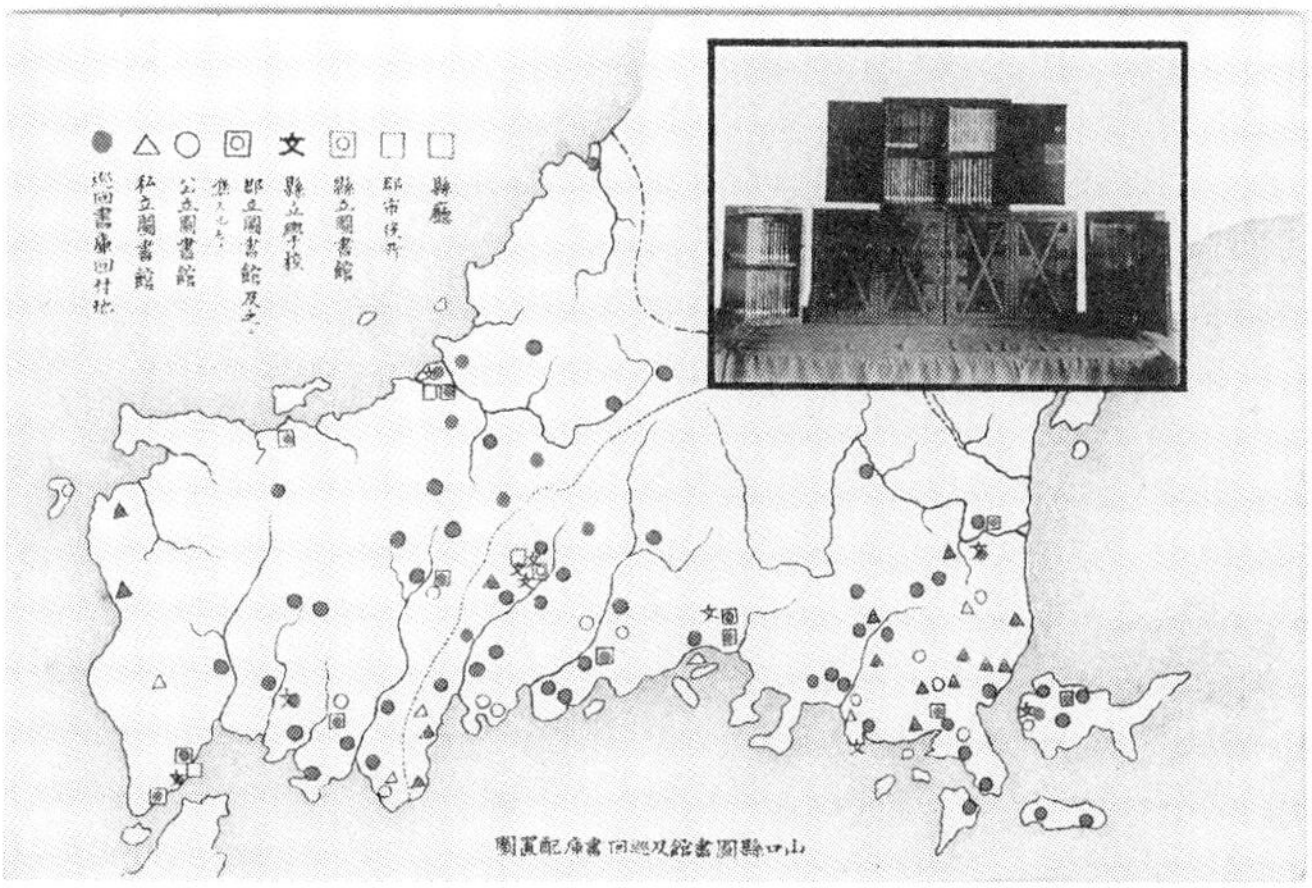

図４　山口図書館及巡回文庫配置図（1913、山口県立山口図書館十周年紀念絵葉書より）

図５　配本所の例　積善組合巡回文庫弥彦閲覧所（1910年代）　新潟県の産業組合「積善組合」が運営していた巡回文庫。建物内に巡回文庫用の本箱が見える

格化した後、他の府県立も一様に行なうようになっていた。巡回文庫の中身は、青年会などが運営した小図書館とほぼ同じような選書――それでも府県立には専任司書がいたのでより「良書」が選定されていただろう――であったろうから、小図書館での読書傾向を代表しうるリストだろう。

ここでも『如何にして自己を大成すべきか』といった修養書、『○○の話』『○○読本』といった各知識分野の概説書、『農村財政』『○○の作り方』といった実務書などがよく読まれた図書としてリストアップされているが、興味深いのは文学にあたる部分である。武者小路実篤、佐藤春夫、前田夕暮、三上於菟吉、中村武羅夫、谷崎潤一郎、佐々木邦、久米正雄、長谷川伸、島崎藤村、田山花袋といった著者、大衆小説の三上、通俗小説の久米といったところも挙がっているが、印象ではやや上等な小説が多く、落語や講談本などが上がっていない。これはどう解釈すべきだろうか。

農村部の読者は講談や落語などを読みたかったのかもしれないが、おそらくは図書館の選書ということでそれらの本がなかったか、少なかった可能性が大きい。また『現代大衆文学全集』(平凡社)、『現代長編小説全集』(新潮社)などはまさしく円本の全集で、これは県立から配本所に送り込まれたものだが、青年会の小図書館でも選書されやすかったろう。たとえば『大衆文学全集』であれば大衆向けとはいいながら俗に流れすぎない時代小説が三六冊――一冊に長編小説が三点ほど収録できるので事実上単行本一〇〇冊――、一度に選書できるのである。本屋もない農村の青年会で小図書館に選書する際には願ってもないアイテムであったろう。永嶺重敏も、これら円本の全集がゾッキ本(見切り品)となって安く地方の読者へ通信販売されていったことを指摘している。

同じ号の『石川県立図書館月報』で興味深いのは、七ページにある「多く読まれた新着図書閲覧順位（7月中）」というリスト（表3）である。一般に戦前は出版業界でも図書館界でも、ベストセラーや多読図書に順位をつけるということをしていなかった（多読図書として順位なしのリストアップはする）。これは統制会社が成立する戦時中まで出版部数を計測するのが難しかったからでもあろうし、ある種の価値観でもあったろう。しかし、珍しくここでは新着図書の閲覧回数を、実数を挙げて順位を付けているのでニーズの強度が判る。

これを見て驚くのは一位、二位、三位が他の小説類を大きく引き離してマンガであることだ。一位、七九回閲覧の代田収一編『東西漫画集（現代漫画大観　一六）』（中央美術社、一九二八）の目次を確認すると、古代ローマやダヴィンチの漫画から始まって、ワーグマン、河鍋暁斎、小林清親、月岡芳年など現在のマンガ本とは大いに趣を異にするもので、当時もあった赤本漫画ではない。二位『コドモ漫画』六八回、三位の『文芸名作漫画』五四回も同じシリーズ（全集の円本）であり上品なものだ。

多く讀まれた
新着圖書閲覽順位
（7月中）

東西漫畫集（現代漫畫大觀）	代田收一	79
コドモ漫畫（同）	同	68
文藝名作漫畫（同）	同	54
日本小說集（昭和3年版）	文藝家協會	40
廣告カットと文字集	[illegible]	34
現代長篇小說全集 7	加藤武雄	31
同 9	三上於菟吉	30
同 1	菊池寛	27
現代大衆文學全集 39	大佛次郎	25
同 8	長谷川伸	24
理髪師	金子洋文	24
現代大衆文學全集 38	土師清二	22
怪談名作集（日本名著全集）	同刊行會	21
日本アルプス	愛場秋文	18
恐ろしき私	中河與一	15
支那遊記	後藤朝太郎	15
室内（詩集）	竹内勝太郎	14
電氣機械（電氣學校標準叢書）	電氣學校	13
物權法提要	三瀦信三	13
櫻さく國	正木不如丘	13
小唄研究	湯淺竹山人	13
戊辰物語	東京日々新聞	12
驚異と神秘の生物界	松村松年	12
最近のヨーロッパ	高橋勝	12
刑事訴訟法講義	小野清一郎	12
地形圖と地質圖	上治寅次郎	12
大自然の神秘と技巧	岡田建文	12
ヷァグリス詩集	蠟谷正雄	11
正岡子規全集	橋田東聲	11
英語の作文	小野圭次郎	11

表3　多く読まれた新着図書閲覧順位
（石川県立図書館月報、1928.8）

この多読図書リストからわ

かることは、次のとおりである。昭和始め、都市部とそう異ならない質の図書を地方でも読むことができるようになっていた。また、これは都市と地方の差はないだろうが、マンガも図書館で例外的に買うことがあり、新着で入るやいなや先を争って閲覧されたが、それは全集などの特別なフォーマットに即して選書された場合に限られた。言い換えると、マンガに対するニーズは強く、司書も認識はしていたが、選書からは排除されていたのだった。

石川県立図書館は名物館長の中田邦造のもと、活発な活動を展開し、石川県図書館協会を組織して一九三〇（昭和五）年から『加越能古俳書解題』といった郷土資料の出版に乗り出すなど、非常に先進的な図書館であった。そのような図書館でも戦前は娯楽小説やマンガは選書の埒外にあった。

郷土資料を核としたコレクションづくり――大正、昭和前期における先進的図書館

大正期に量的拡大を果たした図書館界のなかで、都市部を中心とした一部先進的な大規模館――といっても蔵書数は数万冊であり、県立においても一〇万冊を突破する程度――は、同じ大正期に郷土資料を中心にした蔵書構築を開始する。出版事業にまで乗り出した石川県立を始め、高知県立、岡崎市立、大垣市、西宮市立、四日市などの図書館も熱心であった。日本古書通信社編輯部編『日本蒐書家名簿　昭和一三年版』（日本古書通信社、一九三八）という古本コレクターの名簿を分析すると、図書館の郷土資料担当でもある人物が多く記載されていることが判る。また、一九二二（大正一一）年に岡山県立図書館でレファレンスサービスが始まったのは、郷土史に関する質問に回答するためであっ

た。

もちろん、こういった図書館は郷土資料ばかり集めて提供していたわけではない。通俗図書館ないし一般図書館の機能は有したうえで、郷土資料に専任職員を置いたり、古書を別枠で購入したりしていた。

ここではほぼ完全な郷土資料コレクションを持つ函館市立図書館を紹介する。

この図書館は現在の函館市立図書館の前身にあたり、蔵書コレクションは、地元のロウソク製造業であった岡田健蔵という個人による私立函館図書館が元となっている。岡田の図書館は、彼の絵はがきコレクションが淵源になって一九〇九（明治四二）年に開館した、きわめてユニークなものであった。折しも一九〇〇（明治三三）年にはがきを私製することが許可されたばかりで、日本全体で絵はがき収集は大変なブームを呼んでいた。

当然のことながら文学書なども来館者に提供していたのだが（『函館図書館年報 第一（明治四二年二月―四三年一月）』によると閲覧冊数の五八・七パーセントが文学・語学）、彼固有の信念で岡田は郷土資料――といっても函館だけでなく北方一般、つまり樺太、千島列島、北海道開拓全般、アイヌなどを包括する「北方資料」――の収集に私財を傾け、その保存のため私立時代の一九一五（大正四）年には北海道で初の鉄筋コンクリートの館舎まで建築している。おかげで資産を失ってしまったが、一九二七（昭和二）年、図書館は函館市立に移行することになり、岡田自身も館長となった。

北方資料は現在、全国的に重要な資料として残されているが、このような郷土資料中心の収集は戦前期でも市議会で批判の対象となった。けれども彼は「単なる数字的成績を顧念するの余り点取り虫の如き考から大衆に迎合する俗書を重視する如き……選択は余の職責上断じて採らざる」と宣言していた。

郷土資料を中心にした蔵書構築は当時の法制も与かって力があった。一九三三（昭和八）年に改正されたいわゆる「改正図書館令」は、旧図書館令（一八九九年）の条文がわずか六条であったものが一四条に拡張され、第一条において「図書館は図書記録の類を収集保存して公衆の閲覧に供し其の教養及学術研究に資するを以て目的とす」と、図書（出版物）だけでなく記録（文書など）へと収集対象を広げていた。戦前の日本には公文書館というものがなかったという事情もある。

これら郷土資料を中心とした蔵書構成の延長上に、戦後の一九五〇年代にモデル図書館として全国に有名であった小田原市立図書館の活動がある。ここには戦前からの名物館長、石井富之助がいた。彼は地元素封家の息子で戦前から郷土資料を中心とした図書館経営を構想・実践しており——ただし石井自身の話では、この構想は東京の大橋図書館のリーダー、竹内善作によるものだという——、彼の周辺に自然発生した郷土史研究会を中心に小田原の郷土資料が収集されていた。(7) 戦後成立した国立国会図書館も、郷土資料が多く収録される『全国特殊コレクション要覧』（一九五七、一九七七）といった参考図書を作成し、郷土資料の利用を活性化させようとしていた。

郷土資料に力を入れたとはいえ、石井は必ずしも保守的なわけではなく、戦後出てきたニューメディアについても、テレビ台の下に本棚を設置しておき、知らない知識が番組に出たら随時参照せよという「テレビの下の本棚運動」を提唱し、実際に松下幸之助がそれを採用したともいう。図書館のなかに限らない社会教育の視点であり、さらに言えば、ごく初期のマルチメディア（複合媒体）の提唱だが、テレビ画面とレファレンス図書、地図資料を自宅で同時に見ようという主張で、超先進的ではあったろう。郷土資料中心の図書館からは社会教育という概念を経由して、このような発想も出てきたのだった。

実際に何が読めるか、という点で図書館界の昭和戦前期は一九五〇年代まで続いていた。

4　新聞・雑誌の扱い――そこで読めなかった本　雑誌のバックナンバー

大正期に都市部で雑誌回読会が流行したことにみられるように、雑誌に対する人々のニーズは強く広汎なものであった。それに対して図書館では明治期から「新聞閲覧室」「新聞雑誌閲覧室」を備えることが推奨されていたし、あるいは独立の部屋が設けられない小図書館でも、新聞が立読みできる「新聞架」などを置くことになってはいた。

地方の中小図書館における扱い

地方の中規模図書館――蔵書数が七〇〇〇冊――の事例だが、一九〇〇（明治三三）年創設の郡立図書館の報告『奈良県宇智郡図書館一覧』（同館編刊、一九一二）によれば、そこでは新聞一四点、雑誌二二点が閲覧できるとあり、『東京日々新聞』『万朝報』『実業新聞』『宇智郡報』『薬学雑誌』『学燈』『婦人と子供』といったタイトルが掲げられている。大阪府立図書館や東京市立図書館などの大都市先進館ではさらに多くの雑誌が閲覧できた。

しかし、基本的に図書館界は雑誌を新聞同様、消耗品として位置づけていた。もともと予算を講じて購入するものは多くなく、新聞雑誌の半数程度は寄贈によって収集されており、図書を読ませるための導入、客寄せ的な扱いであった。戦前は新聞雑誌についてそもそも議論が少ないが、そのうちの一つ、斎藤勇見彦「図書館とその新聞雑誌」(『図書館雑誌』一六号、一―五頁、一九一二年一二月)では明確にそのような価値観が表明されている。そして重要なのはその中身、雑誌のジャンルで、「日々の新聞若くはその道々の専門に関する学術雑誌を薦むるも、頗る真面目の新聞雑誌たるを要するのは勿論のことで、苟且《かりそめ》にも諧謔に渡り卑猥に関するものは之を避けねばならぬ」とされた。つまりは娯楽雑誌やゴシップ紙(赤新聞)の類は図書館に備えてはいけないのである。それでもなお「閲覧人の割合を新聞雑誌類と比較すれば、七人の閲覧者中その二人は図書で五人は定時刊行物(新聞雑誌)」という盛況であった。

消耗品として位置づけられた新聞雑誌は、地元出版のものであっても廃棄されてしまう傾向にあったといえよう。一例として青森県の八戸市立図書館があげられる。同館は一八七四(明治七)年に設立された八戸書籍縦覧所を前身とする最古参の図書館で、震災にも戦災にも遭わずに貴重文献が継承されてきた運のよい近代図書館でもあり、郷土の文書史料を中心にたいへん充実した図書館だが、戦前の新聞雑誌は端本が郷土資料のなかに散在しているほかは、ほぼ残されていない。

国の中央でも、検閲納本のために出版物はすべて一度、東京の内務省に集まっていたのだが、残念なことに新聞雑誌は明治の半ばから帝国図書館へ移管されなくなってしまったので、多くの新聞雑誌、特に帝国図書館が別途手段を講じて集めなかった地方出版のものや業界紙誌は多くが永遠に失われてしまった。保存を重視する図書館でも「図書」が中心に考えられていたわけである。

しかし、仮にきちんとバックナンバーが合冊製本されて各地の図書館に所蔵されていても、同時代には活用が望めなかったろう。というのも、合冊紙誌は単に発行年月日順に綴じられるだけでは、後から望みの記事を探すのに膨大な労力がかかる。キーワードなどの主題から記事を検索できる「記事索引」がバックナンバー活用には必須となるが、戦前の日本に雑誌記事索引はほぼなかったといってよい。

神戸市立図書館のレファレンス普及運動と記事索引

戦後、図書館界に華々しく登場したレファレンスサービスも、その神戸市における発祥の起源から、郷土資料重視の延長上にあるのかもしれない。このサービスは、利用者自身で資料を参照する特殊環境を館内に用意し、さらにその環境を使って司書も質問回答を行なう、というものだ(8)。

一九五一年に実施された図書館専門職員指導者講習会（ＩＦＥＬ）をきっかけに、館長志智嘉九郎率いる神戸市立図書館が、貿易都市神戸の商業ニーズをバックにレファレンスサービスを展開しはじめた。このサービスは住民と行政当局の注目を集めると期待され、一九五〇年代の図書館界はレファレンスサービスの時代だった。神戸市立の実践は、日本図書館協会の公共図書館部会における参考事務分科会発足につながり、一九六一年、サービスガイドライン「参考事務規程」が制定されるに至る。

神戸市立図書館では当初、ベテラン司書の記憶やセンスに頼って利用者へ回答をしていたが、やがてレファレンスのための道具立て——図書館界ではレファレンスツール、中国語で「工具書」などと呼ぶが、日本では「参考図書」という——が足りないと気づき、自力で作成を開始した。そして、地域情報を見つけるためのインフォメーションファイル作りが始まったのだが、これはやがて『戦後国内重要ニュース索引』（赤石出版、一九六〇）といった全国レベルの新聞記事索引に発展し、さらに『全国公共図書館逐次刊行物総合目録』（国立国会図書館、一九六三—一九六八、全六冊）という全国総合所蔵目録につながっていく。記事索引、全国総合目録が揃うことではじめて、書庫で合冊製本されたまま眠っている新聞紙や雑誌を、現在のニーズのための資料として活用できるようになるはずであった（雑誌の記事については国会図書館がアメリカ人の指導で『雑誌記事索引』（一九四八—一九九六）を作りはじめていた）。

新聞架には業界紙が、雑誌架には専門誌が並び、書架に各種ディレクトリ（紳士録など）が満載で、調べもののためのビジネスライクなアメリカ風図書館に日本の図書館もなるのか、と思われた瞬間だった。

5　ラインナップの標準化から画一化へ

日野市立図書館の成功

日本の図書館、特に蔵書構成についての戦後史が始まるのは一九六〇年代、「中小レポート」と『市民の図書館』（日本図書館協会、一九七〇）の時代である。日本図書館協会によるこれら二冊の政策提言報告――『中小都市における公共図書館の運営』（日本図書館協会、一九六三）は「中小レポート」という名で呼ばれる――が、新しい図書館を林立させることになった。

これらの報告書はまず、東京のベッドタウンにあたる日野の市立図書館において実践され、一九六〇―七〇年代、この館は全国のモデル図書館と見なされるようになる。ここでは女性と子ども（通勤せずに市内に残る）を主な利用者とした図書の貸出サービスが展開され、住民の支持を得た。

この館外貸出を中心にすえた業務改革の波は全国に及び、経済成長や革新自治体による教育福祉策もあいまって、図書館が新設され、投入される予算も増加した。そして、「中小レポート」から約一〇年後に日本図書館協会が作ったはじめての「図書館白書」、『みんなに本を――図書館白書1972』（日本図書館協会、一九七二）では、「これからの図書館」は次のようなものであるべきと提言されている。

「まず、図書館は自由に気軽に本を借りるところです。〔略〕また、本棚にある本を借りるだけでなく読みたい本をリクエストします。図書館は、利用者のどんな求めにもこたえなければなりません。そこにない本は購入したり、ほかの図書館から借りて貸出すのです」。

貸出は提供の手段に過ぎないが、「利用者のどんな求めにもこたえなければなりません」というのは提供コンテンツ自体の話になっており、現在から見るとすごい。しかし、これは自治体や市民向けでもある白書だからだろう、図書館界の内部的にはここには書かれていない枠がはめられていた。「中小レポート」においても「俗悪な出版物を収集する必要がないのはもちろんであり」と記されており（一三三頁）、内々では、要求も枠のなかでの最大限、とされていた。では、ここでいう「俗悪な出版物」というのは何か。『市民の図書館』の事実上の著者であった前川恒雄が『われらの図書館』（筑摩書房、一九八七）のなかでリクエストされても「買いたくない本」（九一―九二頁）として述べているところでは、心霊研究書、金儲け法などがそれであり、「万一リクエストされれば断らねばならない本」として「極端に低俗な本」がさらにあるという。住民から表現の自由のためにすべてのリクエストを購入すべきだと言われても、これは挑発なので答える必要はない、ともされている。そもそも「図書館は〔貸本屋と違って〕質の高い蔵書によって〔利用者の〕要求そのものを高めることができる」（『市民の図書館』三七頁）はずなので、貸出が上手くいけばリクエストの質も向上すると思われていたのだろう。前川は、自分は森鷗外など純文学が好きだが、それだけでなく山手樹一郎などの大衆文学も図書館蔵書にあってよいと書いている。大衆文学から入って純文学へ移行するという、「庶民」が「市民」に成長することを狙っていたのだろう。

しかし、事態はそうした想定を超えて動いていく。

貸本屋との競合――娯楽小説が読めるように

一九八一年一月一六日、全国貸本組合連合会は日本図書館協会に対して「図書館行政に関する陳情」なる陳情書を提出する。(9) 本来、公共図書館行政の主管は文部省社会教育担当であったが、一九六〇―七〇年代、協会は事実上のナショナル・センターだった。陳情書はいう。「一九七〇年代に入り、館外貸出しを重点とした市民のための図書館」が「毎年全国で一〇〇館以上増加」するペースで増えているのは「私どもとしてもまことに喜びにたえません」が、それが「関連ある民間施設である貸本業の立場を全く無視して推し進められている」ので、「貸本業者の営業と生活の基盤を脅かす恐れが強く」なった。ついては、新規開館の際は既存貸本業と協議することを要求すると。

この陳情に協会がどのような反応をしたのかは不明であるが、貸本屋には決定的な衰退が待っていた。一九五五年には全国一万五〇〇〇軒を数え、「町も村も読書は貸本といった傾向」(『毎日新聞』一九五五年九月一五日)と社説子を嘆かせた貸本屋は、図書館の発展と同時に衰退したのだった。

この陳情書は、貸本屋の衰退を加速させるかのように、全国の図書館に大衆小説や娯楽小説が増えていったことを表わしている。陳情書が蔵書構成上、「小説や読物、エッセイや実用書など貸本店の蔵書内容と重複する面がある」と指摘している通り、競合したのだ。

一方、貸本屋のもう一つのコンテンツ、マンガについてはどうだろうか。「近年マンガについても図書館で扱うケースが全国的に増加する傾向にあります。マンガは小説などと並んで貸本店の主力蔵書であり、近接の図書館でマンガの閲覧及貸出しがなされる場合には、私どもにとって、まさに死活の問題となることは必至」とあるが……。

この時期、マンガが徐々に図書館へ入ってきてはいた。『図書館雑誌』で最初のマンガ特集号「マンガ文化と図書館」では、ある職員が、自分はマンガを入れるべきでないと思うが勤務する練馬区立図書館ではハードカバーのものを選書することになったと述べている(10)。

ただし、マンガはいまだに図書館に限定的にしか入っていないようだ。そうでなければ一九九〇年代にマンガ喫茶はあれほど流行しなかっただろうし、マンガ喫茶はそのままネットカフェに移行して続いているようである。マンガについて図書館は競合せず、個人が購入できるコミック本が売られるようになったことが貸本屋衰退の一因になったように思われる。

「中小レポート」『市民の図書館』の路線は、一般図書の貸出を最優先にする、リクエストも表向き全面肯定する、という経営コンセプトだったが、その延長上で全国の図書館で娯楽小説が蔵書に入っていき貸本業と競合が起きた。一方で館内でも、このコンセプトで優先順位を明確に下げられたのが郷土資料とレファレンスツールであった。

「中小レポート」は「幾つかの図書館では、図書館の実力以上に郷土資料に力を入れている」「趣味的な、後向きの郷土資料の取扱いは、社会の誤解と、図書館員の評価を固定してしまい、図書館の貧しさを恒常化する危険性をもつ」から、「まず、一般的な奉仕の拡大に全力を尽くすべきであることを特に強調したい」という（「中小レポート」一三八頁）。郷土資料を中心とした大正期から昭和三〇年代までの蔵書構築の流れは、ここで明確に否定されることになった。

一方で、一九五〇年代に広まりはじめていたレファレンスサービスは、『市民の図書館』において貸出カウンターで並行して受ける「読書相談」に変形される。辞書の項目や統計数値といった細かい情報の参照に直接対応するのではなく、関連図書を探す、所蔵がなければリクエスト（購入や他館からの取り寄せ）へつなげるという、あくまで貸し出し得る図書を探すという形で展開されることになった。

図書の貸出運動は成功し、中央（東京）で生産された一般図書が書店とほぼ同時に新着棚にならぶ図書館が増えていった。そしてバブル崩壊後も例外的に反対のないハコモノ行政として図書館は増えつづけ、二〇〇八年には三〇〇〇館を超え、館数は戦前の小図書館群時代に並ぶようになった。

しかし、そもそも「貸出」は、当初、学生以外の利用者を図書館に呼び込む方便であったのであり、利用者層が開拓された後にはレファレンスサービスなども展開することになっていた。一九八〇年代の後半には別の方向が指向されるべきだったが、日野市立の成功が神話化してしまったためだろう、いつまでたっても「もう貸出は強化しないでよい」という方向へかじを切ることが図書館界にはできなかった。郷土資料やレファレンスの専門家は現場から徐々に姿を消していった。日本図書館協会においては、司書の議論や研鑽の場となるべき「郷土の資料委員会」も参考事務分科会も、一九七〇年代にいつのまにか消滅していた。郷土資料の議論が図書館界で再開されるのは、東京の二多摩郷土資料研究会が胎動を始め、「郷土資料」を「地域資料」と呼び変えた一九九九年あたりからである。

6　戦後の画一化と、それにはまらないものたち

標準的選書リストの成立——ＴＲＣの全点リスト

女性や子どもを対象とした貸出運動は成功したが、全国的にモータリゼーションや都市化が進み、地方社会、特に家庭生活が均質化されてくると、いかに専門職員が丁寧に選書しても——あるいはだからこそ——図書の選書はどの館も近似したものになっていく。特に一般図書は日本では東京で生産される割合が圧倒的大多数なので、東京に本拠を置く図書館相手の特殊な取次・書店があり、そこに選書委員会を設け、統一的な選書リストを逐次作成してもらい、それに○×をつけるという業務モデルが成り立てば、これは便利かつ省力化になると誰でも考えるだろう。そうして成立したのが全国図書館に図書を書誌データとセットで販売する株式会社図書館流通センター（一九七九年成立、略称ＴＲＣ）である。

選書リストは『週刊新刊全点案内』（日本図書館協会、一九七六—、図書館流通センター、一九七九—）という週刊リストで、二〇〇八年の調査では、群馬県で八九パーセントの図書館がこれを選書に使用していたという。便利なものなので事実上、このリストに選書内容も影響されることになる。「ポルノやコミック（ただしハードカバーのコミックの一部は掲載）、資格試験書、学習参考書」は掲載してい

ないと公表されているが、木下朋美らの分析によると他にも、アイドル本、同人誌、自費出版、地方出版物などは掲載されないという。(11) マンガはともかく、郷土資料の専任がいないと、地方や小出版社の出版物は図書館の棚に並ばないことになってしまう。一九八〇年代に浦安市立図書館（千葉県）がこれらを優先的に選書する試みを始めたのだが、館界内の論難から広まらなかったのは残念だった。

利用者像の固定化と大人の再発見

また、図書館の貸出手法が開発されたのは大都市のベッドタウンであり、そこには昼間、女性と子どもしかいなかったため、勤労者、大人へのサービスをどうするかという設問自体が立てられなかった。戦前期の一部の先進的図書館は市街地、産業地の真ん中に立地したため、あまり上手くいかなかったにせよさまざまな大人向けサービス――それは京都府立の図案室だったり、京橋図書館の実業図書室だったり――を開発しようとしていたが、この戦前の試行は途絶えてしまった。利用者としての大人の再発見は、ビジネス支援が開始された二〇〇〇年代まで下ることになる。大人が図書館で調べ物をするというニーズが喚起されなかったため、日本でも一九八〇年代には開発されていた新聞記事データベースが公共図書館で閲覧できるようになるのは二〇〇〇年代初めまで待たなければならなかった。

リクエスト制度の暴走――堺市BL騒動（二〇〇八）

利用者の要求を全肯定するリクエスト制度についても行きすぎていたことが判る事件があった。二〇〇八年に明らかになった「堺市立図書館BL本排除事件」である。これは、蔵書数五六万冊ほどの図書館で五五〇〇冊のBL小説（BL＝ボーイズラブとは、日本における男性（少年）同士の同性愛を題材とする物語ジャンルで女性向けのもの）が開架に出ていたのを、ある市民が問題化したものだった。これらが開架から閉架書庫に移されたという結果の是非はともかく、当初この、図書館蔵書としては特異なジャンルがこれだけの量購入されたのは、「小説の一部として利用者からのリクエストを尊重し購入していた経緯」があったと堺市は公表している。『朝日新聞』によると一九九〇年から二〇〇五年まで購入していたというので、[12] リクエストの暴走は一九九〇年代から見られたのかもしれない。

7　まとめ

アメリカ占領政策の影響下で制定された図書館法（一九五〇年）第二条には「その〔＝一般公衆の〕教養、調査研究、レクリエーション等に資することを目的とする施設」が図書館であると規定されている。「教養」「調査研究」用の図書を図書館に所蔵することについては、改正図書館令（一九三三年）やそれ以前から社会的コンセンサスがあったと言ってよいだろうが、一九五〇年に実定法文となった「レクリエーション」に、入りそうで入らなさそうな本・資料をめぐる微妙な動き、せめぎ合いが、図書館で何が読めて、あるいは読めなかったのかに関わってきたと言えるだろう。

漢籍しか読めなかった明治初期の書籍館は途絶えた。戦前は娯楽小説、娯楽雑誌は図書館では読めず、戦後は娯楽小説は読めるようになってきたが、マンガはまだ全面的に入ってはいない。そしてこういった過程で色々なモノが――それは貸本屋という産業であったり、郷土・地域資料やオンラインデータベースというものだったりしたが――衰退したり脇に置かれたりしてきた。

何を図書館に備えるべきかという選書論については歴史研究があるのだが、実際に何が棚に並んでいて、何がなかったかについては研究がなく、ないものを人々はどこでどのように読んでいたのかについても、前田愛や永嶺重敏、藤井淑禎らの研究があるにしても、まだ少ない。今、われわれが図書館で読めているものも場合によっては読めなかったのかもしれないし、本当は読めていたはずの種類の本も、もしかしたらあったのかもしれない。

注

（1）京都府立総合資料館文献課「明治初期の蔵書（3）集書院の蔵書（資料紹介）」『資料館紀要』一二号、一九八四年三月、五七―一一五頁。
（2）「日本教育会書籍館報告」『教育報知』二四五号、一八九〇年一二月、一四頁。
（3）日本統計協会編『日本長期統計総覧　第5巻』日本統計協会、一九八八年五月、二九一―二九二頁などを参照した。
（4）藤島隆「資料にみる雑誌回読会」『北の文庫』六〇号、二〇一四年一一月、三六―四二頁。

（5）書物蔵「動く図書館員・楠田五郎太の前半生――帝国遍歴のきっかけは日本最初の〈県都問題〉」『文献継承』二四号、二〇一四年六月、五―一五頁。
（6）サイト「日本著者販促センター▽出版業界の豆知識▽ベストセラー　年度別　明治3年～」（http://www.1book.co.jp/cat_84.html）最終参照二〇一七年一〇月二五日。
（7）川添猛「地方図書館における郷土資料について――小田原市立図書館の場合を中心に」『参考書誌研究』二一号、一九八〇年八月、一―一七頁。
（8）小林昌樹「「参照」してもらうのがレファレンスサービス――インダイレクトこそサービスの本態」『図書館は市民と本・情報をむすぶ』勁草書房、二〇一五年三月、一七八―一八七頁。
（9）全国貸本組合連合会「陳情書　図書館行政に関する陳情」『図書館雑誌』七五巻三号、一九八一年三月、一〇〇―一〇一頁。
（10）真木重光「公共図書館における「マンガ」とは？」『図書館雑誌』七四巻二号、一九八〇年二月、六九―七一頁。
（11）木下朋美・中園長新「『週刊新刊全点案内』における新刊書籍の掲載状況」『出版研究』四二号、二〇一一年、二三―四五頁。
（12）「悩ましい「ボーイズラブ」　堺の図書館、小説５５００冊　住民「子に悪い」」『朝日新聞』二〇〇八年一一月五日朝刊、三一頁、大阪面。

参考文献（刊行年順）

『〔栃木県〕書籍縦覧所目録（明治一八年一月）』国立国会図書館憲政資料室所蔵三島通庸関係文書。

『東京図書館増加書目録　第一編　和漢書之部』東京図書館、一八八九　松永瑠成所蔵の「貸教育会」押印（朱色）があるものを利用。同じ押印が国立国会図書館東京本館の本館書庫内にある帝国図書館旧蔵洋書シェルフリスト（デッキカードという。非公開）にも見られる。

『中小都市における公共図書館の運営』日本図書館協会、一九六三年三月。

『千代田図書館八十年史』東京都千代田区、一九六八年三月。

『市民の図書館』日本図書館協会、一九七〇年五月。

『みんなに本を――図書館白書1972』日本図書館協会、一九七二年。

文部省編『全国図書館に関する調査　大正10年3月現在』日本図書館協会、一九七八年七月　文部省普通学務局大正一一年刊の複製。

山本武利『近代日本の新聞読者層』法政大学出版局、一九八一年六月。

前田愛『前田愛著作集　第2巻　近代読者の成立』筑摩書房、一九八九年五月。

石井富之助・団野弘之「戦前・戦後の神奈川県図書館事情　その2（戦後編）」『神奈川県図書館学会誌』六五号、一九九〇年一〇月、二八―四三頁。

竹内紀吉『浦安の図書館と共に』未來社、一九八九年七月。

伊藤昭治「浦安市立図書館の特定中小出版社の徹底収集についての疑問」『みんなの図書館』一七〇号、一九九一年七月、六八―七三頁。

永嶺重敏『雑誌と読者の近代』日本エディタースクール出版部、一九九七年六月。

尾下千秋『変わる出版流通と図書館』日本エディタースクール出版部、一九九八年八月。

坂本龍三『岡田健蔵伝』講談社出版サービスセンター、一九九八年八月。

多田建次『京都集書院――福沢諭吉と京都人脈』玉川大学出版部、一九九八年九月。

永嶺重敏『モダン都市の読書空間』日本エディタースクール出版部、二〇〇一年三月。

『中之島百年――大阪府立図書館のあゆみ』編集委員会編『中之島百年――大阪府立図書館のあゆみ』大阪府立中之島図書館百周年記念事業実行委員会、二〇〇四年二月。

永嶺重敏『〈読書国民〉の誕生――明治三〇年代の活字メディアと読書文化』日本エディタースクール出版部、二〇〇四年三月。

坪谷善四郎『大橋図書館四十年史』復刻版　博文館新社、二〇〇六年四月、二冊。

安井一徳『図書館は本をどう選ぶか』勁草書房、二〇〇六年九月。

上野千鶴子・寺町みどり「なぜBL（ボーイズラブ）が狙い撃ちにされたのか　堺市立図書館、BL本5500冊排除騒動の顚末」『創』三九巻五号（通号四三四）、二〇〇九年五月、一〇六―一一三頁。

柴野京子『書棚と平台――出版流通というメディア』弘文堂、二〇〇九年八月。

藤井淑禎『高度成長期に愛された本たち』岩波書店、二〇〇九年一二月。

浅岡邦雄・鈴木貞美編『明治期「新式貸本屋」目録の研究』国際日本文化研究センター、作品社（発売）、二〇一〇年一一月。

千代田区立千代田図書館編『千代田図書館蔵「内務省委託本」関係資料集』千代田区立千代田図書館、二〇一一年三月。

大竹正春・藤島隆編『貸本関係資料集成――戦後大衆の読書装置　別巻6（貸本関係文献書誌）』金沢文圃閣、二〇一三年一〇月。

千代田区立千代田図書館編『千代田図書館所蔵「一橋・駿河台図書館業務資料」関係資料集』千代田区立千代田図書館、二〇一七年三月。

岡村敬二『江戸の蔵書家たち』吉川弘文館、二〇一七年四月。


（小林昌樹）

第3章　本が書架に並ぶまで

1　本はそのままでは棚に並ばない

図書館の本には「装備」が必要

普通、本を買ったら、すぐに読むかどうかは別にしても、たいていの場合は家に本棚や書架があれば、そこに並べるのではないだろうか。書店でかけてもらったブックカバーをつけたまま置く人もいれば、本の元のカバーを見えるようにして並べる人もいるだろう。なかには本そのものに購入日を書き込んだり、蔵書印を押したり、蔵書票を貼る人もいるようである。稀には、図書館にある本のように背にラベルを貼る人もいるらしい。また、このように本そのものへ物理的に手をかけるよりも、書名などを購書ノートに記入したり、ソーシャル・ライブラリーに登録するといった人もいる。

このように、個人が本を手に入れてから本棚に並べるのに、ほとんど手間をかけていないのに比べると、図書館では、本が書架に姿を現わすまでにいろいろと手が加えられている。本を購入した場合の手順を大まかに示すと、次のようになる。

①本の選択、②購入、③受入、登録、④本のデータ（作者名やタイトルを記載し、本の内容によって分類をつけるなど）作成、⑤本に図書ラベル（本の請求記号が記入されているラベル）と、バーコード・ラベル（あるいはICタグ）を貼り、透明のカバー（ビニール・カバー、フィルムルックス、ブッカーとも表記）でコーティングなど、⑥その図書館で探すことができるようにデータをオンラインの目録（OPAC）に搭載、そして⑦書架に本が並んで利用することができるようになる。

④のデータを作成する作業について、図書館関係者では、「図書整理」や「整理作業」と称することが多く、以下本章では、整理という言葉をそのような意味で使っている。⑤については「装備」と言われている。そして、この④の「整理」作業と⑤の「装備」作業は、部分的には、その順番が前後することもあり得る。本来この二つは異なる作業ではあるが、図書館で本を棚に並べる前に行なわれる作業、つまり利用者の目には直接見えない作業という点では通ずるところがある。また、④で作成したデータを何らかのかたちで本に反映させる必要がある。つまり、図書館の請求記号をラベルに打ち出して本に貼り付けることで、パソコンで探した本に図書館内でたどり着くことができる。そういった点からも④と⑤をまとめて取り上げていることもある。

とにかく、図書館では、本を出版社や出版取次会社や書店から受け取ったままでは、使えるようにはならない。本がただ単に存在しているだけでは、その場所を図書館と言うことはむずかしいのではないだろうか。

本章では、図書館が本を入手してから本棚に並べるまでにどのような作業が行なわれてきたのか、時代の変化とともにどのように変わってきたのかを取り上げる。以下、大正末から昭和初期、一九五〇年代を中心とする戦後の頃、図書館サービスの拡大した一九六〇、七〇年代、コンピュータの登場した一九八〇年代以降、といった時期に大きく分けて記す。

2　戦前の様子――大正末から昭和初期

当時の文献の記述

図書館が本を入手してから本棚に並ぶまでの作業、受入記録を帳簿に記載したり、本の背にラベルを貼ったりするような作業は、いったいいつから行なっているのだろうか。もちろん、図書館ができた頃から、帳簿や台帳への搭載や、蔵書印の押印やラベルの添付といったある程度の作業は行なわれてきただろう。たとえば、明治時代にあった帝国図書館の旧蔵書（現在は国立国会図書館に引き継がれている蔵書）に蔵書印が押され、ラベルが貼ってあるのを同館のウェブサイト上で簡単に確認できる。また、それらによってその本の来歴を伺うことも可能となる（**図１**　複数の図書館の蔵書印がある例）。

しかしながら、具体的にどのように本を受け入れ、どのような装備の作業を行なってきたのか、その様子についてはよくわからない。今と比べればかなり簡略であったように思われる。

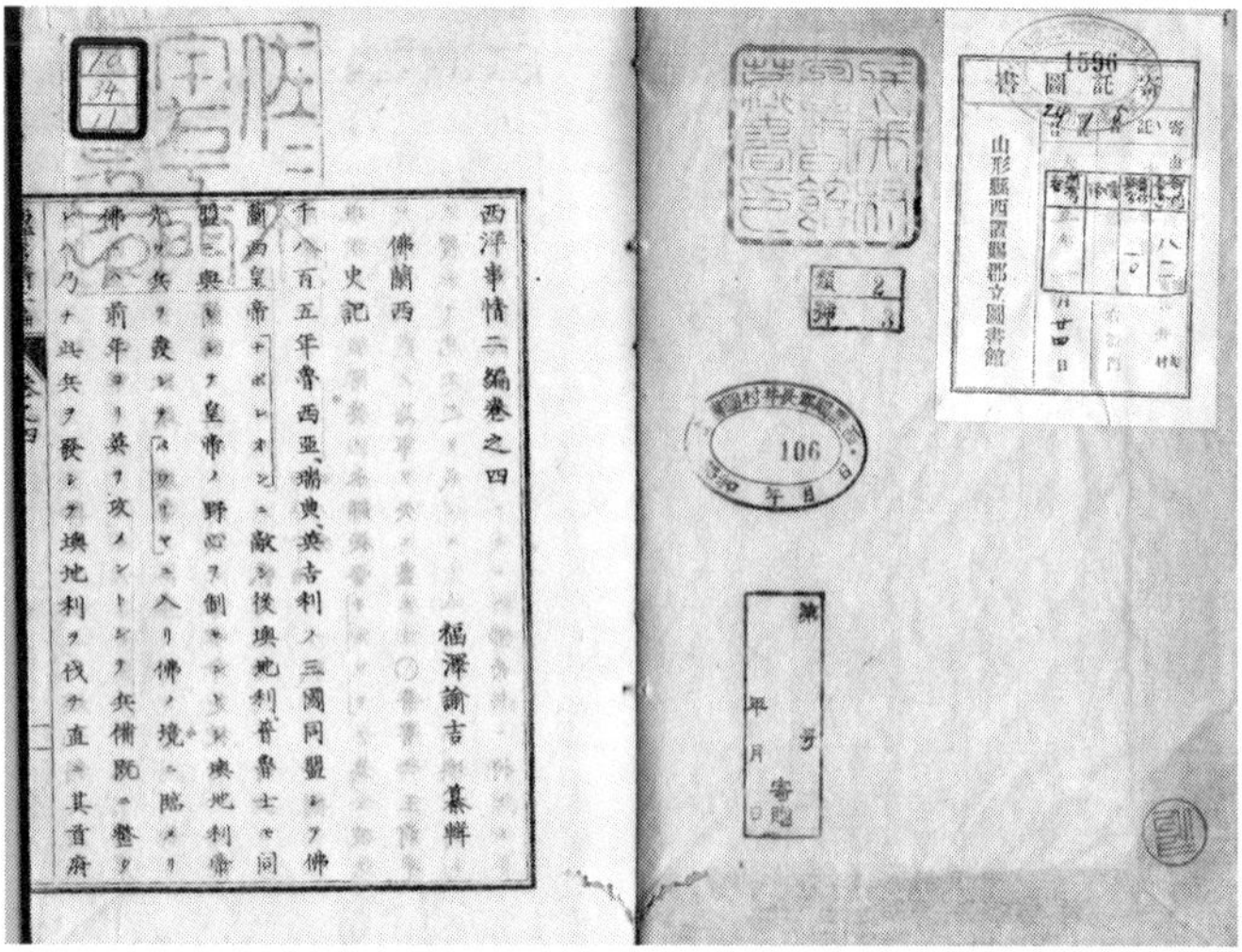

図1　複数の蔵書印の例　福澤諭吉『西洋事情』二編四（慶應義塾、1870）に、郡立図書館や村立図書館の蔵書印やラベルがある

大正期から昭和初期にかけて、小規模とはいえ公共図書館の数が増え、本を受け入れる業務を含めて図書館業務をどのように進めてゆくのがよいかという図書館員の要求が以前よりも高まった。そのためこの時期には、図書館の運営についての手引書が何冊も刊行されている。欧米の図書館事情の紹介や洋書のマニュアルからの引き写しでない本、より実態に近づいた図書館経営をテーマとして、実際の経験にもとづく実用書の面が強い本が刊行されている。

そのような図書館業務の実用書のなかで、まさに「受入から配列まで」をタイトルにした本が刊行されている。林靖一『図書の受入から配列まで――学校－図書館－諸官公署－会社』（大阪屋号書店、一九三三）（**図2**）である。この本の記述から、昭和初期の図書館で行なわれていた受入作業の状況をうかがってみたい。

著者である林靖一は、朝鮮総督府鉄道局に就職後、一九二〇（大正九）年から満鉄京城図書館の中心となり、図書館の実務に当たった人物であり、当時少なかった児童図書館サービスを行ない、本棚の角度を工夫して本を使いやすくするなど、図書館で使う家具にもいろいろと工夫を凝らしたユニークな活動を通して図書館を経営していた。戦後の引き揚げ後には、日比谷図書館で活躍を始めたものの急逝している。林はすでに、この本の前にも『図書の整理と利用法』（大阪屋号書店、一九二五）を刊行しており、その後も『図書保管法――学校－図書館－諸官公署－会社　第一（毀損亡失篇）』（大阪屋号書店、一九三七）を出し、『図書保管法――点検・払出篇』も出版する予定であったが、御子息によると、戦後の引き揚げの際にその原稿を亡失してしまったという。たいへん残念なことである。

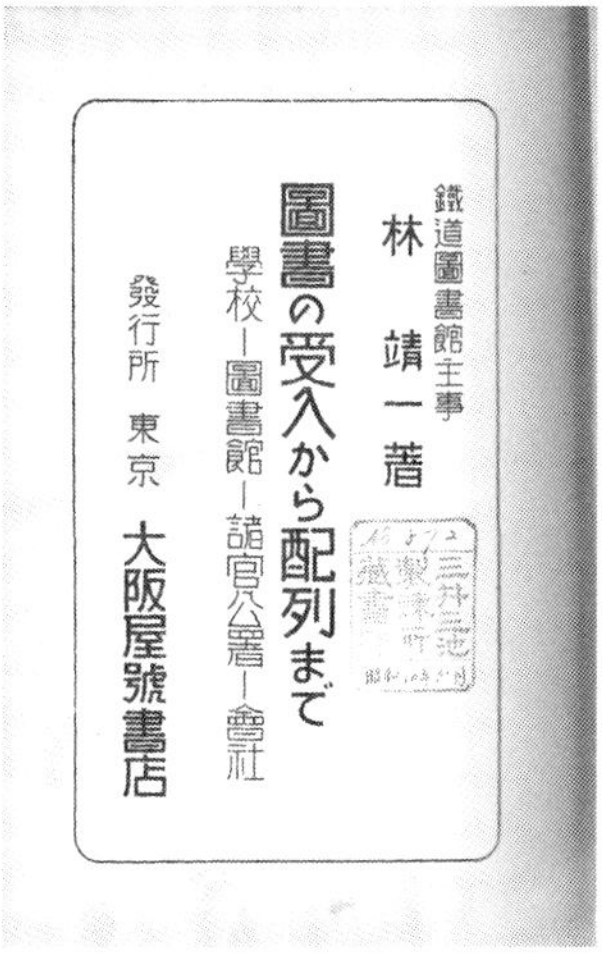

図2　林靖一『図書の受入から配列まで』（大阪屋号書店、1933）タイトルページ

この本では、図書館での資料の注文・購入（寄贈）、受入、検収、登録の記載が多い。本の受入に当たる際の物品会計にその重点を置いている。図書出納簿と原簿へ記入する際の注意事項など会計法規上の注意点や、出版社や書店から、どのような契約を用いて本を受け入れるのが合理的か、支払いの業務はどう取り扱うのかが、微に入り細に入り記されて

いる。

なかでも、本を安く購入するにはどうすればよいか、といったことを事細かに述べている。当時は出版物の再販制度はなかったが、書籍組合が定価販売を推進しており、それに対して、一部で導入可能とされていた競争入札を本の購入に拡げて、本を割引で買いたいと主張している。さらにすすんで、書物の定価とは何か、その販売制度の特色は何かといった点にまで筆が及んでいる。

本の入手については、新刊書店のみならず、古本屋から購入する必要も述べ、その際の注意事項として、高く買わされてしまうことを避けるために、複数の古本屋の目録で価格を比べる必要があるといった、実践的なアドバイスをしている。さらに、通常の流通ルートに乗らない刊行物の入手についても触れ、官公庁の出版物の場合には、すぐに依頼をすべきで、それがむずかしい場合には、刊行地の図書館長に斡旋を頼むのがよいといった方法を、自らの体験を交えながら紹介している。

ほかにも、私立図書館の蔵書を公立図書館が受け入れる場合にはどのように行なうかという方法も言及されている。このような観点は戦後にはほとんど見受けられないように思われる。本書刊行の少し前の頃は昭和恐慌にあたり、個人や企業によって支えられていた私立図書館の継続が困難となり、その蔵書を譲るようなことが、それなりに発生していたのかもしれない。昭和初期の図書館の一面を表わしていると思われ、興味深い。

さらに、受け入れた本を出納簿に登録し、帳簿や事務用カードによって管理することにページを費やしている。会計処理の書類業務や出版物の入手や出版業について、これでもかこれでもかと情報を書き込んでいるのに比べると、受け入れた本への「装備」作業については、相対的に書いている分量は少ない。本を分類して図書館での請求記号を付与し、事務用カードを基に、利用者が本を探す際に用いる閲覧用の目録を作成する「整理作業」については、さらにその記述が少ない。

さて、この本のなかでは比較的少ない記述とはいえ、他の図書館運営について書かれた図書に比べれば、本の装備についてかなり細かく具体的に紹介している。まず、装備の目的については「図書の亡失、毀損防止的武装」であると明記している。

最初に、本の反りかえりの防止のために締め付け器具の活用が必要であると述べられている。この記述は、用紙や製本を含めて堅牢とは言いがたかった本が多かったことを表わしているのではないだろうか。

そのうえで受入登録印やその番号のナンバリング、蔵書印の押し方や印肉の色、隠し印の必要性や押すべきページ、表紙への蔵書印のから押しや箔押しを、器具の使い方を含めて紹介している。

さらに本の背に貼る図書箋（図書ラベル）については、その形や紙質、色、記載する文字の書き方や貼るべき位置などを細かく記載している。

加えて、図書ラベルや背文字の表示を保護するために、ワニスの塗り方や、塗るべき本の材質などに注意を向けている。実際に、著者が当時朝鮮の京城帝国大学図書館にいた関野真吉とともに試みたことを記している。その上で、ブックポケットを貼り、ブックカードを収めることに筆を進めている。

これは、本を貸し出すときに必要であり、現在バーコードを本に添付することに対応している。最後

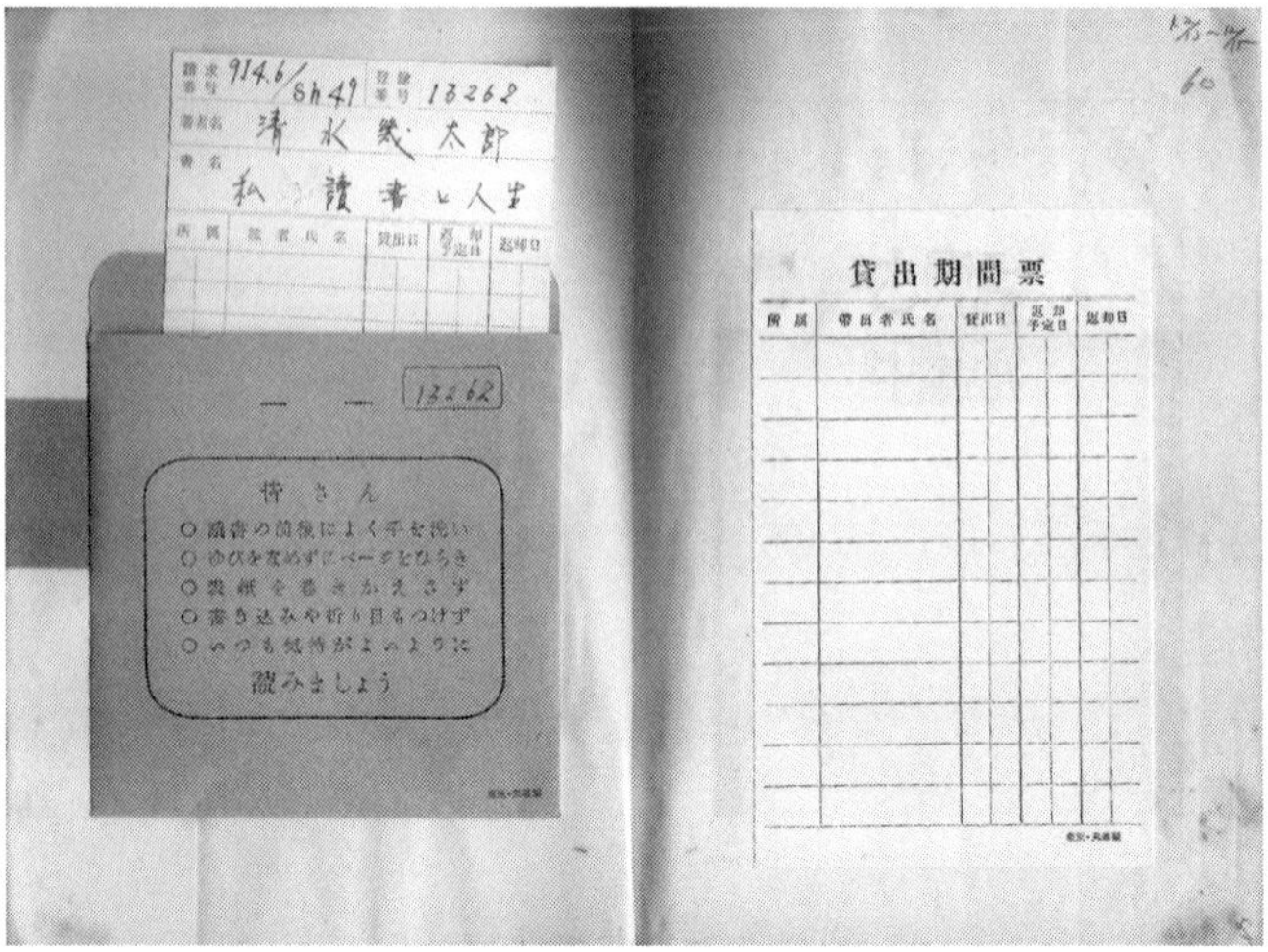

図3　ブックポケット等の装備をした1950年代の例　清水幾太郎『私の読書と人生』（要書房、1951）。借りられた形跡がない

に、少しずつ本を開いてよい開き癖をつけ、付図や正誤表を貼ることを記している。

以上で、書架に並べる前の準備が終わり、一冊の本には、受入印、蔵書印、蔵書印の隠し印が押され、背には図書ラベルで請求番号が表示されて、本体にブックポケットが貼りこまれ、ブックカードが備えつけられている状態になる（**図3**　戦後の例）。

この著作により、昭和前期の図書館で本が並ぶまでの作業を知ることができ、当時行なわれていた受入業務、あるいは行なうべきであると著者が考えていたことを知ることができる。本に受入印や蔵書印などの装備を行なう目的は、当時相対的に高い値段の本を紛失、盗難などから守るためであった。

このような本の受入から書架に並べるまでの作業の流れは、手段が変わったとしても、この時期にすでに確立され、戦後にも基本的に引き継がれている。

東京市立図書館の例

林の著作にみるように、本を受け入れてから書架に並べるまでの作業は、昭和前期の段階でも、大変な仕事であった。当時、複数の図書館で協力関係のネットワークを築き、中央館と分館に分かれて前者が集中的に受入等の作業を行ない、後者はそれを省略するといった方法が導入されていた。

それは大正期から昭和初期にかけての東京市立図書館のネットワークであった。東京市立図書館の経営については、吉田昭子の研究によって、その実情が徐々に明らかにされている。一九〇八（明治四一）年に日比谷図書館が設置されて、翌年に深川図書館、その後、市内の区ごとに小学校に併設する形で簡易図書館が設けられ、市立図書館の数は一九館にのぼっていた。一九一五（大正四）年に、東京市立図書館の官制が改定され、経費削減と業務の効率化を目的に日比谷図書館を中央図書館とし、同館の館頭（館長に当たる）となった今澤慈海が中心となり、市立図書館全体の運営も改められた。日比谷図書館が各図書館の消耗品や本をまとめて購入するとともに整理作業を行ない、本の書名や著者名などを記した「印刷カード」（**図4**　参考に一九七〇年代のものを掲げる）を作成して市内の各図書館に配布して、各館で本を融通し合うという制度を導入したのである。これによって各市立図書館で本を整理してカードを作成するといった負担を減らした。同時に、この印刷カードによって各館が相互に何を持っているかを知ることができ、必要な本を取り寄せて利用者に提供するというサービス、

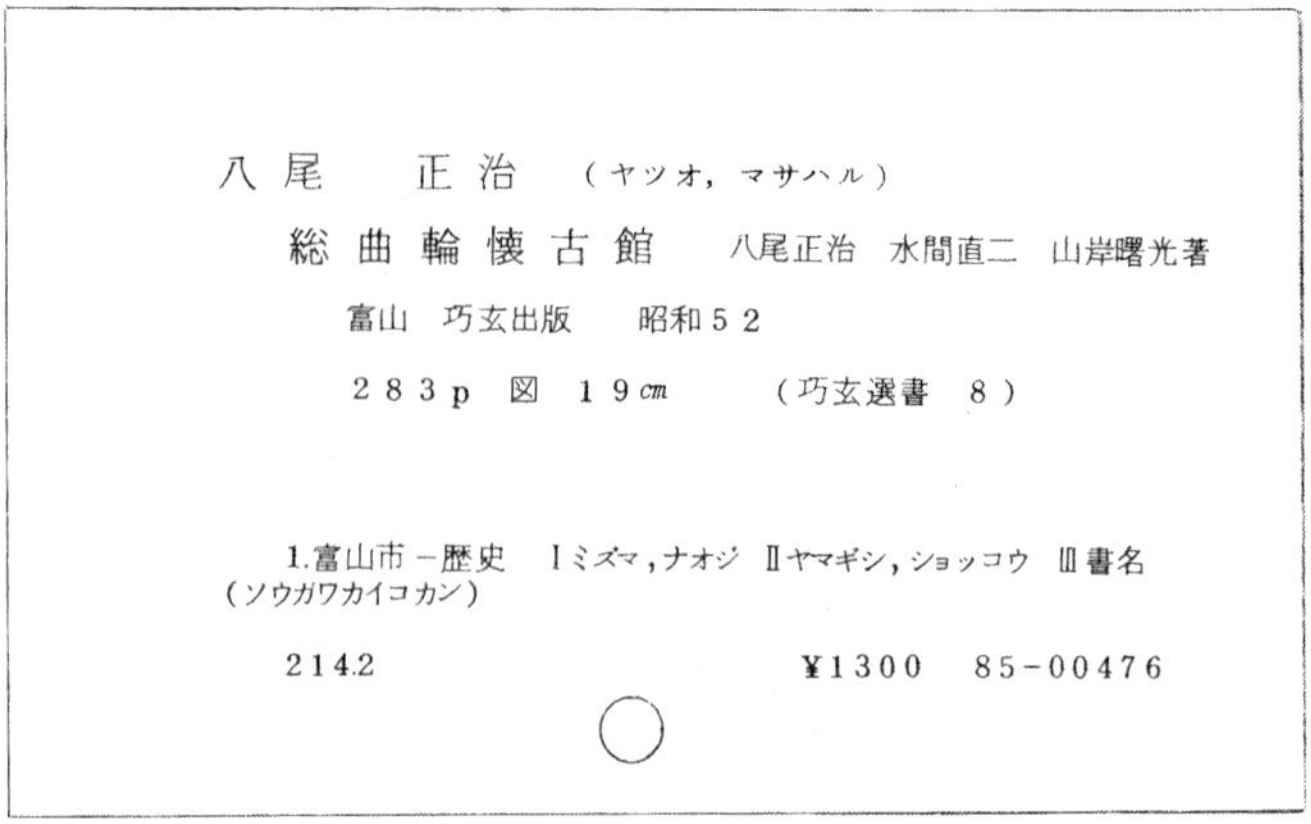
八尾　正治（ヤツオ，マサハル）
総曲輪懐古館　八尾正治　水間直二　山岸曙光著
富山　巧玄出版　昭和５２
２８３ｐ　図　１９㎝　（巧玄選書　８）

1.富山市－歴史　Ⅰミズマ，ナオジ　Ⅱヤマギシ，ショッコウ　Ⅲ書名（ソウガワカイコカン）

214.2　¥１３００　８５－００４７６

図４　印刷カード例　『JLA 整理システム説明書』（1978）より
（サイズ 75mm × 125mm）

当時の言葉では「同盟貸出」と記されるサービスが可能となった。

ただし、東京市立図書館の本に蔵書印を押したり、ラベルを貼るといった装備を日比谷図書館で行なっていたのか、各図書館で行なっていたのかどうかは、今のところは不明である。ある程度まとめて作業をしたほうが効率的である一方で、各館で実情に合った装備、ラベル貼りや蔵書印を押していた可能性もあり得る。この制度は一九三一（昭和六）年まで続いているが、実態の変遷も含めて細部については、いまだ不明な点も多い。

幸いなことには、市立図書館の一つである一橋図書館（一九三〇年、駿河台図書館に改称）の当時の業務資料が残っており、現在、千代田図書館のウェブサイト上で「一橋・駿河台図書館業務資料」として公開されている。当時の状況の片鱗をうかがうことは可能である。

その資料をみると、一九三〇（昭和五）年までの購入する本の見積書は日比谷図書館館頭宛てであったが、制度の変わった一九三一（昭和六）年度以降には東京市長宛ての様式に変化し、さらに同年度以降の会計記録（差引簿）には「消耗品」の項目が表われ、それ以前の日比谷図書館による本や消耗品の購入を集中的に管理していた様子を伝えている。

また、関東大震災（一九二三年）により一橋図書館は罹災し、その後はバラックの建物で活動していた。一九二九（昭和四）年に駿河台図書館と改称して、その翌年一九三〇（昭和五）年二月一日に「復興図書館」として新建築で開館した。当時の「日誌」をみると、机などの備品類を搬入している日はある程度わかる。さらに、「日誌」の一九三〇年一月一〇日の条には「図書整理委員九名臨時就任、二月八日限り」と記され、具体的な作業は不明であるが、開館準備のために本を整理するという理由で特別に人員が配置されたようである。当時の駿河台図書館の職員数とほぼ同数であり、通常は本の整理を含む作業が日比谷図書館で集中的に行なわれていたことを思わせる。

なお、この東京市立図書館ネットワーク内での日比谷図書館（中央図書館）における印刷カードの作成とその活用については、後世あまり言及されていないようである。業務についての実践報告が残されなかったのと、一九四五（昭和二〇）年に日比谷図書館が全焼したためであろうか。

3 戦後——物資が乏しい時代

日本図書館協会の「八千円文庫」

戦後、日本図書館協会は、図書館の代わりに本を斡旋して整理する事業に着手した。それは、一九四九年五月に良書の紹介を含めて「八千円文庫」として図書館のために本と印刷カードと本の周辺情報を送る活動であった。

戦後、本を含めて物資が乏しい時代に、日本図書館協会は事業部を設置し、すでに一九四六年一二月に図書斡旋事業を、翌年一月には本を整理するためのカードの斡旋などを始めていた。

少し時期はさかのぼる戦時中に、日本図書館協会はすでに本や図書館用品の斡旋に着手していた。具体的には、一九四二（昭和一七）年に新刊図書優先配給が検討されるものの、紆余曲折をへて挫折し（第4章参照）、翌年になってカード配給事業として本のデータを印刷した「印刷カード」も配給の対象に考えられたが、結果としては、本を整理するための無地の白カードを配給するのみにとどまっていた。

日本図書館協会は「八千円文庫」の目的について、開始にあたって次のように述べている。

「これは、読書施設が自らの組織を結集し、自らが選び、それを大量に消化し配給することによって、出版界への発言力を強化し、所謂反動文化を撃破し、又エログロ出版の潰滅を図るとともに良書の偏在を防せごうとするわけである。差当り、小中学校図書館等を対象とした児童及青年読物から発足し、その方法として先ず「八千円文庫」運動を推進させる。即ち年八千円を供託すれば月平均五冊の新刊推薦良書と、それに必要な印刷カード目録を添附配給する外に、『月刊読書相談』を送付される仕組であり、県毎に中央図書館を通じて申込、集金、配給が行われる」（『図書館雑誌』四三巻一・二・三号、一九四九年五月）。

この「八千円文庫」を申し込んだ図書館は、本を受け取るとともに、購入のための選択とデータの作成を省略することができた。

ただし、その実績をみると、当初の目標を一五〇〇口としていたにもかかわらず、同年七月には六〇〇口にとどまり、その翌年に至っても、数値はなかなか伸びなかった。当時の日本図書館協会理事長で国立国会図書館副館長でもあった中井正一は「国会図書館の窓から」（『Books』一号、一九五〇年三月）で国会図書館の紹介をしながら、図書館の組織化を述べるなかで、「公共図書館が一万、学校図書館が四万五千の単位で結合する時、それはすでに購買組織としても巨大である」とその可能性に触れ、八千円文庫には八〇〇の単位（館）が参加している旨を言及していた。しかしながら、開始後半年たっても当初の目標の半分であった。その後もこの事業は軌道に乗ることがなく、日本図書館協会は一九五一年秋には配本を中止、一九五二年五月にはこの活動自体を中止とした。

この事業の失敗の理由は、参加する図書館が増えず、参加していても入金の遅れが発生していたためであったという。この「八千円文庫」は学校図書館をまずターゲットとしていたが、日本図書館協会との仲介を担う県ごとの中央図書館は公共図書館であり、この連携がうまく働かなかったようである。その背景に、当時、公共図書館と学校図書館とは、それぞれが日本図書館協会、全国学校図書館協議会（一九五〇年に成立）を中心にまとまり、互いの協力関係をうまく築けていなかったことがある。そのため、学校図書館に対して、公共図書館側からは「学校図書館モンロー主義」といった批判的な見方もあった。とはいえ、日本図書館協会が、軌道にも乗らず展望もなくなっていったこの事業について開始から三年で撤退したのは、賢明であったといえよう。

この時期に日本図書館協会が、図書カードの作成をまるっきり止めてしまったのかというと、そうではなかった。八千円文庫を始めた一九四九年、同協会は図書館で本を選択する際に目安となる「選定図書目録」を発表し、『読書相談』に掲載した（後に『図書館雑誌』に掲載）。八千円文庫から撤退した同じ一九五二年には、各図書館から日本図書館協会に注文のあった選定図書には、「謄写カード」が付与されるようになる。日本図書館協会による選定図書に限られるとはいえ、このカードを受け取ることによって、一部の本については、図書館は整理を省くことが可能となった。

受入作業の簡素化の指摘

一九五〇年代、公共図書館の活動は低調であったという。本を受け入れる際の作業は、おおむね、戦前の状態を引き継いでいたようである。このような状況に対して、一九五四年度の日本図書館協会公共図書館部会の研究部門では、石井敦（神奈川県立図書館員）ら若手の図書館員が、利用者への奉仕のための整理こそが必要であると、業務の簡素化、とくに本を受け入れる際の手続きの簡素化を主張した。

さらに、一九五八年の日本図書館協会の公共図書館部会においても、業務の合理化が取り組むべきテーマとして取り上げられた。本の受入については、物品購入の実情や購入時の歩引き率（ある一定以上を購入すれば適用される割引率）について協議された。市立図書館からの報告では、歩引き率の最高は六分であったと報告されている。受入作業を簡素化する方法として、装備については蔵書印の隠し印を減らすなどの紹介もある。同時に、本を整理する業務の簡略化の必要性も示されている。そのための方法の一つとして、他の図書館や日本図書館協会の作成した印刷カードの利用が提唱されていた。それによって、人手の足りない図書館でも整理業務を大幅に省略・簡略化でき、貸出などの他のサービスに回すことが可能となると提言されている。

当時、国立国会図書館（一九四八年に成立）が印刷カードを作成し、一九五〇年一二月から頒布していた。実際に購入して利用していた図書館もあったのだが、残念ながらその作成に時間がかかっていたため、早くしてもらいたいとの批判が出ていた。

このように、一九五〇年代に、公共図書館の関係者の間で、戦前以来の本を保護するための装備や整理に時間をかけることに批判的な意見が明確に示されるようになってきた。利用者へ直接奉仕するために本の整理や整備作業の簡略化が模索されはじめた時期といえるだろう。

学校図書館をめぐる出版取次業界

前に述べたように、戦後、学校図書館と公共図書館は、ある程度の距離をとりながら活動していた。とはいえ、まったく無関係な存在ではなく、地域によってはそれぞれの図書館の職員間で個人的な交流もあったという。また、学校図書館に対しては一九五〇年代から出版取次会社が本の納入や整備を行なっている。これは、一九七〇年代以降に公共図書館で本の納入や整備を行なう会社の活動を準備したといえる。そこで、当時活動していた会社についてごく簡単にふれておきたい。

一九五三年に学校図書館法が成立し、学校への図書館設置が義務づけられた。その数は、先に引用した中井正一の言葉にもあるように、すでに四万五〇〇〇も存在し、市場として有望な分野の一つであった。前年の一九五二年に、出版取次会社である大阪屋（二〇一六年に大阪屋栗田成立）が関西方面を主としてスタンダード・スクール・ライブラリーを開設し、翌年に学校図書館サービス・センターと改称して図書館用品や関連書籍を扱い、学校図書館方面へのサービスを開始していた。同時期に東販（東京出版販売株式会社、一九九二年、株式会社トーハンに改称）や日販（日本出版販売株式会社）といった二大出版取次会社も学校図書館を対象にサービスを始め、東販は一九五二年に東販学校図書室を設け、日販は少し遅れて学校図書館法施行の一九五四年に、モデルライブラリーとして日販図書館を設けた。このように、各出版取次会社は、一九五〇年代を通じて学校図書館を顧客として把握していった。さらに一九六〇年には学校図書サービス（石井書店）が成立し、本の背ラベルとブックポケットの整備を行なったうえで学校図書館に本を納入するという仕事を始めていた。

4　図書館サービスの拡大――貸出と業務の外注

本の整理、整備の簡略化と透明カバー

一九六〇年代、公共図書館にとって大きな出来事は、一九六三年の「中小レポート」（正式名称は、『中小都市における公共図書館の運営』日本図書館協会）の刊行であった。同書は一九五〇年代からの調査や研究をもとに、市立図書館を振興するため作成され、後世に大きな影響を与えた。そのなかで、館外奉仕の強化、貸出文庫やブックモビル（自動車図書館・移動図書館）の導入などさまざまな面で図書館の経営について提言を行なっている。そこでは、本書を受け入れる際に帳簿を複数作らずにまとめることによる効率化、本の分類といった整理作業の簡略化、そのために国立国会図書館や日本図書館協会の「印刷カード」の利用促進、装備の面では蔵書印と受入印統合といった省力化を主張していた。

当時、公共図書館のサービスのなかでも、ブックモビルが注目されていた。これは本を自動車に載せて図書館の設置されていない地域の人のために、ある決まった地点を巡回して利用に提供していた。戦後に盛んに導入されたサービスである。とりわけ日野市は、一九六五年、建物よりも組織・機能を重視した移動図書館「ひまわり号」一台から図書館を始め、その活動が注目を集めた。日野市立図書館の中心人物であった前川恒雄は、「中小レポート」作成に事務局としてかかわり、一九六三年には英国の公共図書館で研修を経験していた。

前川は英国での知見から、本のカバーを活かして利用者に提供し、かつ本を保護するために、「ひまわり号」に載せる本には透明のビニール・カバーをかけること（本のコーティング）を導入した。現在、公共図書館で普通に行なわれている透明カバーの貼りつけは、この時代にさかのぼる。

初めのうちは農業用のビニール・シートを利用してビニール糊で貼り付けていたそうだが、のちにドイツ製品を購入するようになったという。しかし高価であったため、安くてよい製品を探していた。その途上で、同館で製本講習の講師を務めたことのある倉田重夫（製本業者）が本のコーティングに興味を持ち、同館はじめ図書館員を相談相手に試行錯誤を重ねて、本をコーティングする商品として「ブッカー」（商品名）を開発した。この商品は、一九六九年には図書館用品の取り扱いで有名な木原正三堂の販売カタログにも登場して広まり、一九七一年、倉田は日本ブッカー株式会社を設立している。

さらに、本の購入と装備に関しては、日野市立図書館が設立される際に書店を相手に交渉をしている。それまで日野市の教育委員会は隣接する八王子市内の書店から本を購入していたが、このときから日野市内の書店から購入するようになった。その際に同市内の三つの書店に対して、本を定価で購入するが、図書カードなどの添付を前提として、早く納入できるかどうかで競争してほしいと伝え、それらの書店から承諾を得たという。これは、本の割引購入（書店から見れば割引販売）ではないものの、書店の無料サービス提供であり、結果として書店側に負担が増えてくる。すでに前項で見たように、割引購入していた図書館は存在しており、この方式が珍しい事例であったかは定かではないが、他の図書館も同じような方法を採用すると、書店にとっては大きな問題となってくる。

日野市立図書館がこのように活動を始めた頃、公共図書館の間で話題になっていたのは本を集中的に整理するやり方で、アメリカの図書館での事例についての報告が行なわれていた。国内の例としては、戦前の東京市立図書館の実践についてはは顧みられていないようで、名古屋市の図書館サービス網が紹介されている。名古屋市図書館では一九六四年以来、最初は四館からのスタートであったが、市内の一区に図書館を一つ置くという一区一館制を導入していた。本の購入と整理と図書カードの作成は中央図書館で作成し、分館では受入、装備などを行なっていた。ただ、これも、名古屋市では実施されたが、他の市へは普及していない。

一九六八年開催の全国公共図書館研究集会（日本図書館協会の公共図書館部会が開催）では、「整理事務の簡素化――資料と奉仕の接点から」が研究テーマとして取り上げられた。すでにこれまでも何度も取り上げられているように、本の装備の簡素化や印刷カードを用いた整理業務の効率化について参加者から報告があり、図書館サービスのなかで、貸出サービスの方向を目指して、整理や装備の事務を簡略することが目標となっていた。

日本図書館協会の図書整理事業

同じ一九六〇年代の早い時期に、日本図書館協会の事業部が、図書館への図書整理の援助を始めていた。すでに一九五〇年代から行なわれていた選定図書事業、本の斡旋事業に加えて、新たに加わった事業である。具体的に何をしていたのか。初期の実態はよくわからないが、図書館設立の際のさまざまな助言と援助の延長であったようである。その様子を日本図書館協会の「総会資料」（毎年『図書館雑誌』の八月頃に掲載）からうかがってみたい。

一九六二年度の報告には、「図書館の設立及び経営についての援助と助言」として「日本石油本社図書室、東京都落合中学校、練馬区立図書館などに対して援助した」と記されている。どのような援助か不明であるが、ちょうど練馬区立図書館が開館するときに唯一の司書であった大澤正雄は、同図書館の開館準備として本の選書、整理、整備を日本図書館協会事業部が行なったと回想しており、この「援助」が図書整理事業の発端といえる。ただし、この頃は開館時の本の整理業務であり、恒常的に本を整理、装備するようなことはしていなかったようである。また、実際の働き手については、文部省の図書館職員養成所（後に図書館短期大学、図書館情報大学となり、現在の筑波大学図書館情報専門学群）の学生をアルバイトとして動員していたという。

その後、一九六四年度の報告には、「図書館の設立及び経営についての援助と助言」として「全国各地からの相談に応じて援助助言を与えている。図書館建築ブームの傾向ある今日、この活動は、図書館の役割と機能を周知する上に重要性を加えている。また、武蔵野女子《ママ》美術大学図書館の創設にあたり、図書整理の援助をし、他にも資料整理の援助をするところがあった」と記し、図書館の増加とそれに対応するかたちで資料整理の援助が増えていることがわかる。一九六八年度には「図書の一括委託整理の要望に応じて、公共・大学図書館のために約四二、五〇〇冊の図書の整理を行った。図書館の蔵書目録その他の委託制作として、次の図書館の目録原稿作成を援助した」として、日比谷図書館、練馬区立図書館の両館が載っていた。当時、委託整理という言葉が現われて、この業務が拡大していたことをうかがわせる。

このように事業が拡大する一方で、経費の面については、初期の段階から懸念が示されていたことも見逃せない。一九六四年度の報告から財政面をみると、「雑収入三〇七万円は主として図書整理の請負いによるもので、このために要するアルバイト料が二〇〇万円以上かかり、このため経費が増大している」と記されていた。さらに事業の拡大していた一九六七年度には、この図書整理事業のみによるものとはいえないだろうが、「事業部特別会計が支出した経費（図書整理を含む）は約三、〇〇〇万円でそれを生み出す収益事業規模は一億円を超すことになり、収益事業への負担は極限に達しつつある」と表明されていた。この年度の決算報告によると事業部特別会計の純利益は二四万円弱であり、余裕のない状況であった。他の場面で、公共図書館員の集まりである全国公共図書館研究集会（一九七一年度）では、整理事務の効率化を討議しているなかで「ＪＬＡ（日本図書館協会）が委託整理をはじめた理由は、条件の悪い状態で開設された図書館の整理業務をある一定のレベルに保持してやることにあった。採算は二の次になっている」との発言が関係者からあった。すでに、その運営、経営の実態は楽観を許さない状況であったといえる。しかし、それを心配していたのは限られた関係者だけであったようである。

六〇年代から七〇年代へ

一九六〇年代には、それまでの亡失を防ぐための図書整備の簡略化が模索されるとともに、透明カバーの登場や、納入書店による装備作業の負担、図書館の外部（日本図書館協会事業部）による図書整理など、後に外注となる作業のきざしが出てきていたといえる。

一九七〇年代は公共図書館が増加した時期である。その数をみると、一九六〇年の七三八館が、一九七〇年には八四七館に増えた程度であったが、一九八〇年には一二九〇館と大幅に増加した。加えて、図書館のサービス面では館外貸出が重視されていた。この急激な図書館の増加と貸出サービスへの注力は、六〇年代に検討されていた図書館内での本の装備や整理作業の簡略化を実現する手段として、外部での作業に向かわせたといえる。

ただ、一九七一年の段階では、公共図書館の関係者の間では、出版界へ発言を行なえるほど本を購入していないとの自覚があった。前項で触れた全国公共図書館研究集会で、ある参加者から、図書館での整理業務を合理化するために、日本図書館協会が出版界に対して出版物に図書館の図書分類と印刷カードを付す件について要望をできないかとの意見が出された。しかし、それに対して、他の参加者からは、公共図書館が購入している本は、全出版物の〇・〇九パーセント、あるいは〇・〇五パーセントであり、発言権が持てない、との否定的な発言がなされていた。まずは、図書館関係者では自ら整理業務の簡略化を行なわざるを得ないと考えていたようである。

図書装備の委託・出版取次会社の登場

前項で見た公共図書館関係者の認識とは別に、出版取次会社は、公共図書館が出版市場として有望になるのではないかと着目しはじめていた。一九七〇年に東京都の図書館振興政策が決定して発表され、翌年度からは図書館設置に予算がつけられていた。このような状況の変化をとらえて、まず、出版取次会社である大阪屋が図書館を市場として捉え、参入してきた。大阪屋は、一九五〇年代以来の学校図書館へのサービスや納入の実績を背景に、一九七一年、大阪府枚方市、京阪くずは体育文化センター図書館の新設の際に、本の選定、整理、フィルムルックス（透明のカバーで商品名）による整備、配架を行なった。翌年には東京都昭島市民図書館の新設に伴い、約三万冊の納入を欧和通商株式会社（フィルムルックスの輸入元、一九七三年にフィルムルックス株式会社に分離独立）と業務提携の上で行なっている。

大阪屋の業務の流れを記すと次のようになる。大阪屋から出版物の情報が図書館に行き、図書館から地元書店に本を注文する、大阪屋は出版社から本を入手し、欧和通商がフィルムルックスで本の全面をくるみ、ブックポケット、ブックカードを貼りこみ、分類ラベル、蔵書印の代わりとなる蔵書シールを装備して、登録番号順に箱に詰めて図書館に納品する。このうち蔵書シールを使うアイデアは、矢野有《たもつ》昭島市民図書館長の考案によるもので、のちにコンピュータによる蔵書管理システムが導入された際には、光学読み取り可能なバーコード・ラベルへと発展した。納品の際には、図書納入明細表や図書原簿も一緒に作成していた。この方式は「大阪屋・フィルムルックス方式」と呼ばれ、昭島市周辺の東京都多摩地区から埼玉県の南部や関西の図書館に広まっていった。

すでに書店から図書館へ本を納入する際に装備サービスを付けることは実施されていたが、図書館の地元書店の注文を経て出版取次会社である大阪屋が本を集め、透明カバーを装備することも含めて各種の装備を欧和通商が行なっているのが新しいことであった。

大阪屋のこのサービス提供に対して、出版取次会社の日販は、一九七六年に『月刊出版情報』『ウィークリー出版情報』で図書館の希望する情報を提供し、翌一九七七年には、関連会社である日本図書館サービスを設立、図書館への本の整理、納入サービスを同社に担わせた。同時期に同じく出版取次会社の東販は、一九七六年に図書館専任担当部署として図書館係を設置し、翌年には新刊見計らいシステム、新刊情報、「基本カード」提供を主とする「図書館流通システム」を開始した。それぞれ独自のシステムを開発していたのである。

このように一九七〇年代には、図書館の業務に大手取次会社が参入しはじめた。同じ頃、納入時のラベル貼り等のサービスは本の割引と同じで再販制度違反ではないかとの意見が小売書店から表明されはじめていた。それまでにも学校図書館への同様なサービスが行なわれており、書店側では、実質的な値引きであり、収入が出ないという事態に直面するといった背景が存在していたのである。出版関係団体で構成する再販売価格維持契約励行委員会（再販本部委員会）では、このような事態に対して小委員会を設けて答申を得ている。一九七一年には「材料費は勿論のこと、人件費を含めて、それに要した実費を要求することが望ましい」と答申された。しかしながらその後も事態は変わらなかったようであり、一九七五年には「図書分類整理費は図書代金とは別途に請求しなければならない。もし、それを怠ればその行為は割引類似行為に相当する」と答申が出されたものの、出版業界での会社間の競争は激化していった。

この時期以降も、本の購入に関して、書店への装備負担、納入時の値引きについては、引き続き行なわれていた。たとえば、先に見た日野市立図書館でも、一九七四年頃も従来通りに、定価購入であるが本を納入する書店で、図書明細書の作成およびブックカードとポケットの添付を行なっており、透明カバーの装備などの仕事は館内でアルバイトがしていた。

もちろん、そのような行為を書店側に求めるべきではないとの意見も表明されている。少し後のことであるが、日本図書館協会事務局長の栗原均は、一九八二年の全国公共図書館研究集会で、本を定価で購入して無料で装備というのは無理な面が出てくるのではないか、と述べている。しかしながら、このような発言が残されていること自体、図書館関係者のなかには、書店への負担を当然と思っていた状況が多かったのではないかと推測させる。

日本図書館協会における図書整理事業の破綻

図書館が増加した一九七〇年代に、日本図書館協会事業部は六〇年代に引き続き図書館の業務を手伝う目的で本の整理を行なっていた。注文が増えれば収入が増えるようにも考えられるが、実際にはそのようにならなかった。事業部は仕事を引き受ければ引き受けるほど赤字が増える状態であったという。この時期は、前項でみたように本の整備や整理業務に、民間企業が参入してきた。日本図書館協会としては、それらの会社との価格競争に加えて、そもそも始まりが図書館への援助であるといった経緯も存在したために、価格設定を高くできない事情にあった。

日本図書館協会事業部の図書館への納入の業務は次のような流れになっていた。事業部が図書館からの注文を受けて、出版取次会社に本を発注、それを受け取ってから、分類記号をつけ、著者名や書名のデータを記入したカードを作成、外部の装備工場で本に透明カバーなどの装備をつけて、図書館に納める。その後、本を受け取った図書館で検品、会計処理がなされ、事業部は図書館から代金を受け取り、そこから装備工場に装備代金を、取次に本の代金を支払う。

実際の図書館からの注文は年度末に集中することが多く、大量の注文を一度にできずに作業が滞ると、納品が遅れ、代金の受け取りも遅くなる。そうすると、本の代金や人件費などを支払う時期が収入よりも先になる事態が発生するなど、収入より支払いの多い状態が発生し、借金に依存するようになっていたという。

前項でもみたように、一九七〇年代の事業の様子を日本図書館協会の「総会資料」の報告からうかがうと、次のように記されている。

一九七二年度には「事業部特別会計は、前年比一、七八九万円増の事業規模であったが、この部門でも経費増をおさえることにつとめ、いたずらに事業規模が増大しないように配慮した」と、経費が拡大しないように努めている。しかしながら、一九七四年度になると「事業部門は、資金繰りが一層困難であったけれど、大口の斡旋などに支えられて無事一年を経過した」とあり、かなり危ない状態を伝えている。さらに、一九七五年度には、「事業部特別会計は、出版と斡旋・整理と事業所を二カ所に分けている。この一年の経過をみると、他の同種業者との競合の生じている斡旋整理部門が、仕事の上で協会としての特色をどのように出して行くか、なかなか困難が多かった。これは今後も続くことで根本的な検討も必要になってくる」と、今後どのようにしてゆくべきか、検討の必要性が示唆されている。

このような状況を受けて、何とかしてこの事業を立て直すために、効率化を狙って、翌一九七六年度から「ＪＬＡシステム整理」の開発を行ない、一九七八年度から稼働できるように準備していた。ところが、同年度から日本図書館協会の事務局長に栗原均が新たに就任し、翌一九七九年、事業部の実態が明るみとなった。事業部の実態は約一億円の赤字に、三〇〇〇万円相当の滞貨、二〇〇〇万円の未収入金であった。今後どう対応するかが大問題となり、同年七月に整理委託業務臨時委員会が協会内に設置され、その委員長に彌吉《やよし》光長が就任した。かつて日本図書館協会が財政難に陥り、有山崧《たかし》事務局長（一九四九年から六六年まで在任）が私的に借金をした際に、彌吉はその保証人を引き受けていた。そのため、委員長に就任する前から日本図書館協会がビジネスに向かないことを痛感し、本の取次や整備事業については行き過ぎであり、〝武士の商法〟で痛い目に合うと否定的な意見を持っていた。同年九月に委員会から中間報告がなされ、事業の廃止と事業を引き受ける新組織を設立し、出版関係業者と日本図書館協会が構成員となり、その際に新組織は同協会事業部の資産、赤字や滞貨を引き継ぐ等という方針を打ち出した。その後、出版取次会社を含む出版界との交渉を経て、ついに日本図書館協会の事業は終了し、一九七九年一二月、後継会社である図書館流通センター（ＴＲＣ）の設立に至った。

図書館流通センター（ＴＲＣ）の登場

日本図書館協会は、同会の事業を終了した一九七九年度の総会資料のなかで、「整理・納本事業は、一二月、株式会社図書館流通センターの発足によって、出版界の積極的支援協力を受けた形で発展的に協会から分離独立した。協会としては、その後、整理仕様標準化委員会を設置し、また、目録カードの標準化、統一化についての努力を重ねるなかで図書館現場の要望に添った図書整理関連事業の確立をはかって行きたいと考えている」と記し、同会は本の整理、整備業務から離れた。これにより図書館流通センターが成立し、八〇年代以降に図書館業界で大きな働きを担っている。同センターが発足した際には、社長に、講談社の副社長である服部敏幸、日本図書館協会から副社長に彌吉光長が就任し、同会も関与していた。実際の経営を担ったのは専務となった学校図書サービスの石井昭社長であった。参加取次は六社（東販、日販、大阪屋、栗田、日教販、太洋社）で、書協加盟の出版社一一社が出資者として名を連ねた。これら出版取次のなかでは東販と業務上のつながりが強かった。同センターの設立趣意書では、「出版界と図書館界の協力に基づき、現行の出版流通基盤を原則として尊重しつつ、主として公共図書館への新しい専門的流通システムを開発して流通コストを低減せしめ、その流通を円滑にする」ことが謳われている。

一九七〇年代の日本図書館協会の事業自体は、それまでに公共図書館の関係者で主張されてきた本の整理や装備業務の省力化、簡略化に対応した活動であった。しかしながら、資金繰りを含めて経営することができなかったのが最大の欠点といえるだろう。それを新しい会社で軌道に乗せてゆくことが図書館関係者と出版関係者の双方から目指されていた。

5　コンピュータ登場後——出版流通と情報と機械化

コンピュータによる業務の標準化・機械化

すでに七〇年代に、大学図書館は図書館業務のためにコンピュータを導入していたが、公共図書館にはコンピュータ導入への反感もあって、導入は遅れていた。

それでも、業務へのコンピュータの導入に向けて、講演や事例発表、研究協議が行なわれ、主に整理業務をどうするのかが議論となっていた。それとともに本の装備についても取り上げられていることもあった。全国公共図書館研究集会整理部門で取り上げられたテーマを見ると、一九八一年は「図書館サービスの電子化と整理業務」、八二年は「整理業務委託の問題点」、八四年と八五年は「整理業務の合理化について」、八六年は「公共図書館の電算化と整理」、八九年には「公共図書館における整理業務の変革とコンピュータ」といったタイトルが並んでいる。

一九八〇年代のコンピュータの導入で重要なのは、図書マークの登場とその利用であった。マーク（MARC：MAchine Readable Cataloging 機械可読目録作業）とは、書名や著者名、出版社名などの情報をコンピュータで処理可能な形にすることで、当時は磁気テープやディスクの形にしていた。ここから印刷カードを打ち出すことも、磁気テープでデータとして受け取り、コンピュータ上で利用することも可能となった。このデータを基にしてそれぞれの図書館で本の整理や検索などに活用することができ、重要な技術であった。国立国会図書館はジャパン・マークを一九八〇年に制定しているが、本が出版されてから使えるようになるまでのタイムラグが大きく、公共図書館ではあまり使われていない。民間会社のマークについては、すでに納品事業を担ってきた出版取次会社が次のように提供を開始している。一九八一年に日販による日販マーク（NPL）、一九八二年には図書館流通センターのTRCマーク、一九八三年には大阪屋によるOPLマークである。これらは、図書館に納品する本、本への装備と一緒にされることが多い。

ところで、コンピュータが導入された際、大学図書館や専門図書館に比べると、公共図書館では、書誌情報やデータ検索などの情報検索よりもバーコード・ラベルによる蔵書管理や貸出がメインとなっていた。物としての本を管理するのが中心となったのである。この時期にコンピュータ化によってそれまで図書館で維持してきた図書カードが不要になり、本の貸出をブックポケットとブックカードを用いるのではなく、バーコード・ラベルとバーコード・リーダーで管理するように変化していった。これは、図書カードのカードボックス置き場所が不要になり、図書館のカウンターまわりにも貸出カードを置かなくてすむなど、建物の構造や調度品にも影響を与える大きな変化であった。

図書館流通センターの活動と拡大

日本図書館協会事業部の負債を引き継いだ図書館流通センターは、同時に図書館との整理業務の契約も引き継いでいた。各図書館と契約が続いたのは、日本図書館協会事業部の後始末をしたという設立の事情を知っているのと、図書館自身の業務上、外部で本を委託整理することが必要と認識していたからであろう。同センターは引き継いだ負債を一九八五年に完済している。

前述のように、一九八二年には、図書館流通センターはTRCマークを開発したことにより図書館へのデータ納入も可能になり、装備とデータと本をセットにして納品できるようになることで、営業上、より有利になった。図書館が本を購入する際に本そのもの、マーク、装備をそれぞれ別に入手することもありうる。たとえば、本は地元書店で購入し、マークは図書館流通センターから入手して、装備はアルバイトを活用して、先に装備を進めたい本を優先的に行なうといった方法もある。このようにすることも可能であるが、この三つを一度に入手できるのは多くの図書館にとって効率的で利便性も高く、図書館流通センターへの注文が増えてくる状況になってきた。

このような状況の変化による影響を受けたのは、それまで図書館に本を納入していた書店であった。書店関係者では、七〇年代から図書館に納入する本の装備を書店が負担するのは問題とみなしていた。さらに、実際、図書館流通センターが、それまで図書館に納入していた書店にとって代わるという事態が起きてきた。そのため、群馬県では県立図書館から地元にある小売書店への発注額の低下について、県議が県の教育委員会にその理由を尋ねるという事態も起きた。一九八五年に日書連（現・日本書店商業組合連合会）は、図書館へ納入する本へのサービスについて日販、東販、大阪屋と懇談し、一九八六年には、小笠原貞子参議院議員に陳情して、小笠原議員が公正取引委員会へ「図書館装備と図書の公正競争に関する申入れ」を行なった。この問題は、図書に加工を施していることの意義と加工料金を公表すること、取次会社は、図書館への納入は地元書店が主体であることを確認する等で、ある程度の決着に至った。

その後、図書館流通センターの業務が拡大し、同センター側での不備が起こることもあった。たとえば大澤正雄は、一九九四年に埼玉県鶴ヶ島市立図書館の開館準備に携わった際に、図書館流通センターの対応に不誠実さを感じたことを回想している。この頃には、創設当時のことも過去の話となっており、図書館側から不信や不満が出てきている。一九九四年当時、図書館へ本を納品している出版取次会社と図書館装備の会社の関係は、次のようになる。トーハンは図書館流通センターと、日販は日本図書館サービス（NTS）、大阪屋はフィルムルックス株式会社と結びつきがあり、マークについては、TRCマークがコンピュータを導入している公共図書館の七〇パーセントのシェアを占めていた。図書館への納品の際に、本、マーク、装備の一括納品ができる図書館流通センターの存在が大きくなっている。そして、公共図書館の購入は、新刊中心（既刊は二割）であったという。

さらに図書館流通センターは、本の整理や装備、納品を行なうにとどまらず、一九八〇年代に始まった行政改革にともなう図書館業務への予算カットや業務委託を促す流れを背景に、図書館の業務委託も請け負っている。一九九六年に福岡市総合図書館の管理運営業務を受託、二〇〇四年にはPFI方式（民間の資金とノウハウを活用して、公共サービスの提供を民間主導で行なうことで、効率的かつ効果的な公共サービスの提供を図る方法）による日本初の図書館として桑名市立中央図書館を開館した。これらの事業展開は、公立図書館こそ重要であり、公的機関による運営が正しいという観点からは、多く批判が寄せられることになった。その一方、図書館流通センターは図書館運営にとって必要な存在になっていった。

新たな「装備」——盗難防止のＢＤＳ・資料管理のＩＣタグ

コンピュータが導入された時期には、本を盗難から防止するための新たな装備も導入されはじめた。それが、ＢＤＳ（Book Detection System）で、アメリカで開発され、本を書架に置く前にタトルテープ（磁気テープ）を取り付けておき、持ち出し処理をしていない本を持ったまま出入口に設置されたゲートを通ると警告音が鳴るシステムである。すでに一九七〇年代から八〇年代には大学図書館で導入されていた。しかしながら公共図書館では、その導入は遅く、ごく一部の例を除いて九〇年代まで導入されていなかった。公共図書館での本の紛失が報道（『朝日新聞』一九九六年五月一三日）され、それを防ぐための装備に注目が集まったこともある。この導入が後になった背景には、図書館関係者の忌避感や反感が大きいことに加えて、導入コストの問題もあったようである。

この新聞記事ののちにも、機器の電磁波が健康に与える影響についての懸念が示されるなど論議を引き起こしながらも、導入されていった。

二〇〇〇年代半ばからはＩＣタグが図書館に登場した。これは、ＩＣチップとアンテナによって構成されるタグで、物品（本）に装着し、タグに記録した情報を電波で読み取り、または書き込みが可能である。これにより、本の盗難防止にとどまらず、蔵書管理や貸出作業などを一元的に管理することができるようになった。この導入についての議論は、ＢＤＳの導入の際に異見や抵抗感が示されていたのにくらべると、かなり少なかったようである。ＢＤＳの実際の経験とコンピュータ管理のそれまでの進展が背景にあったのであろう。ただし、その費用は、それまでのバーコードにくらべてかなり高いものであり、まだ実際の導入は少なく、バーコード・ラベルとタトルテープの組み合わせによって本を管理している図書館が多い。

ＩＣタグの導入は、利用者にとって自動貸出装置による手続きの簡素化などのメリットも多い面がある。たとえば、二〇〇九年の三鷹市図書館では、盗難防止、蔵書管理、自動返却、自動貸出、予約図書の受け渡しなどもすべて利用者が行なえる。このような新システムを導入することは、図書館にとってもサービス見直しのきっかけとすることができる。

物流の成功

一九九〇年代になるとコンピュータを導入する公共図書館が増えたものの、新しいサービスを開発するというよりも、従来通りに、予約サービスを含めて本の貸出に力を注いでいた。図書館流通センターなどの整理、整備を経た本の受入から利用者への提供までの一連の業務は、確固たるものとして安定し、成功したといえる。実際に、貸出サービスは図書館の利用者を含めて幅広く知られるようになった。そのために、九〇年代末頃からは、公共図書館に対して無料貸本屋ではないかとの非難が公けになってきた。

一方で、この時期、本の整理や整備についての議論は低調になってきていたようである。全国公共図書館研究集会においては、本の整理に関して一九八〇年代にはいろいろと議論がなされていたのに比べて、九〇年代にはほとんど姿を消している。議論が少なくなっても業務は継続しており、もちろん、本の整理や整備を図書館員が担っている図書館も存在している。しかしながら、図書館流通センターを含めて民間会社が作成したマークを利用しているのであれば、現場の図書館員の間での議論は少なくなってゆくであろう。

また、一九九〇年代後半以降にはインターネットの登場など、情報をめぐって大きな変化が起きているにもかかわらず、公共図書館ではサービスの大枠について変化は乏しいように見える。

本の整理・整備のこれからは

戦前、図書館では本を守ることが重要で、それ相応の手間をかけていた。戦後になって本の装備や整理についての流れは、それまでの整理や装備への手間やコストを減らして、貸出に注力したいという方向に変わっていった。七〇年代に図書館が増加したときには本の整理や整備の作業も当然増加したが、日本図書館協会事業部や、本の納入元（書店や取次）といった外部の労力を利用することで対応していた。はからずも、図書館業務の委託への道を開いたといえる。また、図書館の増加は出版業界から市場として認識されるきっかけにもなった。現在、外部でデータや装備作業を行なうことによって、図書館は効率的にサービスを実施する仕組みを組み立て、本の受入から利用者への提供までの作業行程は整っている状態である。かつ、この状況は九〇年代以降、ほとんど変わっていないようにも見える。

今後もこのままでよいのかどうかは、各図書館のサービス方針のなかで検討されてゆくであろう。本の整理や整備を図書館内で行なっているのと、外部でしているのと、その差は図書館のサービスを受けている利用者からはなかなか見えにくく、あるいは見えない。それに対して、装備も含めてあえて自館で担い、ボランティアを巻き込んで、このような業務についてオープンにして知ってもらおうとする図書館がある。小布施町立図書館 まちとしょテラソ（二〇一二年開館）の試みである。そこでは、近隣書店から本を購入して、図書館での装備に時間がかかってもよいという考えを実施している。本の整理や整備をどのように位置づけるかを考えるうえで興味深い取り組みといえる。

以上述べたように、図書館で本を受け取ってから書架に並べて貸し出すための一連の業務は効率的でかつ整ってきた。しかし一方、そのために、図書館が、この一連の業務の流れに乗りにくいという理由で、資料の収集や提供を忌避するようなことが起きないように願わずにはいられない。

図書館では、書架に並べて貸し出す「モノ」としての本の扱いについて、大きな成功を収めてきた。そのためなのか、二〇〇〇年代以降に明らかに増えてきた電子書籍やデジタル・コンテンツといった形のない「コト」を図書館サービスに取り込み、利用者に提供することには消極的に見える。

電子書籍等はそれまでの本とは異なり、新たな提供の仕方も必要になる。これまでと同じように対応することはできないが、両者を含めて利用者に提供してゆく方法を考えていくことは、図書館サービスの見直しのきっかけにもなり、新しいサービスにつながる可能性があるだろう。

参考文献（刊行年順）

『東京市立図書館一覧』大正一五年　復興第三年　東京市立図書館、一九二六年。

若林康子「省ける作業、省けない作業――日野ではこうやっている」（特集　日野市立図書館の一〇年）『図書館雑誌』六六巻四号、一九七四年六月。

栗原均「株式会社　図書館流通センターの発足」『図書館雑誌』七四巻二号、一九八〇年二月。

大阪屋社史編纂委員会編『大阪屋三十年史』大阪屋、一九八一年。

日書連四十年史編集委員会編『日書連四十年史』日本書店組合連合会、一九八六年。

前川恒雄『移動図書館ひまわり号』筑摩書房、一九八八年（夏葉社、二〇一六年、復刊）。

彌吉光長「ＴＲＣ設立と日本図書館協会」『ほんわかだより』（ＴＲＣ設立一〇周年記念特集号）四一号、一九九〇年二月。

日本図書館協会編『近代日本図書館の歩み　本篇』日本図書館協会、一九九三年。

本間彩子「装備会社と図書館――装備とMARC作成の現場から」『みんなの図書館』二〇七号、一九九四年七月。

星野渉・長岡義幸「図書館への図書納入の現状を問う――出版業界からの問題提起」『図書館雑誌』八八巻八号、一九九四年八月。

「図書館員座談会　公共図書館現場の本の買い方選び方」『ず・ぼん』三号、一九九六年九月。

尾下千秋『変わる出版流通と図書館』日本エディタースクール出版部、一九九八年。

日本書店商業組合連合会『日書連五十五年史』日書連五十五年史刊行委員会、二〇〇一年。

「ブックカバーを作った人・倉田重夫」（インタビュー開架式図書館を支えた「装備」小史）『ず・ぼん』八号、二〇〇二年一〇月。

全国学校図書館協議会『学校図書館五〇年史』編集委員会編『学校図書館五〇年史』全国学校図書館協議会、二〇〇四年。

「書店さん言いたいことを言って!」（書店員×図書館員座談会）『ず・ぼん』一〇号　二〇〇四年一二月。

小川俊彦「公共図書館の委託」田村俊作・小川俊彦編『公共図書館の論点整理』（図書館の現場シリーズ）勁草書房、二〇〇八年。

小林昌樹「開架資料の紛失とBDS」田村俊作・小川俊彦編『公共図書館の論点整理』（図書館の現場シリーズ）勁草書房、二〇〇八年。

小林昌樹「外地で活躍した図書館人・林靖一――略伝と著作一覧」『参考書誌研究』六九号、二〇〇八年一〇月。

佐藤達生「図書館流通センターとは何か」今まど子・高山正也編『現代日本の図書館構想――戦後改革とその展開』勉誠出版、二〇一三年。

本の学校編『書店と読書環境の未来図――本の学校・出版産業シンポジウム2014への提言（2013記録集）』出版メディアパル、二〇一四年。

大澤正雄『図書館づくり繁盛記』（図書館サポートフォーラムシリーズ）日外アソシエーツ、二〇一五年。

吉田昭子「東京市立図書館の統一的運営――1915年―1919年」『Library and information science』七三号、二〇一五年。

千代田区立千代田図書館編『千代田図書館所蔵「一橋・駿河台図書館業務資料」関係資料集――講演録・目録』千代田区立千代田図書館、二〇一七年。
「一橋・駿河台図書館業務資料」（千代田区立千代田図書館所蔵）http://www.library.chiyoda.tokyo.jp/findbook/gyomushiryo/
『全国公共図書館研究集会報告書』各年度（日本図書館協会）。

雑　誌

『図書館雑誌』（日本図書館協会）の「総会資料」「評議員会議事録」。
『ほんわかだより』（図書館流通センター）。

（鈴木宏宗）

第4章　図書館界と出版業界のあいだ

1　図書館と出版業界はいつもvs?

無料貸本屋論争をこえて

二〇一五年一月、東京・新宿の紀伊國屋サザンシアターで「公共図書館はほんとうに本の敵?」と題するシンポジウムが開かれた。日本文藝家協会の主催で、パネリストに佐藤優（作家）、猪谷千香（ジャーナリスト）、林真理子（作家）、菊池明郎（筑摩書房前会長）、根本彰（東京大学大学院教授）、石井昂（新潮社常務取締役）、司会を植村八潮・専修大学教授がつとめている（肩書は当時）。林・石井両氏は、『新潮45』誌上でも、公共図書館の過剰な貸出批判を展開しており、[1]一連の論争はいくつかのメディアにとりあげられた。

「無料貸本屋」論にまつわる図書館と出版業界の対立は、かつて本書の執筆者のひとり安井一徳がまとめたとおり[2]、今に始まったことではない。比較的新しいところでは、林望による「図書館は「無料貸本屋」か」（『文藝春秋』二〇〇〇年一二月号）を契機とする論争があり、二〇〇二年九月に冒頭とほぼ同じ趣旨のシンポジウムが、日本プレスセンターホールで開催された（「図書館問題をめぐる作家と図書館の大激論[3]」）。安井によれば、それ以前の戦後の「無料貸本屋」論争は一九七〇年、一九八六年頃に起きており、ほぼ一五年周期で勃発するテーマなのかもしれない。

たしかに公共図書館では夥しい予約がついている話題書もあって、図書館の貸出が一般市場の売上に影響しているのは間違いないだろう。しかし、ネガティブキャンペーンの主体をみてもわかるように、直接の影響を受けるのはおもにエンターテインメント系の文芸作品、人気作家を抱える大手出版社である。同じ出版社でも、学術書や児童書を専門とする中小出版社にとって、公共図書館は「敵」どころか主力の得意先なのであって、「図書館界VS出版業界」のように単純化できるものではそもそもない。

いっぽう、対立構図ばかりがクローズアップされるなかで、いくつもの協調への取り組みがなされてきたことはあまり知られていない。意欲的ながら試みに終わったもの、新たな問題を引き起こしたものなど、時代もアプローチもさまざまだが、その困難や可能性は、表面上の対立を越えた両者の関係を導くヒントになるのではないかと思われる。本章では「もう一つの図書館と出版をめぐる歴史」として、そうした戦後の公共図書館にかかわる歩み寄りの断片を振り返りながら、図書館界と出版業界のあいだに横たわるものを考えてみることにしたい。

2　一九七〇年代の流通問題とジレンマ

出版にとっての図書館問題

図1は、実践女子大学図書館の伊藤民雄氏が独自に収集した「出版界から図書館へ」の意見・論考を年代別に集計したものである（データは未公開）。前出の論争が起きた二〇一五年前後と二〇〇〇年以降の数年間は明らかに多いが、もうひとつ、一九七〇年代半ばから八〇年代にかけてピークがある。日本の公共図書館は、一九七〇年前後に大きなターニングポイントを迎えた。日本図書館協会（以下、日図協）が一九六三年に「中小レポート」（『中小都市における公共図書館の運営』）を発表、実践例としての日野市立図書館の成功と、これをふまえてさらに進化した『市民の図書館』が一九七〇年に刊行されるなど、図書館界の気運は大いに高まっていた。刺激を受けた図書館員たちが各地で新しい取り組みを始め、図書の貸出数は飛躍的に増えた。

これと呼応して現われてきたのが、本の調達にかかわる出版業者への要求である。要求には、本を購入する際の条件である図書の整備と価格、本の受発注や情報提供の大きく二種類がある。装備については第3章で詳しく述べられているので、割引に関して少し補足をしておきたい。日本の新刊書流通は、一般に再販制度のもとでの定価販売を原則とするが、このしくみは出版社―取次、取次―出版社間の契約書・覚書で運用されている。そのなかに例外として「官公庁等の入札によらない大量一括

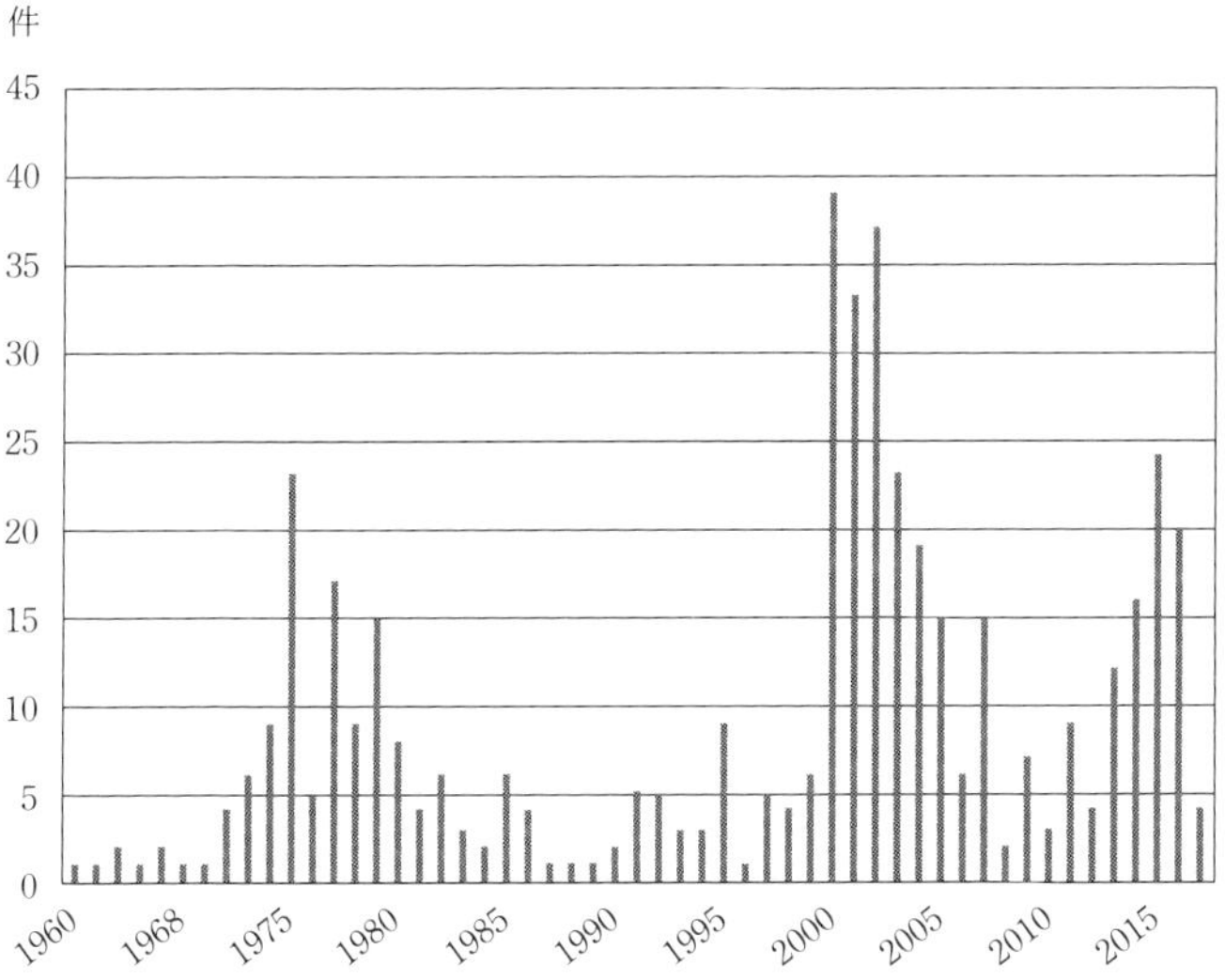

図1　出版界から図書館への意見・論考（元データは伊藤民雄氏提供）

購入」などのケースが記されており、これに相当する図書館の購入では、多く割引が慣行となっている。数パーセントから一〇パーセント程度が標準だが、通常の書店のマージンを定価の二三パーセントとすると、仮に一〇パーセント引いて装備も行なうのでは利益が出ないか赤字になる。

七〇年代は、納入者の大半が図書館の地元書店であったが、その多くが加盟した日本書店組合連合会（以下、日書連）は、「納入業務に携わってきた書店は、十数年以上も前から割引率や装備作業、装備費負担問題で悩んできた。悩んではいたが、表面化しなかった」とし、七〇年代の半ば頃に図書館の購入費が増加したことから、問題が顕在化したことを記している。(4)

いっぽうの受発注と情報提供については、出版社の主要団体である日本書籍出版協会（以下、書協）が早期に図書館委員会を設けて対応した。以後、今日に至るまで、書協は出版業界における図書館問題の窓口の役割を担っているが、委員会設置の経緯は、『日本書籍出版協会・日本雑誌協会五〇年史』（以下、『五〇年史』）に次のとおり記されている。

書協では、図書館界との緊密な連携を保ち、図書館の充実による読書普及の進展を目指して、一九七一年（昭和四六）三月に、図書館連絡委員会（七八年より図書館委員会、引用者注）を設置した。委員会は、同年六月に、日本図書館協会（以下、日図協）との間で初の懇談会を開催し、公共図書館および大学図書館の現状について意見交換を行った。このなかで、図書館に対する予算措置について、両団体が協力して関係省庁への働きかけを行っていくことが必要であるとの認識で一致し、同年一二月には、結果をもとにして、委員会のなかに、図書館予算小委員会と図書館販売・情報小委員会を設け、検討を行うこととした。(5)

この記述のとおり、七〇年代初頭からの公共図書館の躍進は、出版サイドにおいて図書館とのあいだに、二つの意味をパラレルに含む接点を生んだといえるだろう。すなわち販売・情報の改善と、マーケットとしての期待である。書協の図書館連絡会設立とともに、日図協も出版流通対策委員会をたてて、定例会議がもたれた。その成果として、ほどなく図書館資料費の増額を求める政府宛ての要望書が提出され、一九七四年四月には『図書館雑誌』が「図書館と出版界」を特集、一一月に東京で開催された全国図書館大会で初めて「出版流通分科会」が設けられることになる。

出版流通への要望

一九七四年の全国図書館大会は「住民と図書館員との交流連帯のあり方を深め、出版と図書館に広く光をあて、身体障害者への図書館サービスをはじめてとりあげた」大会とされている。[6]もっとも「出版と図書館」に限っていえば、実際に行なわれたのは、野坂昭如（作家）、青木春雄（書協・青木書店）、入江徳郎（キャスター）、森耕一（大阪市立中央図書館）、清水英夫（青山学院大学・日本出版学会理事、司会）によるシンポジウムのみで、人選のバランスはとれているが、まだスタートアップのイベントという色彩が濃い。

他方、『図書館雑誌』四月号の特集も、出版社側から書協専務理事、図書館側から公共・大学・専門・高校と、ひととおり書き手をそろえるところから始めている。

『図書館雑誌』一九七四年四月号　特集　図書館と出版界

・「図書館と出版界」日本書籍出版協会専務理事・佐々木繁

・「書店の読書相談やレファレンス――大盛堂・丸善・日新堂を訪ねて」神奈川県立図書館・細田弘之

・「流通機構に関する諸問題」府中市立図書館長・朝倉雅彦、横浜市図書館・川崎登美子・関根慶子、滋賀大学附属図書館・天谷真彰、東京女子医大図書館・山根京

・「図書館から出版界へ望むこと」平塚市図書館・岡野美子、気仙沼市図書館・荒木英夫、慶應義塾大

学医学情報センター・沢井清、一橋大学図書館・岡崎義富、経団連図書館・末吉哲郎、国際文化会館図書室・藤野幸雄、都立多摩高等学校図書館・森屋健一、長崎県立北高校・平湯文夫

図書館側の論点からみていこう。細田論文は、レファレンスという観点から書店と図書館の特性を比較考察したもので、実際にこのようなサービスを行なっている独立系大型店の大盛堂書店（東京・渋谷）、丸善本店（東京・日本橋）、児童書専門店日新堂（横浜市・日吉、現・ともだち書店）の訪問記にもなっている。大盛堂のレファレンスサービスは、国立国会図書館の伊藤松彦も別の機会にレポートしているが、図書館に比べて件数が圧倒的に多いことや、パーソナルコンピュータも汎用データベースも存在しないなかでの独自のカードシステムへの着目など、いろいろな読み方ができて興味深い。(7) だがこれは例外で、大半の執筆者は、

・注文しても本が届かない（品切れ、不扱い商品、定期購読が途切れる）
・書誌情報の統一と充実、近刊情報提供
・製本を堅牢にしてほしい
・安直な企画への批判

など、出版社・出版流通業者への不満や要望事項をあげている。

与えられたテーマがそうなっているので当然ではあるが、注意深く考えれば、この初期設定そのものが、図書館が出版業界に向ける意識のありようを率直に表わしているといえるだろう。少なくとも

表　全国図書館大会出版流通分科会一覧

開催年	テーマ
1974	出版と図書館
1976	出版流通と図書館
1978	図書館と出版流通
1979	書誌情報の新時代―出版界と図書館界の協力
1980	出版流通―地方出版・小出版社と図書館の連携
1981	ISBN 問題と地方出版物の出版情報を全国的に広める方法
1982	課題とその対策：「出版情報ネットワークシステム」
1983	出版流通と図書選択
1992	出版と図書館―出版文化を支える図書館の役割
1993	図書館と出版流通―図書館資料の収集にあたって
1994	地域の出版文化を高めるために
1995	図書館の選書と出版流通―そして再販問題
1996	出版物再販制と図書館
1997	書誌情報の未来像―マークの現状と将来
1998	書誌情報の未来像―マークの現状と将来 PART2
1999	図書館資料の収集ツールと流通
2000	出版物の収集と流通
2001	21 世紀における出版と著作権
2002	出版界と図書館界の相互理解のために
2003	資料の収集と収集方針
2004	地方出版・書誌コントロールから選書まで
2005	出版物の作り方と図書館が求める出版物
2006	インターネット・出版・図書館
2007	出版界から図書館へのメッセージと蔵書構成
2008	図書館と出版流通のシステム化・デジタル化の現状と課題
2009	インターネット時代のデジタルアーカイブを考える
2010	電子出版と図書館
2011	電子書籍と図書館
2012	著作権法改正と、電子化資料と電子書籍
2013	電子書籍の導入を考える
2014	電子書籍導入とデジタルアーカイブ化の展開
2015	地域資料のデジタルアーカイブ化について
2016	転換期の出版界と図書館との連携，協力
2017	書店と図書館の協同を求めて

この時点で、図書館にとっての出版業者は第一に納入業者であって、それ以上でも以下でもない。市民のための図書館、という指針を得た図書館には「すべきこと」が明確にあり、出版業界との「連携」とは、その実現に不可欠な、図書予算の増額と出版業界の協力——自分たちの望むとおりに本や情報を提供してもらうこと——をさしていた。ありていにいえば流通問題である。

これを反映して、図書館大会における分科会の名称も「出版流通」とつけられた。日図協の小川俊彦は、一九七五年の「図書館にとって出版流通とは」という論考で、図書館運営に協力的な小書店の商品供給力の弱さ、取引のある取次によって取り寄せ可能な商品が異なることなどを指摘し、日野市の事例から「やっと地に足をつけた活動を始めた図書館」の前に、「大きく立ちはだかっているのは出版流通機構である」と明言した。(8) さらに同年八月には、図書館問題研究会が「出版流通問題が図書館事業のかなめとなっている」と題した基調報告を行なっている。(9)

一九七四年に続き、七六年の全国図書館大会では流通問題に焦点をしぼって、各論が討議された。午前の部では八名の事例発表があり、外山滋比古が司会をつとめた午後のパネルディスカッション「出版流通と図書館」には、嵩原安一（府中市立中央図書館副館長）、中平千三郎（東京大学出版会・書協図書館連絡委員長）、石田弘二（日書連常任理事）、下条康生（日本出版販売仕入販売部長）、鈴木均（放送批評懇談会理事長）が登壇、現実に起きる問題が話し合われている。

シンポジウムでもごく一部が紹介されているが、書協ではこの大会の前に図書館を対象とした大がかりなアンケート調査（図書館への出版物流通に関する調査）を行なった。対象は公共図書館、大学・

短大・高校図書館二一二九館で、六九〇館から回答を得ている。[10] 質問は、① 購入費、② 購入冊数、③ 情報源、④ 購入先と割合、⑤ 希望した図書が購入できなかった割合、⑥ その書名、⑦ その他意見の七項目で、⑤と⑥については、回収後に出版社にフィードバックをして追跡調査の結果も公表した。

図書館に対する出版流通実態調査は、四年後に日図協側も実施している。日図協の年間統計『日本の図書館』一九八〇年度版の付帯調査として行なったもので、公共図書館一一一九、大学・短大・高専図書館一一七〇館のデータを集約した。出版流通対策委員長の森崎震二は、その趣旨を① 和書購入費の正確な把握、② 図書館員の選書に関する関わり方、③ 出版・書誌情報の利用状況、の三点から説明している。[11] しかし公共図書館と大学等の図書館では質問項目が一部異なり、前者については正式な報告書が公表されていないため、不明な点も多い。[12]

マーケットとしての図書館

出版側の感触は、実際のところどうだったのだろうか。

右記『図書館雑誌』の特集で、書協の佐々木繁は業界紙『新文化』に掲載された浪江虔（日本図書館協会常務理事・私立鶴川図書館館長）の論考を一部紹介し、「出版界は図書館を本のマーケットとしては考えていない、というのが実際である」と述べた。浪江の言を借りれば、「本のマーケットとして取るに足らぬ存在」であり「取次・小売店からも、ごく軽くみられている」ということになるが、両論で示されている図書館の購入実績は出版市場全体の一パーセントにも満たない[13]。

ただし少なくとも浪江のほうは、状況を悲観的にとらえてはいない。浪江は戦前から農民運動に身を投じ、戦後も長きにわたって私設の農村図書館を維持しつづけた人物で、農山漁村文化協会の編集者として出版に関わりながらも、地域図書館に強い信念をもつことで知られていた。それまで日図協とは距離をおいていたが、「中小レポート」以降の動きをきわめて高く評価し、新しいモデルが公共図書館を取るに足る存在に押し上げるに違いない、とエールを送っている[14]。

しかしこの原稿を浪江に依頼したという評論家の小林一博は、せっかくの好機も「出版業界の保守性と逡巡により」正しく評価されていないと嘆いた[15]。小林によれば、出版業界にとって図書館は疎遠な存在であり、その理由はやはり「購入額の低さ」と、「過剰なサービスを要求する一部の図書館関係者に対する反感」「出版社の非政治性」にあるとする。出版社の非政治性とは、出版業者にありがちな官への反発という意味で、日図協の選定図書にまつわる不透明さにもふれている。図書選定は一九四九年から続く日図協の主要事業であったが、『週刊読書人』とタイアップして選定書目の広告を掲載し、その費用と選定費を含む料金が、取次を介して当該出版社に請求されていた。選定を拒否することも可能だが、開始当初の意図が双方とも薄れていくなかで、出版社に生理的な反発があったのも確かであろう（図書選定事業は二〇一五年度を以て終了）。

そうしてみると、つなぎ役である佐々木の論調が「本のマーケットとしての図書館、ということに出版界はこだわりすぎている〔中略〕という点は、率直に認めざるをえない。しかし出版という事業は文化活動の一つであると同時に、経済法則によって大きく左右される企業である……」など、図書館メンバーに比べてもうひとつ歯切れが悪いのも、無理のないことと思われる。書協の図書館連絡会メンバーですら「大部分の人は、最近の図書館活動の涙ぐましい努力と急速な発展を知らなかった」というのは、正直なところかもしれない。

それでも定例会議や分科会を重ねるなかで、両者の理解は少しずつ前進した。オイルショック以降、売上にかげりの出た出版市場は、文庫やコミックスなどリスクの少ない低定価商品に頼るようになっており、書店の強い要求によるマージン改訂問題にも見舞われていた。たとえ規模は小さくても伸びしろがあればとの期待から、一九七七年の大会では書協主催で「図書館に備え付けてほしい本」の展示会が同時開催され、一定の成果をあげて毎年の恒例となった。八〇年の日図協調査で資料費の把握に重きがおかれたのは、こうした出版業界の事情への図書館側の配慮とも読みとれる。委員長の森崎は分科会の席上、出版市場の一〇〜二〇パーセント程度が図書館の購入に支えられるべきとの見解を示している。

図書館固有の問題ではない

ただし現実問題として、出版社側が図書館の要求をストレートに受けとめて流通対応しようと考えていたかどうかは定かでない。予算獲得のように端から利害が一致するものは別として、注文対応や書誌の充実などは、書協会員社の努力だけで何とかなるものでもないからだ。たとえば、一九七八年の全国図書館大会で、図書館員から本の注文に関する質問があり、出席したほかの出版社が「電話をもらえればすぐ対応する」と答えたのに対し、書協・図書館委員会の中村勝哉（晶文社社長）とのあいだでこんなやりとりがあった。(16)

司会〔前略〕電話だと、ほんの二〜三分ですむ訳だから、そうしたらどうかと思う。ところで、今の問題について、今度は、日本書籍出版協会の中村さんに、意見を伺いたい。

中村勝哉（晶文社）日本書籍出版協会の方では、特に、そういう問題について、統一的な要望はでていない。各社各様だと思う。原則的には、電話注文というのは、図書館の場合も、個人と同様になる訳で、個人からの電話注文には、応じないのが普通である。やはり、図書館から出入りの書店へ、そして書店から出版社へ電話連絡、というのが原則だ。だから、図書館からの電話注文に応じる書店は、むしろ例外である、とわたしは思う。

中村は原則論を述べているが、すでに出版社間で対応のニュアンスは異なっている。このあと図書館側から、個人と図書館を同列に扱うべきではないとの意見が出され、議論が一時、平行線をたどったところで、次のような応答に展開した。

司会〔前略〕ここ一〇年間に、図書館の数は急激に増え、その中からこの問題はでてきたものであると思う。今後も、追求していかなければならないと考える。他に何かないか。

平松一郎（東京創元社）　注文品が遅くとどくというのが問題なのだが、これは、流通システム、取次ルートに問題がある訳で、業界の問題なので、今後、改善していかねばならないと思う。

これらの質疑に明らかなのは、図書館が要求する図書注文のあれこれは、出版業界にとってはまさに「業界の問題」であり、図書館固有の問題ではない、という点である。書籍の流通には、新刊、補充などいくつかのタイプがあるが、顧客の注文に応じて書店が取り寄せるものは客注とよばれ、膨大な品目のなかから一冊を抜き出して処理するために、もっとも時間と手間のかかる作業とされている。雑誌や新刊書を含めた全体からすれば、売上に占める比率は小さいうえにコスト高なので、流通の要《かなめ》である取次での作業優先順位は低かった。書店の店頭ではクレームが絶えず、何とかしなければならないのはわかっていても、手のつけがたい難問だったといえる。

そうしてみると、一九七六年に書協・図書館委員会が行なった調査の意図が理解できる。この調査では、入荷がなかった銘柄を、出版社、種類（分野別、話題書など）、出版社が示している在庫状況（在庫有、品切、絶版など）などからていねいに分析、公共・大学それぞれにワースト出版社をあげて追跡するといった徹底した姿勢がみられる。書協がここまでの調査をした裏に、対応に苦慮していた一般市場での客注品問題があったとするのは、想像にかたくない。

出版情報とコード化

同じことが、もう一つの課題である出版情報についてもいえる。一九七〇年代のメインテーマである納入物流問題は、八〇年に図書館流通センター（TRC、第3章参照）ができたことでひとまず決着した。その後の出版流通分科会のテーマは、それでもなお入手・把握のむずかしい地方出版物と、出版情報・ネットワーク問題にシフトする。いずれも連絡会設置の当初からのテーマであり、地方出版物については、図書館の要請に応えて一九七六年に地方・小出版流通センターを設立した川上賢一を中心に、しくみが整えられた。

出版情報で特に問題となっていたのは、新刊・既刊にかかわらず、流通可能な書目の特定がむずかしいことである。既刊本の「流通可能な書目」とは、単に出版された本ではなく、出版社が在庫登録して出荷可能なものをいう。したがって客注問題と深い関係があるのだが、書籍は一点の生産ロットが小さいのにアイテム数が多く、さらには商品寿命が長い。おまけに返品があるため在庫管理はよりむずかしく、零細企業の多さ、著者への配慮などの理由もあって、流通情報が公開されにくい状況にあった。

既刊書は取次も多数在庫するが、管理はほぼ担当者個人の手作業で行なわれており、売行良好書や常備品以外は、実際にどれが入手できるのかは注文してみないとわからない、というのが実態だった。出版社がシーズンカタログを作って受注するのが普通のアメリカでは、バウカー社から毎年『ブックス・イン・プリント』という総合目録が出されていた。図書館が求めたのはこの日本版だったが、当時の日本の出版流通では、出荷を保証する情報は公開できなかったのである。

しかしこの悲願は、思いのほか早く達成されることになった。一九七五年、書協は在庫目録委員会を設けて、二年後の七七年に日本版ブックス・イン・プリントというべき『日本書籍総目録』を創刊した。同目録の刊行計画は七六年の図書館大会で披露され、図書館界から大いに評価・歓迎を受けた。だがこの迅速な対応は、かならずしも図書館の要請にこたえた結果ではない。というのも、書協はこの目録刊行の動機のひとつを、当時の再販売価格維持制度（再販制度）の見直し論議と説明しているからである。

周知のとおり、著作物の再販制度は独禁法の適用除外として、例外的に認められた商慣行である。しかしながら、七〇年代に行なわれた公正取引委員会の調査で「ほしい本が見つからない」「注文してもいつ手に入るかわからない」など出版流通に対する不満が消費者から多く寄せられたため、サービス停滞の原因として制度の見直しが指摘された。これを受けて、再販制度を守りたい出版業界はその意義を主張しつつも、制度存続のために、新刊情報の充実や客注改善などサービス向上をはかる必要に迫られた[17]。これが図書館との協力を始めた時期と重なった。

さらに大きなスケールでいえば、出版情報の整備は新刊を含めた流通全体の合理化、オートメーション化とも連動している。大手取次会社では、物流合理化のため一九六〇年代からコンピュータを導入して独自のコード化をすすめていたが、七〇年代半ばに海外からＩＳＢＮ導入の要請があったのを契機に、出版業界は情報の一元化に取り組むことになった。ＩＳＢＮの導入は、国会図書館による書誌情報のプロジェクトと深く関与しているが、湯浅俊彦が詳細に分析したとおり、実際にはそれぞれの思惑が合体するかたちで、日本図書コードが成立している。(18)

以上、一九七〇年代を中心に、図書館界・出版業界の流れをごくかいつまんで辿ってきた。「中小レポート」を発端とする図書館躍進の機運は、運用上の障害となっている出版流通の改善要請に向けられた。いっぽう売上が低迷する出版業界は、図書館という新たな市場の伸びしろに多少なりとも期待しつつ、出版業界の問題との「相乗り」でこれに対応した。そして一九八〇年にＴＲＣができると、出版業界の主だった関心は、出版ＶＡＮ構想や、書店・取次のオペレーションシステムなど、一般市場の商物合理化に向けられるようになる。

図書館にとって出版が納入業者であったように、出版業界にとっての図書館は、やはり二次的な取引先にすぎなかった。そしてすべてを断言するわけではないが、一九七一年に始まる両者の同床異夢は、明確なビジョンを共有するには至らなかった。ならば、両者が関係を取り結ぶ選択肢は、どこに見出すことができるのだろうか。

3　本の流通、本の存在——一九五〇年代のポテンシャル

栗田ブックセンターと北海道立図書館（栗田文庫）

北海道江別市に建つ北海道立図書館には、栗田文庫とよばれる資料群がある。一九六三年、出版取次の栗田書店（のちの栗田出版販売、現・大阪屋栗田）が所有していた、栗田ブックセンターの蔵書をそっくり寄贈したもので、冊数はその後の追加を含めて計一三万に及ぶ。一部は道内の公共図書館や巡回文庫に利用されたが、最初に届いた一一万四〇〇〇冊・六〇トンは当時の同館蔵書八万冊を上回り、三年がかりで整理にあたったという。そしてこの大量の寄贈が、その頃浮上していた新館建設の判断を後押ししたとも言われている。(19)

栗田書店の創業者・栗田確也は、高等小学校卒業後、書籍取次の平塚京華堂に勤め、一九二〇（大正九）年に満二六歳で独立、栗田書店を興した。東京堂、北隆館など雑誌大取次全盛の時期に、目端の利く書籍取次として頭角をあらわし、岩波茂雄らに引き立てられて独自のポジションを確立した、立志伝中の人物である。

栗田ブックセンターは、アイデアマンとして知られた栗田が一九五二年三月、「小売店・出版社・読者に寄与する文化施設」として神田錦町の栗田本社ビルに開設した。社史によれば「図書館活動の活発化と全国的な展開に伴い、一応の目的を果たした」として一一年後の一九六三年に閉鎖しているが、やめた理由は明らかではない。蔵書の活用先はいくつか検討されたようだが、最終的には、懇意にしていた札幌・冨貴堂の中村信以（一九六二年没）のすすめに応じて、北海道立図書館に引き渡されることになった。

寄贈にあたっては、栗田が北海道の関係者を東京に招いてパーティを開催、北海道にも講師を派遣して、四回の文化講演会を行なっている。途中から北海道図書館大会との同時開催となったが、森戸辰男（中央教育審議会会長・日本図書館協会会長）、大磯敏雄（国立栄養研究所所長）、茅誠司（東京大学総長）などの顔ぶれは、いずれも栗田が戦前・戦後の出版事業や、社会活動を通して知己を得た人々である。たとえば森戸の場合、彼が所属していた大原社会問題研究所の出版事業を、のちに栗田書店が引き受けたという縁がある。

一九七五年には、栗田が個人で収集していた、創刊号を含む雑誌コレクション三〇万冊も寄贈された。当時の館長・阿部悟郎によると、この雑誌の話は、栗田が道立図書館への功績で日図協の表彰を受けた日に、初めて本人から聞かされ、仰天したという。[20] その表彰式が行なわれたのは、奇しくも「出版と図書館」がスタートした一九七四年の全国図書館大会である。栗田はこの三年後に逝去したが、栗田出版販売ではそののちも遺志を継ぎ、経営危機を迎えるまで雑誌を贈りつづけた。そのため同館には、きわめて状態のよい戦後雑誌が未製本のまま多数保存されている。

カードで同期する「現品のカタログ」

ところで栗田ブックセンターとは、いったいどのような施設だったのだろうか。

広さは二階フロアの一四〇坪、「現在刊行されている図書のすべてを手にとって閲覧できる」のが謳い文句で、「書店の常備新刊棚、読者等からの問い合わせ、図書館選書、版元の企画立案」などに活用することを想定し、本は十進分類法で整理されていた。[21]

オープンの様子が掲載されている『出版ニュース』一九五二年三月一一日号によれば、栗田は一九二八（昭和三）年の時点で、すでにこうしたものを計画していたらしく、戦後もたびたび栗田図書館をつくりたいと語っていたという[22]。出版関係者の図書館としては、戦前では博文館の大橋佐平・新太郎父子による大橋図書館が有名であり、全国有数の仲卸として知られた長野の西澤書店も、初代喜兵衛が西澤文庫なるものを計画した。これは実現しなかったが、集めた本は信濃図書館の開館時に贈られている[23]。

しかし栗田が考えていたのは、こうした閲覧目的の図書館ではなく「本の現品による一大目録」であった。栗田ブックセンターは、準備にあたって出版社に近刊の寄贈をたのんでいる。分類展示室長には司書ではなく書店のＯＢ（三越書籍部を定年退職した内田喜作）を招き、管理運用の方法を次のように述べている。

> 人が変わっても設備によって常に動くようにしてゆき、カードを設備して書店の要望によりこれを配布、ブックセンターにある本とカード明記の本を一致させ、品切れを消し、補足本はこれを追加するようにして、地方書店でもカードによる完全なブックセンターをもつと同様の方法をとる[24]。

つまりこのプランでは、図書館のようにカードで目録的機能を代行し、ブックセンターを基準とする流通在庫と店頭在庫を同期することが目論まれていた。「書店の常備新刊棚」と言っているのはそのためで、図書館に比べて流動性の高い市場在庫ではあっても、一定の書目については定番化することが可能とみていたのだろう。新刊書店の在庫方法のひとつに、出版社がすすめる必備図書を一年単位で見本展示し、売れた場合は、はさみこまれた専用のスリップを用いて補充する「常備寄託」という形式がある。これを業界で本格的に始めたのは、出版団体のひとつである工学書協会の加盟出版社とされているが、工学書協会は一九三三（昭和八）年の設立時から栗田の厚い支援を受けており、ブックセンターとの関連も考えられる。

図2　北海道立図書館・栗田文庫の蔵書（上） 栗田ブックセンター当時のラベルがそのまま残っているものもある／**栗田ブックセンター編『加除式分類・日本図書総目録』（下）**（日本書籍出版協会蔵）

いずれにせよ、在庫をネットワーク化し可視化するという発想は、オフラインの出版流通としてはきわめて先進的で、図書館的でもある。実際に、ここで作成したカード目録は、一九五三年に栗田ブックセンター編『加除式分類・日本図書総目録（基礎版）』として発行されている。何セットつくったのかは記録にないが、国内で所蔵検索すると、東京都立図書館ほか都道府県立を中心に公共図書館二一館、大学・研究機関四七館でヒットする。大きさはB六判で定価五〇〇円、二か所に穴があり、表紙と本文をひもで綴じる形式になっている。「基礎版」にはさみこまれている葉書を送ると、三回分の追録版が送られてくるしくみである。追録版には新刊のみならず絶版のリストもあり、常に内容をアップデートできるようになっていた。[25] 追録後には年度更新され、在庫目録としては書協版『日本書籍総目録』に先駆けた画期的なものであった。

栗田ブックセンターの評価

だが管見の限り、この目録に対する出版界・図書館界の反響は多くない。栗田ブックセンターも同様で、皇族や海外の賓客が訪れた、蔵書を北海道に寄贈したといった記述は多いが、実際に利用したものでは、東京都図書館協会の研究会で何度か使われた記録があるほか、元朝日新聞記者の黒川豊蔵が「私のような立場の者には大変有難い存在であった」と書いているぐらいで、実務関係者による利用実態はよくわかっていない。[26]

本業も順調に推移したこの時期、栗田は新たに組織した「書店経営研究会」を拠点に、さまざまな活動を展開している。のちの全国共通図書券もここから生まれているが、とくに読書推進運動には力を入れ、店頭での「贈り物には本と雑誌を」キャンペーン、文化普及映画『本の中の世界』の製作（岩波映画）、「出版文化を讃える歌」「読書普及運動標語」の募集、宣伝カーの全国巡回、などの施策を矢継ぎ早に行なっている。岩波書店を退職した布川角左衛門を招いて出版研究室をつくり、竣工まもない東京タワーに「タワーブックセンター」を設けて、出版関連の展示会を毎月開催したのもこの

図 3　栗田ブックセンター　蔵書は十進分類法に基づいて整理されていた。（『目でみる栗田の七〇年』29 頁）

頃である。こうした華やかな活動のかげで、ブックセンターの真意は業界内でも十分に理解されなかったようだ。

じつは同時期、他の取次もあいついで「図書館」のようなものを社内に設けている。日販のお茶の水新刊展示文庫（読書相談案内所併設）、大阪屋のスタンダード・スクール・ライブラリー、東販の学校図書室といった具合で、日販はこのあと駿河台（現・本社所在地）に新社屋を建設し、一九五四年の落成時にモデル・ライブラリー・日販図書館をオープンした。この背景には、一九五三年の学校図書館法成立がある。

本章ではほとんど言及してこなかったが、戦後の図書館に対する出版業界の取り組みのなかで、もっとも組織的に行なわれてきたのは学校図書館販売である。学校図書館法が成立した一九五三年には日本児童図書出版協会が創設され、出版社の有志グループが各地を回る巡回販売、学校向け図書共同購入組織であるＳＬＢＣ（School Library Book Club）などが考案された。

各社の「図書館」もその一環で、各種選定推薦図書、図書館用品、視聴覚関係教材などを揃え、書店を通じて学校図書館を招くために設置された[27]。モデル・ライブラリーとまではいわないまでも、書店が本を直接買いにくる店売所に学校用のコーナーを設けたり、目録展示会を行なったりする方式はその後も続けられている。栗田ブックセンターの場合も、実際の来訪者のかなりの部分が学校図書館であった。社史には一九五五年新学期の利用記録があるが、内訳は小学校六〇、中学校四　、高等学校三二、大学二二で、そのほか「官庁・図書館その他」が五〇以上となっている。学校図書館法成立という新たな商機で、「一社が「ブックセンター」をつくれば他社は「モデル・ライブラリー」を整備し……[28]」と形容される状況はたしかにあった。

だが栗田ブックセンターは、こうした学校図書館用のショールームとは明らかに一線を画していた。たとえば同センターが作った総目録には、図書館が購入する可能性のほぼない漫画本が、いわゆる赤本漫画と呼ばれるものも含めて六〇〇点ほど掲載されている。これらの漫画本は北海道立図書館・栗田文庫に現存しており、ブックセンターが所蔵していたことがわかる。ほかにも問題集など、貸出に適さないものが含まれていた。つまり栗田ブックセンターは、図書館に限定せずに商業流通している本をことごとく揃えた、他に例のない「図書館」だったのである[29]。

『図書館年鑑　一九五二』に賭けられたもの

栗田ブックセンターの準備が進んでいた一九五一年の秋、もうひとつ特筆すべきプロジェクトが行なわれていた。『図書館年鑑　一九五二』（B六判、二六四頁）の出版である。発行元は図書館資料社、日図協の『図書館年鑑』（一九八二年創刊）とは無関係で、一九五二年以降の版は編まれていない。編者として中井正一（国立国会図書館副館長）、岡田温《ならう》（同受入整理部長）の二名、ほかに委員が一七名、うち実務を担当した者として安藤金治（CIE・東京図書館）、稲村徹元、陶山國見、中村初雄、長野裕、森崎震二の六名（いずれも国立国会図書館）と、企画総編集の大山利《とおる》の名がクレジットされている。

巻頭には刊行目的として「図書館・学校・出版社・報道機関その他の文化団体、及び読書人に、文化団体として重要な役割を果しつつある内外図書館の詳細な情報を提供し、且つその現況の理解と認識に資すること」とあり、内外図書館の概況、各種統計資料、年表はもちろんのこと、出版界などの周辺動向、関連文献、国内主要大学のコレクション、図書管理の手法からパピルスの歴史解説に至るまで、カバーする領域はなかなか幅広い。大山の文責になる「年鑑のできるまで」によれば、もともと図書館事典を製作するつもりで作業するうちに、「資料編」のみが「年鑑」として刊行されたようだ(30)。

編集作業の中心となった大山は、旧制中学を中退後、浦和高校を経て三〇歳で日本図書館協会に勤務、『図書館雑誌』の編集などに従事した。戦後は日比谷図書館に職を得たが、中田邦造館長の退任を機に辞職。ふたたび日図協で『図書館雑誌』を担当するも一九五〇年に三八歳で退職している。図書館資料社の所在地は大山の自宅で、自らの今後の仕事として図書館関連の出版事業を考えたものと思われる。ほかのメンバーはほぼ国会図書館員で占められており、本文の多くは彼らの筆になるが、関連する専門領域については、

・欧米出版界の展望　中村春太郎（丸善株式会社、のち丸善・本の図書館初代館長）
・日本の出版界　石川静夫（東京出版販売企画室長、『出版販売小史』編纂責任者）
・レコードの管理　小川昂《たかし》（日本放送協会資料センター長、のち民音音楽資料館）
・読者世論調査　益井康一（毎日新聞ラジオ報道部長・前世論調査副部長）

など外部の関係者に依頼している。その他、司書職制度や図書館法は人事院、文部省の官僚が、本邦初のライブラリースクールである慶應義塾大学図書館学校からは、校長に就任したR・L・ギトラーが寄稿した。データも多く資料的価値が全般に高いが、参加メンバーにはイリノイ大学留学中の裏田武夫（図書館学、後の東京大学附属図書館長）などもいて、アメリカの公共図書館やCIE図書館に関する情報が充実しているのも見逃せない。

ところで『図書館年鑑』が刊行された一九五一年は、日本の図書館にとって特別な年であった。前年の一九五〇年に図書館法が公布されたところで、ちょうど日本図書館協会の創立六〇周年にあたっていた。五一年一〇月の図書館大会では、日図協会長でもある中井を中心に、三日間にわたる記念行事が大々的に催された。事典の完成を待たずに『図書館年鑑』を出したのもこのタイミングに乗じてのことであり、この年鑑が示そうとしたのは、戦後の新たな風のなかで再出発しようとしている「図

書館」のフレームであった。

中井正一の図書館論

序言を記した中井正一は、一九四八年に成立した国会図書館の「三年半の苦闘」の活動にふれ、この年鑑が「ウォークショップの成果の報告とも思える」と表現している。大山は逆の立場から「我々若き世代の希望・抱負」(「年鑑のできるまで」)と述べているが、製作を支えていたのはこうした気概であり、「新しい図書館の内容と働きをどのように翻訳し把握したらよいか」という問題意識であった。文中では、何人かの固有名とともに研究会の様子がわずかに紹介されているが、そこにも登場する稲村徹元は、この研究グループ——青年図書館員研究会——について、都内に勤める中堅図書館員の自主的な集まりであったこと、これをオブザーバーのような立場で中井が支援したことを回想している。稲村によれば、「中井(正一)さんから吹きこまれた新らしい図書館像のイメージをまともにぶっつけて」くる大山と、しばしば帰り道に図書館論をたたかわせたという。[31]

中井正一の「新しい図書館論」とは、ひとことでいえば機能論である。『図書館年鑑』に寄せた「図書館の未来像」という一文は、「概念は常に、技術の進展と共に変化して来た。図書館の概念も自ら異り発展しつつある」という書き出しで始まる。中井によれば、図書館は特権階級のコレクションから大衆サービスへと変化したが、今日ではより巨大な組織となり、図書を読む場所よりもこれを編成するシステムに重点がおかれるようになった。

このシステムは、中井が副館長を務める国会図書館が取り組んでいた書誌・目録の整備と印刷カードをさすが、考え方のベースにあるのは中井が戦前に発表したいくつもの集団的機構論である。中井の集団論は、イデオロギーではなく、ある種のメカニズムによる集団の自律的なはたらきを期待するもので、運動原理のひとつにメディア技術のデザインをおいたところに、際立った特徴がある。一九五〇年に『図書館雑誌』に発表した「野に山にかかる虹の橋」というロマンティックなタイトルの論文には、次のような一節がある。

〔略〕今や、図書館は、協同した「機能」としての、「はたらき」としての図書館の概念が、ここに新しく生まれはじめているのである。

いいかえれば、流れ作業としての印刷カードの流れの一環としての図書館網の出現、それを土台としたところの、綜合目録の完成、更にお互いに特殊図書館としての長所の分担等、全図書館をもって打って一丸とした体系立ったピラミッドを築くことで、新しい図書館の概念を誕生せしめることである。

更に、図書購入においても、出版の協会との連絡で、いろいろの文庫を設けて、基本図書、青少年婦人等々の購入連絡網を確立しなければならない。(「野に山にかかる虹の橋」[32])

『図書館年鑑』では、ここにあるような分類や目録の解説にページを割き、国会図書館の記載方法や印刷カードの使い方、図書以外の資料の考え方などを丁寧に説明している。そして興味深いのは、出版業界への言及である。『図書館年鑑』が出版業界の概況を掲載したのは既出のとおりだが、『中井正一伝説』の著者、馬場俊明は、納本制度の導入にあたって中井が出版社との交流を深めたこと、なかでもとりわけ協力的だったのが、当時まだ岩波書店にいた布川角左衛門であったことを指摘する。[33]美学者・哲学者として著名だった中井は、戦前から岩波と関係があるが、国立国会図書館副館長という立場での交渉にあたっては、出版界の内外をバランスよくつなぐ、布川のような存在はありがたかっただろう。そして妄想をふくらませれば、中井たちが構想していた目録のシステムが、布川を媒介にして、栗田ブックセンターに参照された可能性もなくはない。

このように見てくると、栗田ブックセンターと『図書館年鑑』が示す風景は、七〇年代の納入関係よりむしろ明快である。栗田は流通可能な在庫を、『図書館年鑑』は手を伸ばせるだけの広い範囲での資料をとらえようとし、ツールによって可視化しようとした。それができたのは、図書館界も出版業界も、それぞれの事情で戦後の新しい体制を歩み出す地点にいたからなのかもしれない。

4　越境する視点——一九九〇年代の地域とコンピュータ、そしてデジタルシフト

地域から横断する視界——本の学校・大山緑陰シンポジウム

それから四〇年、出版市場がピークを迎えた一九九〇年代の半ば、本の世界を横断的に議論しようとする場がふたつ、相次いであらわれた。鳥取県米子市で開催された「本の学校・大山緑陰シンポジ

ウム」と、雑誌『季刊・本とコンピュータ』（大日本印刷ＩＣＣ・トランスアート市谷分室）である。

　本の学校・大山緑陰シンポジウムは、一九九五年九月に第一回目が行なわれ、九九年までの五年間続けられた催しである。大山や美しい日本海に面した皆生《かいけ》温泉周辺を会場に、三日間（九六年のみ二日）、本に関するいろいろなテーマの分科会が開かれた。出版、図書館関係者はもとより、本やローカルメディア、地域づくりに関心を持つ人々が全国から集まるようになり、年を追うごとにあちらこちらで自主分科会も開かれるようになった。

　実質的な提唱者である永井伸和は、国内屈指の老舗有力書店である今井書店を率いながら、地域の読書環境づくりと出版業界の問題の両方に取り組みつづけてきた。原点になったのは、一九七二年に今井書店創業一〇〇周年を記念して行なわれた座談会での三つのキーワード、「市立の図書館をぜひ／地方出版も育てよう／文化活動の拠点に」である。公共図書館の新たな動きはもちろん念頭にあった。

　永井の活動は、自宅のある麦垣《むぎかき》町での児童文庫に始まり、グループ書店内での子ども図書室の開設から市立図書館の実現へと、次第に地域住民や自治体関係者、図書館、同業者らを巻き込んだ読書運動に発展していく。それらの結集として、一九八七年にはブックインとっとり八七「日本の出版文化展」（本の国体）を開催、運営には県内の大勢の組織や個人が尽力した。名簿に載っている委員だけでも五〇〇人以上、協力者はその倍以上である。

　加えていえば、ブックインとっとりは地域の活動であると同時に、全国に向けた発信でもあった。

もっとも過疎化が進んでいると言われていた鳥取での果敢な取り組みは、驚きをもって迎えられ、NHK教育テレビで特集番組が全国放送された（ETV8 文化ジャーナル「出版・流通・読者――とっとり「本の国体」をめぐって」）一九八七年一〇月三〇日放送）。このとき創設された地方出版文化功労賞は、現在も鳥取県民の手で継続されている。

さらに五年後、創業一二〇周年を迎えた今井書店は、いま一つの懸案事項である出版業界へのアプローチに着手する。ドイツの書籍業学校（現メディアキャンパス）をモデルとした出版教育機関の設立である。この構想は、永井の祖父である三代今井兼文の遺志を受け継いだもので、新たにオープンした本の学校今井ブックセンターの二階を、書店員向け研修、地域の生涯読書活動など「学校」用施設とした。そのスタートアップ事業として、ひろく本にかかわるテーマを共有しようと開かれたのが、本の学校・大山緑陰シンポジウムだった。

このシンポジウムの大きな魅力は、参加者がポジションの垣根を越えて自由に発言できる、ワークショップ形式の分科会にある。一回あたりの企画は、出版産業の現状から地域連携、読書問題、本の未来まで約七〇におよぶが、シンポジウムの内容をすべて収めた五冊の記録集からは、多くの分科会で参加者が自己紹介をし、ディスカッションに加わっている様子がうかがえる。巻末には参加者全員の氏名と所属が記載されており、著名人や各現場の論客もいれば、自治体関係者、学生、一般読者など、バックグラウンドは多彩である。地元以外の参加者にとっては日帰りが難しく、一つだけに参加して帰るという人が少なかったことや、観光地で宿泊先が固まっていたことも幸いした。「本」だけを手がかりに集まった人々は、たとえば取次の仕入担当者と学校図書館の司書教諭というふうに、ふだんは直接接点のない立場の人同士が意見をかわし、知識を伝えあい、連絡先を交換した。大山緑陰シンポジウム終了後、本の学校は正式開校して書店向け講座や地域での読書推進活動などを始め、大規模なシンポジウムは大山緑陰の参加者たちが東京での開催を継承した。二〇一二年には特定非営利活動法人となり、認可NPOとしての活動を続けている。

へだたりを埋める道具として――『季刊・本とコンピュータ』のシンクロニシティ

本の学校・大山緑陰シンポジウムでもうひとつ忘れてならないのは、本のデジタル化問題をいち早く取り上げている点である。テーマ一覧をみてもわかるとおり、「マルチメディアと出版」「デジタル時代と図書館の未来」など、デジタル技術に関するトピックは意外なほど多い。とりわけ一九九七年は「本と読書の未来」がメインテーマに据えられ、「朝の読書」をのぞくすべてがデジタル関連になっている。本の学校・大山緑陰シンポジウムの企画全般は小林一博に拠るところが大きいのだが、このテーマ設定については、同年に創刊された雑誌『季刊・本とコンピュータ』との関係で見ていく必要がある。

『季刊・本とコンピュータ』は、津野海太郎を初代編集長とし、通算で二期八年刊行された雑誌である。当初から期限をとりあえず四年と区切り、半年後にスタッフを替えて第二期を再開、計三二冊の季刊と別冊六号を刊行した。発行元は大日本印刷ICC本部（発売・トランスアート市谷分室）で、ほ

ら描く 21 世紀への出版ビジョン　テーマ一覧

1998	第 4 回　21 世紀の読書を探せ	
	基調講演	ネットワーク時代の本　坂村健
	パネルディスカッション	21 世紀の読者を探せ
	第 1 分科会	書架の向こうに夢があるか　21 世紀の図書館像
	第 2 分科会	学校図書館の読書環境はこれでいいのか―司書教諭の配置で学校図書館はどう変わるか
	第 3 分科会	読者と向き合う僕らにできること　21 世紀に求められる書店像と書店人のアイデンティティ
	第 4 分科会	21 世紀の編集者・出版像を探る―出版編集者かプロデューサーか
	自主分科会	朝の読書は「本の学校」から飛び立つ
	自主分科会	明日の出版物流
	自主分科会	「14 歳」とマスコミ環境を考える
	自主分科会	ワークショップ「誰でも本が作れる」
	自主分科会	「本」から考える地域の交流連携
	自主分科会	声優　小原乃梨子さんの「語り方教室」
	自主分科会	マンガを考える
	関連企画	声優　小原乃梨子さんの豊かな語りの世界
	関連企画	マンガフリーマーケット
	全体会	「本の学校」21 世紀正式開校へ向けての意見交換会
1999	第 5 回　本で育むいのちの未来	
	記念講演	読書の愉しみ　児玉清
	第 1 分科会	メディアの多様化は出版をどう変えるか？
	第 2 分科会	読書・書店・取次・出版社　本を届ける機能とは何か
	第 3 分科会	図書館の過去・現在・未来―21 世紀のビジョンを拓く
	第 4 分科会	地域と学校で拓く教育新時代の学校図書館
	第 5 分科会	これからは私たちが本を作り、本を残す
	第 6 分科会	地域から広がる読書推進の輪
	自主分科会 A	「書店の自由」と「図書館の自由」 出版倫理と知る権利
	自主分科会 B	明日の出版物流パートII　須坂構想と現実の課題
	自主分科会 C	ガリ版コミュニケーション「板祐生をめぐって」
	自主分科会 D	喜びも悲しみも！出版営業―第 5 回大山緑陰シンポジウム参加の営業部員大集合
	自主分科会 E	出版業界の活性化を探る
	自主分科会 F	特別報告／妻木晩田遺跡の保存活用と市民参加
	自主分科会 G	おはなしの世界はいのちの未来へのメッセージ―緑陰おはなしフェスティバル
	自主分科会 H	国民文化祭とっとり 2002 ―「出版文化展」を成功させるために
	自主分科会 I	ディジタル図書館を実際に見る
	自主分科会 J	文学館サミット―新しい 21 世紀の文学館のあり方を探そう
	自主分科会 K	出版・販売研修機関サミット―21 世紀の出版文化を拓く人づくりとネットワークの広がりを求めて
	関連企画	ブックワールド―本の時代アラカルト
	関連企画	板祐生の世界／手作りおもちゃであそぼう
	関連企画	「図書館の自由」パネル展／オンデマンド印刷パネル展

表　本の学校・大山緑陰シンポジウム　地域か

1995	第1回　揺らぐ出版文化	
	記念講演	高度情報化時代と地域　安江良介
	パネルディスカッション	揺らぐ出版文化
	第1分科会	読者から見た出版文化産業ビジョン21—出版流通をどう変えるか
	第2分科会	出版販売の現場における情報の共有とネットワーク—拡がる書店POS（新刊書店・古書店）
	第3分科会	出会いの広場・図書館—学校図書館・公共図書館
	第4分科会	マルチメディアと出版—拡大する電子出版市場の今後
	第5分科会	戦後50年・出版と社会と人間と—敗戦後出版は社会といかにかかわってきたか
	第6分科会	ネットワークの広がりを求めて—地域の交流と連携
	講演	小説家の仕事場から　高井有一
	講演	日本人の心的活力としての読書　牧野和春
1996	第2回　豊かな読書環境をこう創る	
	基調講演	読書の未来　これからも読書は生きる力になるか　井上ひさし
	パネルディスカッション	いま、地域の読書風景は
	第1分科会	読者のための出版流通はどうあるべきか—問題点と提言
	第2分科会	これからの読書—活字本と電子本の間で
	第3分科会	書店は地場産業—地域・読者と歩む書店とは？
	第4/5合同分科会	住民に図書館は本当にやくだつか？
	第4分科会	地域と公共図書館
	第5分科会	地域と学校図書館
	第6分科会	広げよう、朝の読書—生徒が変わる、教師が変わる、学校が変わる
	自主分科会	本を通しての区域交流連携の具体化
	自主分科会	本と子どもと教育
	関連企画	発見！ブックワールド—2日間の子ども図書館
1997	第3回　本と読書の未来	
	基調講演	21世紀出版の可能性　紀田順一郎
	パネルディスカッション	デジタル革命は本の世界をどう変えるか
	第1分科会	電子出版で日本語が危ない—あなたのPCは「柿」と「杮（こけら）」を書き分けていますか
	第2分科会	本のかたちはどう変わるか—本と読書の未来を語る
	第3分科会	デジタル時代と図書館の未来
	第4分科会	メディアコンプレックス時代の出版流通と書店の未来
	第5分科会	インターネット・デジタルコンテンツ　初級・中級講座—インターネット・デジタル世界の最新事情が1日でわかる講座
	第6分科会	マルチメディアとデザイン—情報化の中で自らをどこまで表現し、かつ伝達できるか
	第7分科会	朝の読書は本の学校から飛び立つ
	第8分科会	デジタル化時代の子どもの本作り—紙の本の可能性を考える
	第9分科会	ヒトの可能性／ハンディキャップの克服のためにニューメディアは活用できるか
	自主分科会	地域連携と生涯学習・特産品づくり
	関連企画	発見！ブックワールド—読書の楽しさ、誰にも開かれている本の世界のバリアフリー
	全国衛星中継	本と読書の未来—デジタル革命は本の世界をどう変えるか

かに関連プロジェクトとして、本とコンピュータ叢書、オンデマンド実験のHONCOシリーズ、六社（岩波書店、晶文社、筑摩書房、白水社、平凡社、みすず書房）共同のオンデマンドブランドであるリキエスタ、さらなるオルタナティブを志向するリキエスタ・プラス東アジア共同出版がある。創刊の経緯を、津野自身の文章からみてみよう。

今日の社会では、編集をする人間と印刷をする人間、活字本をつくる人間と電子本をつくる人間とをへだてる距離があまりにも大きすぎるのではないか、という認識があった。たかだか三十年前（活版時代）には編集と印刷との間の距離はもっとずっと近かったし、三十年後には活字本も電子本も同じ一つの業界に組み込まれているにちがいない。それなのに、なぜいまだけ、私たちの関係はこんなにもよそよそしいのか。

——活字本と印刷と電子本、その三者の対話や相互教育の場がほしい。

そう私は思った。（「対話と相互教育の道具にしたい『季刊・本とコンピュータ』創刊にあたって」）(34)

Windows 95の発売やインターネットの登場で、本や情報の電子化はにわかに現実味を帯びてきた。そのなかで、実際にコンピュータが本の世界とどうかかわっていくのか、「両者が重なりあう面」を現場の感覚で共有する場をつくりたい。津野のこのアイデアは、筑摩書房の松田哲夫、ボイジャーの萩野正昭の同意を得るところとなり、大日本印刷の強力な支援によって商業誌として『季刊・本とコンピュータ』の刊行が決まったという。

こうした津野の問題意識は、本づくりに電子技術が導入された過程で、「それ以前＝活字本編集者」「それ以後＝電子本編集者」「その間＝印刷業者」という三種類の立場が分かれ、「よそよそしさ」が生じたところにある。事情は異なるとはいえ、このような「よそよそしさ」は、同じように本を社会に送り出し、配置する役割の図書館と出版業に通じるところがある。じっさい永井の証言によれば、この雑誌はその創刊時から、本の学校・大山緑陰シンポジウムとシンクロしていたという。

別に何かの種明かしをしたいわけではない。大切なのは、ここで読み手・流通側を中心に運営される大山緑陰シンポジウムと、作り手側から発想する『季刊・本とコンピュータ』（および関連プロジェクト）とが、それぞれの領域を引き連れて、二重に混交していくさまである。そして、本の学校・大山緑陰シンポジウムが、山陰という場所でこの横断的なスケールの視点を獲得できたのは、むしろそれが「地域」からのまなざしだったからなのではないか。出版と図書館をひとつながりの輪のなかに成立させていたのは、取引関係でも理想論でもない「地域」の実践だった。五回のシンポジウムを貫く「地域から描く21世紀への出版ビジョン」というスローガンの真意も、おそらくはそこにあったのである。

いっぽう『季刊・本とコンピュータ』のほうは、当初の思惑よりも「本」寄り、研究者寄りに展開していくが、それはこの時点での「本とコンピュータ」が、予想よりはるかに大きなアジェンダであったことを示している。津野自身による、「いやおうなしにデジタル化に関心を持たざるをえなくなった」「必要に迫られた雪解けという感じ」との表現は、そのあたりのムードをよく伝えているが、当時は一部の実感にすぎなかったこの感覚は、その後一〇年ほどのあいだに、多くの図書館、出版関係者に共有されることになった。(35)

長尾構想とグーグル・ブックスの波紋

二〇〇八年四月、日本出版学会の春季研究発表会で、「デジタル時代の図書館と出版」と題する特別シンポジウムが開催された。最初に長尾真・国立国会図書館長による基調講演（「ディジタル図書館サービスと出版界」）があり、引き続きパネルディスカッション「デジタル時代の図書館と出版　新たな枠組みと課題」が行なわれた。多くの出版関係者にとって、これがいわゆる「長尾構想」を公けに目にした最初の機会ではなかったかと思われる。

念のために確認しておけば、長尾構想とは、国会図書館がすすめていた蔵書のデジタル化をコアとする、電子書籍の流通構想をさす。蔵書をデジタル化し、同時にボーン・デジタルの出版物についても納本制度を整えれば、和書の相当部分が電子データとして国会図書館に蓄積される。これを、公共図書館や大学図書館に配信すれば、既存の流通システムも不要になる。運用経費については、電車賃程度を利用者に負担してもらえばよい、という骨子であった。

この大胆なプランは、長尾が前職の京都大学時代から提案、実現してきた電子図書館を拡大したものだったが、出版関係者にはあまりに衝撃が大きく、猛反発を引き出す結果となった。そのため、商業流通については業界内で電子出版流通センターのようなものを作り、国会図書館がデータ提供するという方向にこのあと修正されている。

しかしながら長尾構想の本当のインパクトは、国会図書館が出版業界の食い扶持を奪うという、単純な話にあるのではない。それまで、納本にしか接点のなかった国会図書館と出版社や取次が、同じ土俵の上に立ちうることをこの構想は示していた。出版のデジタル化とは、紙の本が電子ブックリーダーに変換されることではなく、本の生産や配置の編成そのものの変換であり交換であることを、長尾構想は目に見える形で提示したといえるだろう。

そのことは、翌二〇〇九年に世界を駆けめぐったグーグル・ブックス問題によって、またたく間に現実化した。「世界中の情報を整理し、世界中の人々がアクセスできて使えるようにすること」をテーゼに掲げるグーグルは、世界中すべての書物のデジタル化を計画し、北米の有名大学を中心とする主要図書館の蔵書をスキャンして、検索エンジンに載せはじめていたのである。アメリカ国内で起きた訴訟が世界に飛び火し、大騒動を巻き起こしたことは記憶に新しいが、そうしたことが技術的にはいともたやすいと理念上わかっていても、手のひらの上で起きてはじめて、その重大さを思い知らされる事件だった。

その衝撃のなか、長尾構想は、日本が示す対抗的なグランドデザインとして存在感を発揮した。同時にそれが照らし出した「リアル」ベースでのグランドデザインの欠如は、無料貸本屋論のような不毛な議論と、出版危機言説をくり返し生み出している。

予見されたように、書物のデジタル化・ネットワーク化とは、社会における書物の編成を横断する変数であった。それが明らかになったいま、あらためて図書館と出版は同じ地平に立ち、論点を共有しているかにみえる。ここから始めることができるのか、それとも「図書館界」と「出版業界」のしがらみを抱えつづけるのか、そろそろ答えを出す時期にきている。

本稿執筆にあたっては、伊藤民雄氏、永井伸和氏、北海道立図書館、松岡要氏、および研究会メンバーの方々から多くの資料・情報をご提供いただいた。この場を借りて心から御礼を申しあげたい。

注

（1） 林真理子「本はタダではありません！」、石井昂「図書館の〝錦の御旗〟が出版社を潰す」『新潮45』二〇一五年二月号。

（2） 田村俊作・小川俊彦編『公共図書館の論点整理』勁草書房、二〇〇八年。なお冒頭のシンポジウムの詳細は、『文學界』二〇一五年四月号に掲載されている。

（3） 登壇者は以下の通り。猪瀬直樹（日本ペンクラブ理事・言論表現委員長・作家）、三田誠広（言論表現委員・作家）、弘兼憲史（コミック作家）、常世田良（浦安市立図書館館長）、西河内靖泰（図書館問題研究会副委員長）、楡周平（作家）、石井昂（新潮社取締役）、松岡要（日本図書館協会総務部長）、井上ひさし（日本ペンクラブ副会長・作家・劇作家）。日本ペンクラブウェブサイト（http://www.japanpen.or.jp/about/cat81/vs--.html）。『創』二〇〇二年二月号（三二巻一〇号）に内容掲載あり。

（4） 日書連四十年史編集委員会「図書館への納入と装備費」『日書連四十年史』日本書店組合連合会、一九八六年、三四三―三四六頁。割引については日本書籍出版協会　再販売価格維持契約書・覚書ヒナ型（取次―小売）（http://www.jbpa.or.jp/pdf/publication/publication06.pdf）参照。

（5） 五〇年史編集委員会編『日本雑誌協会日本書籍出版協会50年史――１９５６―２００７』日本雑誌協会・日本

書籍出版協会、二〇〇七年、二一八頁。同書は全文をウェブ上でも公開している。(http://www.jbpa.or.jp/nenshi/top.html)

(6) 全国図書館大会年表 (http://www.jla.or.jp/Portals/0/data/content/taikai/taikainenpyou.pdf)

(7) 伊藤松彦「レファレンスサービス発展のために」『出版クラブだより』一〇四号、一九七三年一〇月。

(8) 『読書推進運動』九〇号、一九七〇年五月一五日。

(9) 『図書館問題研究会研究会報』一六四号、一九七五年八月。

(10) 「日本書籍出版協会　図書館への出版物流通に関する調査報告書」日本書籍出版協会、一九七七年　月(日本図書館協会出版流通対策委員会編『図書館と出版流通に関する資料集　図書館と出版流通第一集』日本図書館協会、一九八一年所収)。

(11) 「はじめての悉皆調査――図書館と出版流通の実態について　一九八〇年度日本の図書館付帯調査」『図書館雑誌』七四巻四号、一九八〇年四月、一五三頁。

(12) 『全国図書館大会記録　一九八〇』日本図書館協会、一九八一年、五八―六二頁。大学等の調査結果は、慶應義塾大学三田情報センターの澁川雅俊を中心に報告書としてまとめられた(日本図書館協会出版流通対策委員会編『全国高等教育機関図書館における資料選択・収書事務・書店＝図書館関係調査結果報告書　図書館と出版流通　第二集』日本図書館協会、一九八一年)。公共図書館調査の報告書は大会記録に掲載された中間報告のみで、日図協でも確認できていない。

(13) 佐々木繁「図書館と出版界」『図書館雑誌』六八巻四号、一九七四年四月、『新文化』一九七三年一一月一六日号。

(14) 「浪江虔・ロングインタビュー　私立図書館を五十年やってきた」『ず・ぼん』五号、一九九八年も参照。http://www.pot.co.jp/zu-bon/zu-05/zu-05_016

(15) 小林一博「出版流通と図書館」『現代の図書館』一二巻二号、一九七四年六月、五八―五九頁。なお図書選定事業は二〇一五年度を以て終了した。

(16) 『全国図書館大会記録』一九七八年、八一―八二頁。

(17) これとまったく同じ状況は、一九九五年前後にふたたび再販制見直し論議が浮上したときに生じている。ただしこのときエンジン役になったのは図書館ではなく、インターネットを用いた客注専門のビジネスモデルの登場であった。

(18) 湯浅俊彦『出版流通合理化構想の検証——ISBN導入の歴史的意義』ポット出版、二〇〇五年、および『日本の出版流通における書誌情報・物流情報のデジタル化とその歴史的意義』同、二〇〇七年。
(19) 『北海道立図書館50年史』北海道立図書館、一九七七年、七九―八一頁。
(20) 阿部悟郎「栗田確也さんの思い出」「栗田確也の追想」編集委員会編『栗田確也の追想』栗田出版会、一九七八年、二五頁。
(21) 『栗田出版販売七十五年史』栗田出版販売、一九九三年、二一五―二一六頁。『出版ニュース』一九五二年三月一一日号。
(22) 同前、および森川規矩「日本栄養界の大恩に思う」『栗田確也の追想』一二五頁。
(23) 柴野京子「国定教科書特約販売所としての地方書肆」和田敦彦編『国定教科書はいかに売られたか——近代出版流通の形成』ひつじ書房、二〇一一年、一〇一―一〇二頁。
(24) 『栗田出版販売七十五年史』栗田出版販売、一九九三年、二一六頁。
(25) 栗田ブックセンター編『加除式分類　日本図書総目録』一九五三年。
(26) 黒川豊蔵「私の栗田確也像」『栗田確也の追想』一八四頁、今まど子編『TLA（東京都図書館協会）の55年』パート2データ集、東京都図書館協会、二〇〇六年。http://www.library.metro.tokyo.jp/Portals/0/15/pdf/part2.pdf
(27) 東販十年史編纂委員会編『東販十年史』東京出版販売、一九五九年、五二頁、日本出版販売株式会社社史編集委員会『日販50年のあゆみ　第三の創業へ』日本出版販売株式会社、二〇〇〇年、四三頁、『出版年鑑一九五三年版』「第三編 年間誌」出版ニュース社、一九五三年、一三六一―一三七五頁。
(28) 橋本求『日本出版販売史』講談社、一九六四年、七一一頁。
(29) その後、これに類するものとしては、日本出版販売の日販ブックサロン（一九八二―二〇〇〇）、マガジンハウス（平凡出版）のワールド・マガジン・ギャラリー（一九八四―二〇〇六）などがあるが、いずれも機能としては展示サロンのようなものであった。ただし書店では、高松の宮脇書店が「日本最大規模、三〇万点を展示する本の総合展示場」を謳って開業した宮脇カルチャースペース（一九八九年）が、地方の在庫センターを兼用するものとして、県立図書館の選書などに活用されている。

(30) 大山利「年鑑のできるまで」『出版年鑑一九五二』図書館資料社、一九五一年。

(31) 稲村徹元「花火の会から『図書館年鑑』へ——中井正一をめぐる断想」『広場』二四号、一九七三年六月、三—五頁。以下、大山については小河内芳子「草創期の児童図書館研究会① 大山利さんのこと」、稲村徹元「大山さん追想 同じ街に住む者として」、「大山利年譜」『こどもの図書館』三一巻一一号参照。

(32) 中井正一「野に山にかかる虹の橋」『論理とその実践——組織論から図書館像へ』てんびん社、一九七二年。

(33) 馬場俊明『中井正一伝説——二十一の肖像による誘惑』ポット出版、二〇〇九年、三三七—三三八頁、布川角左衛門「中井さんの思い出」『中井正一全集 第四巻 文化と集団の論理』付録、美術出版社、二〇—二二頁。

(34) 津野海太郎「対話と相互教育の道具にしたい 『季刊・本とコンピュータ』創刊にあたって」『季刊・本とコンピュータ』一九九七年夏号、二五八頁。

(35) 座談会「この雑誌でやれたこと、やれなかったこと——『季刊・本とコンピュータ』の一年」『季刊・本とコンピュータ』一九九八年夏号、二六五—二六六頁。

（柴野京子）

第5章　図書館で働く人々——イメージ・現実・未来

図書館で働く人といえば、エプロンをしてカウンターの中にいて、にこやかに本を貸す手続きをする女性、というイメージだろうか。司書資格という言葉を知っている人も多いだろう。しかし、図書館員はどういう人で、見えないところではどのような仕事をしているのかを知っている人は少ない。このことが、図書館員の立場を難しいものとしている。

現在、図書館員をめぐっては、せっかく司書資格を取得しても図書館で働けなかったり、地方自治体で「司書」という職名での採用がなかったり、非正規職員が増えていたりと、多くの問題が生じている。本章では、これらの問題を手がかりとして、図書館でどういう人が働いてきて、これからどういう人に働いてもらいたいかについて考えてみたい。

第1節では、フィクションのなかに図書館員はどのように表われているかを概観し、図書館員のイメージを持たれているかを確認する。第2節では、図書館員について、特に制度の面から歴史的変遷を追う。第3節では、図書館員をめぐる問題と今後の図書館員のあり方について考える。なお本論では、図書館で働く人を「図書館員」と呼び、司書資格を持つ職員および制度上の司書を強調する場合に「司書」を用いる。

1　「図書館員のイメージ」の歴史

多くの人にとっての図書館員のイメージは、共通している部分が多いようである。「真面目」「本好き」「暇」「誰でもできそう」「楽そう」。こういったところではないだろうか。自分で見た図書館員だけではなく、フィクションからもイメージは作られる。「小説や映画、漫画に出てくる図書館員といえば？」と訊けば、最近の作品なら『図書館戦争』の登場人物かもしれないが、年代が上になると『阿修羅のごとく』を思い出す人が多いようである。一九七九年にＮＨＫで放送されたこのドラマに登場する図書館員を演じたいしだあゆみは、「図書館勤めで、男っ気はまるでなし。化粧っけもなく地味だけれど、実はいろいろなことへの興味や憧れはあるんですよね。本当は男性にも……」と回想している。[1] この姿はのちの図書館員イメージに大きな影響を与えたとも言われている。

「ある職業がどのようなイメージを持たれているか」について、フィクション・ノンフィクションを問わず、「描かれた職業人」を眺めてみることは有効な手段である。おおよそ読者や視聴者にとって違和感のない描き方がされ、またそれにより職業イメージがさらに強くなる。図書館（員）が出てくる小説や漫画、映像作品は無数にあり、近年増加している印象がある。この節では、小説を中心に、その中で図書館員がどのように描かれてきたかを見ていく。

戦前の図書館員

戦前の文学者はよく図書館を利用しており、作品にもたびたび描かれてきた。高橋和子は、作家が作品に描いた図書館像を研究している。学校図書館や海外の図書館も含めてよく利用した作家たちとして、淡島寒月、夏目漱石、南方熊楠、幸田露伴、徳冨蘆花、国木田独歩、田山花袋、有島武郎、加能作次郎、木下杢太郎、武者小路実篤、石川啄木、斎藤茂吉、山本有三、長與善郎、和辻哲郎、菊池寛、芥川龍之介、細田民樹、また女流作家では樋口一葉、吉屋信子、宮本百合子、林芙美子等を挙げ、「彼等は、個々に利用しあるいは見たままの図書館の様子や感想と言ったものを、何の虚飾もなく赤裸々に筆にし、それぞれ小説、日記、随筆、自叙伝、評論などに書き残している」としている。(2)

たとえば吉屋信子は、上野の帝国図書館についてこのように書いている。(3)

上野へはひと夏、紅葉全集を皆読み通す計画で通ふつもりで、お弁当持参で甲斐々々しく行つた第一日か二日目で、すつかりいやになつて通ふのを止してしまひました。何故かつて、まあ行くといきなり、かう重苦しい地下室みたいな出入り口でうす暗くつて小使みたいな人まで官僚的でゐばつてゐるやうで、本の目録を見るのも大変だし本を受けとるところがまるで裁判所の判事や検事でも控えてゐるやうな高いところでこちらはおさばきを受ける人民みたいで……〔中略〕何んだかとてもすべての感触がラフで陰惨でした。

この文章の前は日比谷図書館の女性閲覧室の素敵な思い出が、上野のあとは大橋図書館が関東大震災で焼けてしまったことを残念がる文章が描かれ、上野図書館（員）のマイナスイメージが際立っている。

宮本百合子も「蠹魚《しみ》」で次のように書いている。(4)

震災後の帝国図書館は知らないが、それ以前でも、上野の図書館は決して愉快なところでもなければ、図書館として充分利用出来る便利な処でもなかった。索引や蔵書の或る部門の不備さ等は云わないでも、私には、あの雰囲気――役所くさい、うるおいのない調子だけで親しみ難かった。箇便に行わるべき書籍の出納場が、あんなに高い、絵にある閻魔の大机のようなのなどは寧ろ愉快な滑稽だ。閲覧室内を監督するようにと云う意味もあるのだろうが。

図書館に関する文学アンソロジー『図書館情調』の編者である日比嘉高は「文学作品を書いたのは、そのほとんどが高等教育を受けた知的なエリートたちだった。彼らが利用した図書館は、たとえば地方の小学校附設の図書室といったものなどではなく、東京や大阪など大都市の大規模図書館だった。それゆえ、戦前における表象の中の図書館は、ほぼ常に知識階層にとっての施設として現われることになる」とする。(5) これら知的エリートの作家が描く図書館（員）は、当時の人々が持つ身近な図書館のイメージよりも、重々しく、よそよそしく、官僚的で威圧的だったのかもしれない。

戦前の小図書館について書かれた作品は少ないが、一九三四（昭和九）年に書かれた吉田信夫の短編「或る司書の話」を紹介する。(6)「秋月氏は図書館の司書である。そしてその館長を兼ねてゐる。（私の今から云はうとする司書秋月氏は七十歳の老人である。諸君は小さな町や、古めかしい木造の蔵書が少ない図書館や色あせた羊羹色の紋付を著た天神髭の痩せた、枯木の様な長身の老人を想像して頭に書いて下されゝば良い。）」と始まる小説の主人公秋月氏は、女学校の教師だったが、経営者の交代を機に退職を迫られ、「大いに驚愕して新校長の手に縋つて復職運動を起したが、只自分の無能呼ばわりされただけで、では今度新しく建築する町立図書館の初代館長に任命しようと慈悲的に憐憫を掛けられたのだつた」という経緯で館長となる。ある日町長から呼ばれ、「生活の為に七十の今まで安い司書の職ででも務めねばならない程、窮迫してゐる生活状態の所へ」急に解職を言い渡され、気落ちした家路を描写した小説である。物語に図書館の業務が関わるわけではなく、どのような職業でもよいのだが、閑職で、給与も低く、本人も有能ではなく気弱という「冴えない老人」の象徴として図書館長はぴったりだったのだろうか。帝国図書館をはじめとした大きな図書館に目がいきがちだが、小図書館（員）の社会的な位置づけやイメージを考える上で興味深い小説である。

戦後、図書館が一般の人々に身近になるにつれて、図書館が登場する作品は増加する。そのなかでも中野重治が一九五四年に発表した「司書の死」[7]の次の文は、図書館員のイメージを端的に表わしているのではないか。「実際に知っていない。しかしそうだろうと思う。一たいにかれらは、何となく大人しい人々だ。少年の給仕、本のことをあまり知らぬ娘の事務員、眼鏡をかけた昔風の老人、長崎図書館の黒いガウンを羽織ったような人たちも入れて、それぞれに違いはあってもみな大人しい。本ということのものを愛している。出世ということが概念として頭にない」「大人しい人々、反抗的でない人々、破壊的でない人々、善良でどこかで人間の良さを信じてる人々、しかし消極的なところのある人々、こういう人々が図書館にいるらしかった」。

これがマイナスイメージになると、次のようになる。「要するに図書館員というのは、何らかの挫折なり鬱屈なりを抱えており、生気に乏しいが、腹では何を考えているかわからないような人間を描きたい場合の格好の職業であるらしいのだ」。映像作品に描かれた図書館を研究する伊藤敏朗の指摘である[8]。このイメージは現在でも用いられることがある。一〇〇万部を突破したベストセラー『嫌われる勇気』[9]は、哲学者と、「幼いころから自分に自信が持てず、出自や学歴、さらには容姿についても強い劣等感を持っていた。そのおかげだろう、過剰なほど他者の視線を気にしてしまうところがあった。そして他者の幸福を心から祝福することができず、いつも自己嫌悪に陥って」いるような若者の対話でアドラー心理学を解説するが、途中で、彼の職業は大学図書館員であることが明かされる。

彼は言う。

たとえば、わたしが普段図書館でやっている仕事、つまり返却された本を分類し、書棚に戻していくような作業は、慣れれば誰にでもできる雑務です。仮にわたしがいなくなったところで、交換要員などいくらでもいます。わたしは単純な労働力の提供を求められているだけであって、そこで働くのが「わたし」であろうと「他の誰か」であろうと、あるいは「機械」であろうと、なんの関係もない。誰ひとりとして「このわたし」のことなど求めていない。そんな状態で、自分に自信が持てますか？自らに価値があると実感できますか？

全国の図書館員が聞いたらがっかりするだろう。

ここまで性格が描かれるのは、ある程度主要なキャラクターとして登場する作品である。端役とも言えないような、「登場人物が図書館に行ったときに出会うだけの図書館員」として登場するときは、仕事ぶりのみが描かれる。山口真也は図書館・図書館員が登場する一九六〇年代以降の漫画を研究し、五〇〇人を超える図書館員について分析している（学校図書館を含む）。図書館員がどのような仕事をしているかを研究する中で、公共図書館については描かれるサービスの三割が「利用者を注意する」ことであり、「「利用者を注意する」という行為の多くが、「顔を真っ赤にして」「利用者よりも大きな声で」「つばを飛ばしながら」「鼻息を荒くして」という行動を伴うこと（滑稽な印象を与える）」から、図書館員は怖く、うるさく、ヒステリックで、滑稽な人物として描かれることが多いとしている。[10]

一方で、近年は「優しい女性」が描かれることが多くなったように思える。二〇〇六年放送のドラマ『白夜行』に登場する女性図書館員は、主人公二人の成長を見守り続ける。聾の女の子と会話するために手話を勉強する図書館員が描かれる聖教新聞のテレビコマーシャルを見た人も多いだろう。後述する「カウンターの内側の作品」の登場人物も、大半が優しい女性であるし、インターネットで図書館員のイラストを検索すると、にこやかな女性が多数現われてくる。貸出カウンターに出ている図書館員が、公務員から（大半が女性の）非正規職員になることで、「メガネをかけて堅苦しいことを言う人」「エラそうに注意する人」から、「優しい女性」にイメージも変わったのかもしれない。

描かれる性格は変化している印象も受けるが、仕事ぶりとしては、「誰でもできる」イメージの作品が今でも多い。テレビドラマや小説に登場する図書館員について、その年の作品を取り上げて毎年論文を発表する佐藤毅彦は、近年のテレビドラマを分析する中で、体調に何らかの不具合を抱えている図書館員が多いことから、「ハンディキャップのある人材に職が解放されていること自体は、望ましいことだが、ヒマであることが強調され、それに対して、とくに不自然とも、そのことが施設や職員の状況に影響することも描かれていない。図書館とは、そのような職場であり、図書館員はそうした社会的な存在である、というストーリーを展開しても、違和感をもつ人は少ないだろうと、ドラマの製作者がわに、みられているということではないか(11)」と指摘している。

カウンターの内側の図書館員

図書館が登場する作品の大半は、「カウンターの外側から見た作品」である。図書館員ではない人が、カウンターで本を借りたり、調べ物をしたりする。図書館員が主要な登場人物であっても、利用者の見えないところで行なわれている業務は描写されない。一方で、近年増加しているのが、利用者からは見えない図書館の内情を扱おうとする「カウンターの内側から見た作品」である。

公共図書館内部が舞台で、(『図書館戦争』のような現実を離れたものではなく) 実際の図書館業務を扱う作品は、古いものではあまり見当たらないが、国立国会図書館に勤務していた阿刀田高による「記号の惨殺」はその一つである。[12] 国立M図書館を舞台としたミステリーで、トリックに図書館の業務が使われているが、動機となる人間関係にも図書館の特殊性が現われていて興味深い作品である (第2節で詳しく紹介する)。

図書館を舞台とした作品は図書館好きの読者からの人気が高く、インターネットで少し検索するだけでも、個人や図書館が作成した作品リストが多数出てくる (「記号の惨殺」は女性蔑視の表現が多いためか、あまり取り上げられない)。リストアップされることの多い「カウンターの内側の作品」は、森谷明子の『れんげ野原のまんなかで』[13]、門井慶喜の『おさがしの本は』[14]、緑川聖司の『晴れた日は図書館へいこう』[15]の小説三作品、それに埜納タオの漫画『夜明けの図書館』[16]である。

『れんげ野原のまんなかで』は、「次々に落し物が見つかる」「絵本の配架がばらばらにされる」といった、図書館で生じるさまざまな謎を解いていく物語だ。舞台の秋葉図書館は、地方にある市の中央図書館ではあるが、寄付された土地を使っていることから、アクセスの悪い市のはずれにある。仕事ぶりは一ページ目から次のように描写される。

文子はカウンターから体を離して、この一時間内で六回目のあくびをかみころした。眠気覚ましになるかと、バレッタで一つにまとめた髪がきちんとしているのを右手で確かめてみる。とにもかくにも勤務中なのだ。だらけた様子を見せるわけにはいかない。だが。なにしろ、暇なのだ。

登場人物は、図書館学をはじめとする広い範囲の博識ぶりを発揮し、謎を解いていくが、物語は終始のんびりとしたペースで進む。著者は文庫版あとがきで、自分が以前に勤務していた図書館等をイメージしているとしながら、「でも、秋葉図書館ほどののんびりほのぼの図書館は、現実にはないでしょう。記憶と感傷の中でこそ輝ける世界です。現代の図書館は「物流効率化」の洗礼を受けている し、稼働率の低い本は「廃棄処分」の運命にあります」としている。図書館は幼少期から利用される施設であり、公共図書館だけではなく、学校図書館からも、そのイメージは作られる。図書館が好きな人にとっての図書館員は、現在図書館で目にする職員よりも、「記憶と感傷」のイメージにより美化されたものであるかもしれない。

一方、『おさがしの本は』は、よりリアルな物語となっている。主人公の和久山隆彦は「ちょっとした政令指定都市のおもむきを持つ」市の図書館に、大学を卒業後七年間勤務している。物語の冒頭、利用者の女子大生にややつれない態度をとったところ、「役人！」と言われたことから、「いつから自分はこうなってしまったのだろう」と自分の立場を思い返す。

もしかしたら、図書館という施設がかならずしも行政機構全体において枢要な位置を占めないと気付いてしまったことかもしれない。市長は視察に来やしないし、建物はもう二十年も増改築がない。市議会議員のなかには公然と規模縮小論をとなえる輩も少なくないし、実際、議会の連中の図書館費の金額の決めかたときたら、決めるというより、公共工事だの中小企業支援だののお余りを「恵む」という気配があからさまだ。

物語は、レファレンスカウンターに持ち込まれる本の探索を軸に、本庁からやってきた新任館長の図書館不要論との戦いが描かれる。このように図書館員の公務員としての面が描かれた作品は少ない。外部（本庁）からやってきた、図書館にあまり理解のない館長。公務員としての図書館員。お互いの語り口はいい意味で論理的だが、説明口調ともいえる。これも図書館員のイメージとして、違和感なく受け入れられそうである。この本に対する感想として「人物描写が説明的・類型的すぎて魅力がない」というものが散見されるが、それこそが著者が図書館員をうまく描いた証拠、といったら言い過ぎであろうか。

『晴れた日は図書館へいこう』は、図書館が大好きな小学五年生の女の子が、従妹の図書館員と、図書館で起こる謎を解いていく物語である。主人公は「カウンターの外」ではあるが、一般の利用者が見ることのないカウンターの内側の業務にも関わっていく。利用者の子どもが騒いで困らされたり、水濡れ本が発生したりといった問題に絡めて、レファレンスや資料の補修の場面が描かれ、図書館の業務を幅広く紹介する。図書館に興味がある中高生にうってつけのヤングアダルト小説である。とはいえ、図書館員がしばしば主人公に付き合って謎解きに時間を割いたり、隣の喫茶店でお茶を飲んだりと、のんびりした仕事ぶりが描かれる。

『夜明けの図書館』は、図書館関係雑誌で書評や著者インタビューが掲載されるなど、図書館界でも話題となった。三年の就職浪人の末に市立図書館に就職した新人図書館員が、利用者から持ち込まれたレファレンスへの回答等を経て、図書館員として成長していく物語である。この漫画でレファレンスサービスを知り、図書館に興味を持った人も多いのではないか。

この四作品は、図書館での業務を貸出や書架整理のみとせず、レファレンスを重要な業務とするなど、一般利用者からあまり知られていない業務も取り上げている。しかし、のんびりとした仕事ぶりであることは否めない。『夜明けの図書館』でも、第一話で（司書資格を持たない）男性職員は「今日も最高でしょ　僕が煎れたお茶は」と女性職員にお茶をふるまってなごませ、利用者の目には入らない閉架書庫の背表紙の面をきっちりと揃えて悦に入る。また、この四作品に限らず、図書館作品には「図書館に長くいるから詳しい」キャラクターが多く、司書資格を持っていて専門的な能力があるからこそ務まる業務との印象も受けない。

図書館がテーマとなる作品の主な読者は図書館好きだが、そのような読者が読みたいのは、予算や本庁への対応に頭を悩ませる場面ではなく（これらが描かれる『おさがしの本は』は珍しい）、また読者が知らないような専門的な知識が披露される場面でもなく、のんびりした空間で本や利用者とじっくり向き合う図書館員、なのだろう。現実的な図書館の日常を描いても、図書館員のみが「あるある」と思うような、ある意味内輪受けの作品になってしまうのだろうか。

　このように、図書館員が定型的に描かれることが多いなか、平野啓一郎の『決壊』[17]は、従来のイメージと正反対のキャラクターが主人公となっていて、興味深い。沢野崇は国立国会図書館の調査員である。調査員とは、議員の依頼を受けて調査を行なうなど、国会を補佐する部署であり、公共図書館の「図書館員」からすると特殊ではあるが、たまたまその担当になっているだけで、図書館員である（物語の後半で複写課に異動したのち退職）。東京大学を出て、国立国会図書館に就職し、外務省に出向して、ヨーロッパで三年勤務というエリートコースをたどる。身長一八〇センチで引き締まった身体を持ち、青山の高級マンション（親戚が持っているのを安く借りているという設定が現実的だ）に住み、複数の女性と交際する。図書館員が自宅でペリエを飲んでいる描写がされるのは、この小説がはじめてではないだろうか。自宅で弟と酒を飲みながら、「「自然は人類を苦痛と快楽という、二人の主権者のもとに置いてきた。」――吐き気のするようなベンサムの宣言だが、これは俺にとっての頭痛の種だよ。一人の人間と向かい合うことを考える時にはね、何を言って否定してみても、いつもこれにつきまとわれてしまう。まさかこれが、道徳及び立法の諸原理だとは思わないけれどね」といった会話を繰り広げる。高学歴の知的エリートで、「人間の幸福」がひとつのテーマとなっている小説の、幸福の代表として描かれる図書館員。現代の図書館員のイメージからはかけ離れているが、戦前の文豪が通っていた図書館の職員のイメージは、このような「知的エリート」だったのかもしれない。この作品は図書館界ではそれほど話題にならなかったが、図書館関連小説として読まれてもよい作品ではないだろうか。

図書館員を描くということ

古い時代の大図書館を描いたもの、小図書館を描いたもの、戦後の一般的な図書館員のイメージ、「カウンターの内側」を描いた作品を紹介した。数としては「外側の作品」の方が圧倒的に多い。また図書館好きな読者を対象とする内側の作品よりも、外側から見た作品の方が、一般的なイメージをよく表わしているといえよう。

警察がフィクションに登場する場合でも、外からの目線の作品と、警察側から見たものがある。後者は「刑事ドラマ」「警察小説」といったようにジャンルとして確立しており、（内容の正確さはともかく）会議をしたり取り調べをしたりと、一般人が日常生活で目にする以外にもさまざまな活動をしていることが描かれ、そうした業務があることを多くの人が知っている。しかし図書館作品は、利用者から見える図書館員が大半で、業務と言えば貸出、配架、たまに簡単なレファレンス、となる。これらの業務では、有能さや専門性を描写することは難しく、「誰でもできそうな仕事」というイメージを生み出している。山口真也は、漫画に出てくる図書館員がどのように呼ばれてきたかについて研究し、一九八〇年代の漫画で女性図書館員が「司書」と呼ばれる作品が増えている一方、「女子職員」「受け付けの女の子」「オバちゃん」といった呼び方をされることについて、「他の専門的職種、例えば、「医師」や「弁護士」、「教師」が女性であるとしても、「女の子」「オバちゃん」といった呼び方はまず使われないだろうから、やはり、図書館員に対して専門的能力を持つ人々という見方はまだまだ定着していなかったことが分かる」[18]としている。その後、一九九〇年代の後半からは、司書という用語が広がり、専門的な資格を持つという説明も見られるようになったとしているが[19]、図書館外の作品はもちろん、内部の作品であっても、「司書資格を持っている職員であるからこそできる仕事」をイメージさせる作品は少ない。先に述べた佐藤毅彦の毎年の論文においても、図書館員の専門性が示される作品が少ないことはしばしば指摘されている。

「図書館員には司書資格が必要」という事実はそれなりに知られつつも、専門性を生かす仕事ぶりが描かれることはほとんどない。「図書館の仕事は本が好きなら誰でも楽しくできる」と思わせる作品ばかりで、それがまた、イメージを再生産しているといえよう。

2 「図書館員」の歴史

第1節で見たように、「図書館で働く人といえば司書」ということは徐々に知られるようになってきた一方で、「図書館の仕事は誰でもできる」と思われがちであることもまた確かである。第2節では、法令に現われる「司書」を中心に、図書館ではどのような人が働いてきたのかについて見ていく。

司書とは

そもそも、「司書」とは何だろうか。現在の図書館法（昭和二五年制定、平成二三年最終改訂）から関連する項目を抜粋する。

> 第一章　総則
>
> （司書及び司書補）
>
> 第四条　図書館に置かれる専門的職員を司書及び司書補と称する。
>
> 2　司書は、図書館の専門的事務に従事する。
>
> 3　司書補は、司書の職務を助ける。
>
> （司書及び司書補の資格）
>
> 第五条　次の各号のいずれかに該当する者は、司書となる資格を有する。
>
> 一　大学を卒業した者で大学において文部科学省令で定める図書館に関する科目を履修したもの
>
> 二　大学又は高等専門学校を卒業した者で次条の規定による司書の講習を修了したもの
>
> 三　次に掲げる職にあつた期間が通算して三年以上になる者で次条の規定による司書の講習を修了したもの
>
> イ　司書補の職
>
> ロ　国立国会図書館又は大学若しくは高等専門学校の附属図書館における職で司書補の職に相当するもの

ハ　ロに掲げるもののほか、官公署、学校又は社会教育施設における職で社会教育主事、学芸員その他の司書補の職と同等以上の職として文部科学大臣が指定するもの

2　次の各号のいずれかに該当する者は、司書補となる資格を有する。

一　司書の資格を有する者

二　学校教育法（昭和二十二年法律第二十六号）第九十条第一項の規定により大学に入学することのできる者で次条の規定による司書補の講習を修了したもの

第二章　公立図書館

（職員）

第十三条　公立図書館に館長並びに当該図書館を設置する地方公共団体の教育委員会が必要と認める専門的職員、事務職員及び技術職員を置く。

2　館長は、館務を掌理し、所属職員を監督して、図書館奉仕の機能の達成に努めなければならない。

「司書となる資格を有」した上で、「図書館に置かれる専門的職員」となれば「司書」となる。しかしこの条文は、「専門的職員を置いた場合は司書と呼ぶ（そのためには資格が必要）」ことを定めているだけであり、図書館に「専門的職員」の設置が義務づけられたり、司書以外は図書館で働けなかったりといったわけではない。なお、東京二三区のように司書職がない場合、司書資格を持ち図書館で働いていても「司書」の名前が与えられていないこともある。

司書の現状

では、全国の図書館における図書館員の現状はどのようになっているのだろうか。日本図書館協会による統計[20]の二〇一六年版では、以下の数字が示されている（小数点以下は四捨五入、職員計は筆者の算出）。

二〇一六年

	都道府県立	市区立	町村立	私立	合計
図書館総数	五八	二五九〇	六一三	一九	三二八〇
専任職員　計	一五二五	八一四七	七二二	四九	一〇四四三
うち司書・司書補	八九五	四一一四	四〇六	三六	五四五一
兼任職員　計	九	六二三	四九九	三〇	一一六一
うち司書・司書補	一	六九	五一	二	一二三
非常勤職員　計	六六一	八〇七四	七五九	一九	九五一三
うち司書・司書補	五〇九	五四一二	四七三	九	六四〇三
臨時職員　計	二四一	五六四〇	一二九九	二〇	七二〇〇
うち司書・司書補	一一九	二二八〇	五六四	五	二九六八

委託・派遣　計	二九三	一〇八六二	五六三	二九	一一七四七
うち司書・司書補	一九二	六二七九	二九二	五	六七六八
職員計	**二七二九**	**三三三四六**	**三八四二**	**一四七**	**四〇〇六四**
（参考）有資格図書館長	六	六四九	八三	五	七四三

近年話題となっている指定管理者の職員は、「委託・派遣」に含まれる。兼任職員は主に図書館勤務以外を本務とする職員を指す。

専任職員から委託・派遣までの全職員のうち、司書・司書補の割合は、五四パーセントである。同じ統計の二〇〇〇年版から抜粋したものと比較する。

二〇〇〇年

	都道府県立	市区立	町村立	広域市町村圏	私立	合計
図書館総数	六六	一五七〇	九七三	四	二六	二六三九
専任職員　計	一九七五	一一二四六	一九五〇	四	一〇一	一五二七六
うち司書・司書補	一一九七	五二六九	一一二四	二	四九	七六四一

兼任職員　計	一二	三七七	八五三	一〇	二五	一二七七
うち司書・司書補	六	六〇	六九	〇	六	一四一
非常勤・臨時	六六〇	六八五四	二三三四	一三	二九	九八八八
職員　計	**二六四七**	**一八四七七**	**五一三七**	**二七**	**一五五**	**二六四四一**

専任職員のうちの司書・司書補の割合は、二〇〇〇年と二〇一六年ともに約五〇パーセントである。しかし、職員全体における（資格なしも含む）専任職員の割合が、二〇〇〇年が五八パーセントであるのに対し、二〇一六年は二六パーセントと、急激に低下している。一六年間で職員数は約一万四〇〇〇人増加しているが、専任職員は逆に五〇〇〇人減少し、非常勤職員や委託・派遣等の職員が激増している。その結果、職員全体のなかで「有資格の専任職員」の割合は、二九パーセントから一四パーセントに低下している。

図書館員は女性？

図書館員は女性のイメージが強いことは第1節でも述べたが、実際にはどうだろうか。文部科学省による「社会教育調査[21]」の二〇一五年度調査を抜粋すると、以下のようになる（対象とする図書館の違い等により、日本図書館協会の数値とは異なる）。

	職員全体	専任職員	非常勤	館長・分館長
男女計	三九八二八	一一四四八	一九五一一	三一一〇
女性	三〇一八七	六七七四	一七三五八	八二二
女性率	七六％	五九％	八九％	二六％

職員全体では約八割が女性だが、専任職員に限定すると約六割になる。非常勤職員（指定管理者を含まない）の女性率は九割近くになる。利用者がイメージする図書館員は、貸出カウンターにいる人であり、非常勤職員は貸出カウンターにいる割合が高いから、イメージとして「図書館員のほとんどが女性」というのは間違っていないだろう。なお、専任職員のうち、男性の司書（補）は約三割であるのに対し、女性は約七割が司書（補）である。

図書館が最初から女性の多い職場だったわけではない。戦前は図書館自体が男性中心の場であった。『東京市立図書館と其事業　第七四号』掲載の「閲覧人員調」[22]では、一九三七（昭和一二）年度の東京市立図書館の合計利用者数が、男性約一七六万人、女性約二二万人であった。一九一〇（明治四三）年の文部大臣訓令「図書館ノ施設ニ関スル訓令」では、児童室・婦人室の設置を推奨している。一般利用者（成人男性）を優遇するというよりは、児童や婦人が気兼ねなく利用できるようにするという意味があったのではないかと思われる。

女性が対象の職業案内の本は、一九〇〇（明治三三）年前後から出されるようになったが、一九二〇（大正九）年頃から、「図書館員」の項目が現われるようになる。一九二九（昭和四）年の『職業別学校案内と婦人職業指導』の「婦人図書館員」の項[23]には、「この職業も婦人の職業として最近に生れた、新しい智的な職業です。従つてこの職業を選ぶ人達の多くが好学心に富んだ人達だといういふことです。現在上野の帝国図書館では主として整理の方向に従事して居ますが、早大では出納即ち本の出し入れに携はる仕事の方にもなか〳〵好成績を挙げてゐるさうですから、追々此の方面にも婦人が使はれる時期も来ませう」とある。一九三五（昭和一〇）年刊行の『最新就職読本』の「少年図書館員」の項[24]には、「従来は至極範囲の狭いものであつたが、文化の進展と共に此の種の事業も漸次拡大されてゆく。たゞ一つの杞憂を残すものは、やはり将来は婦人の為めに占拠されるものではあるまいかと言ふ事であるが、然し日本としてはまだ〳〵男子の為めに余地を残してゐる」とある。とはいえ、「全国図書館ニ関スル調査――昭和一一年四月現在[25]」の（職種の区別のない）職員数の男女内訳によれば、青森県立図書館が男性一三人女性三人、埼玉県立図書館が一一人と一人、東京市立日比谷図書館が三四人と一人、というように、女性は圧倒的に少数である。実態としては男性が圧倒的であっても、将来は女性に占拠されることを心配するほどに、女性向けの職業と思われていたのだ。

戦後女性図書館員の比率は高くなっていくが、一九五一年の「公共図書館調査[26]」で専任職員の約三五パーセントが女性職員とされて以降、しばらくは男女に分けられた統計が見当たらない。神谷伸子は一九八六年に「女性図書館員の問題を考える時、その基礎となるデータがあまりに不足している。

女性図書館員の人数すらわからない」とし、日本図書館協会にかねて要望していたところ、ようやく前年に男女別の統計が取られたとしている。[27] そしてこの統計で、職員全体のうち女性が約半数、臨時職員では七六パーセントが女性であることが示されている。

当時の図書館員にとっても、統計こそないものの女性率が高まっていることは体感するところであり、『図書館雑誌』でも一九六六年以降、女性図書館員が数年に一度特集されるようになる。この頃、夜間開館や日曜開館といった、特に子どもを持つ女性にとっては働きにくいサービスの拡充もあり、男性・女性それぞれに向いている業務、バランスのとれた人員、男性女性それぞれが相手に対して思うことなどがしばしば記事となった。第1節で紹介した阿刀田高の「記号の惨殺」は国立図書館の設定ではあるが、「〔主人公の〕夏木と一緒に七人の上級職員が採用されたが、六人までが女性で、それもT大、K大、O女子大など選り抜きの大学を出た人ばかりだった。〔中略〕図書館は女性がほとんど差別を受けない職場である。女性の課長もいるし、女性の係長などちっともめずらしくない。男性の職場としては、もう一つ魅力に乏しいので、世の中が好況になると、優秀な男性はなかなか集まらない」と書かれ、男女関係がミステリーの動機にも関わってくる。現在では普通になった「女性上司と部下の男性」も、当時の社会では珍しく、独特な職場と見られていたのだろう。

とはいえ女性館長となると現在でも三割にもならず、職員の比率からみて圧倒的に低い。図書館長が地方自治体の一つの役職として、司書資格の有無を問わずに任命されるケースが多いことも影響しているだろう。

戦前の図書館員

図書館に関する法令の中から、図書館員に関する部分を抜粋して、図書館員の歴史を見てみよう。図書館が法令に記述されるのは、一八七九（明治一二）年の教育令に遡るが、単独法令として規定されたのは一八九九（明治三二）年の図書館令が最初である。第六条で職員について規定している。

> 第六条　公立図書館ニハ館長及書記ヲ置キ地方長官之ヲ任免ス
> 館長書記ハ判任文官ト同一ノ待遇ヲ受ク其ノ等級配当ニ関シテハ館長ニハ明治二十五年勅令第三十九号中判任文官ト同一ノ待遇ヲ受クル公立中学校教諭ニ関スル規定、書記ニハ公立中学校書記ニ関スル規定ヲ準用ス

図書館令は一九〇六（明治三九）年に改訂され、ここで公共図書館の「司書」が初めて規定された。

> 第六条　公立図書館ニ館長、司書及書記ヲ置クコトヲ得　館長及司書ハ奏任文官又ハ判任文官ト同一ノ待遇ヲ受ケ書記ハ判任文官ト同一ノ待遇ヲ受ク
> 第六条ノ二　奏任文官ト同一ノ待遇ヲ受クル館長及司書ハ左ノ資格ノ一ヲ有スル者ヨリ之ヲ任用ス
> 一　高等文官ト為ルノ資格ヲ有スル者

二　学位ヲ有シ又ハ官立学校ヲ卒業シ学士ノ称号ヲ有スル者ニシテ一年以上教育又ハ図書ニ関スル公務ニ従事シタル者
三　三年以上教育又ハ図書ニ関スル公務ニ従事シ月額四十円以上ノ俸給ヲ受クル判任文官以上又ハ判任文官待遇以上ノ職ニ在ル者又ハ在リタル者

同月に出された「公立図書館職員ノ俸給ニ関スル件」では、待遇について定められた。

公立図書館職員ノ俸給ニ関シテハ公立学校職員俸給令ヲ準用ス但シ奏任官ト同一ノ待遇ヲ受クル館長及司書ノ年俸ハ同令第二号表中教諭ノ例ニ依リ判任文官ト同一ノ待遇ヲ受クル館長及司書ノ月俸ハ同令第三号表中中学校教諭ノ例書記ノ月俸ハ同表中中学校書記ノ例ニ依ル

同じ判任文官であっても、司書は中学校教諭に、書記は中学校書記による。第三号表一級の場合、司書は七五円、書記は五〇円という俸給の差が生じる。司書になる要件については、奏任文官と判任文官で異なるが、「高等文官ト為ルノ資格ヲ有スル者」があるために、図書館での業務経験は必須ではなかった。

「図書館令」と「俸給ニ関スル件」は集約されて一九二一（大正一〇）年に「公立図書館職員令」となり、職務の内容が示された。

第一条　公立図書館ニ左ノ職員ヲ置ク　館長　司書　書記
第二条　館長ハ奏任官又ハ判任官ノ待遇トス地方長官ノ監督ヲ承ケ館務ヲ掌理シ所属職員ヲ監督ス　司書ハ奏任官又ハ判任官ノ待遇トス館長ノ指揮ヲ承ケ図書ノ整理、保存及閲覧ニ関スル事務ヲ掌ル　書記ハ判任官ノ待遇トス館長ノ指揮ヲ承ケ庶務ニ従事ス

給与は一級の場合奏任官は年棒三一〇〇円、判任官は月俸一四〇円となっている（一般的に奏任官は年俸、判任官は月俸で書かれた）。なお、「全国図書館ニ関スル調査　昭和一一年四月現在」によると、道府県立図書館の専任司書八一人のうち奏任官待遇は六人しかおらず、大半は判任官であった。

一九三三（昭和八）年には図書館令が改正された。

第十一条　図書館ニハ館長並ニ相当員数ノ司書及書記ヲ置クベシ

当時、図書館は小学校等に併設されることが多く、校長が館長の事務を、学校職員が司書や書記の事務を担当することで、（兼任ですらなく）職員がいない図書館が多かったが、それまでの「公立図書館ニ館長、司書及書記ヲ置クコトヲ得」から「置クベシ」と、職員の配置が強調された。

このように、図書館令等では館長、司書、書記について規定され、一九三三（昭和八）年にはこれらを「置くべし」と変わったが、実態はどうだったのだろうか。「全国図書館ニ関スル調査——昭和一一年四月現在」では、職員数の統計の項目が館長、司書、書記、嘱託、雇員、出納手、其他となっている。全国の公立図書館三二四〇館に対し、館長二六五〇人、司書二〇七五人、書記一五二七人、嘱託四〇四人、雇員二九六人、出納手四四三人、其他九五〇人、合計八三四五人となっている。其他については、個々の図書館で館丁、小使、下足番、看守といった職員がいたようである（統計外にしている場合もあるだろう）。なお、下足番については、菊池寛が短編小説「出世」で描いているが、高橋和子はこの小説を、図書館が初めて題材となったものだろうとしている。(28)

公立図書館には館長・司書・書記を置くことにはなっているものの、全国の合計人数はいずれも館数に満たない。実際には司書・書記いずれかの正職員と、雇員や出納手といった「非正規」に近い職員によって運営されていた館が多かったことが想像できる。たとえば『新潟縣下圖書館一覽——昭和一六年四月一日現在』(29)によれば、新潟県立図書館こそ二〇人の職員がいるものの、大半の図書館は五人以下、職員が一人の図書館も珍しくない（ただし、蔵書数が一〇〇〇冊以下の図書館が約半数、なかには二五冊といった図書館も含まれている）。

館長は他の職務と兼職することが多かった。『新潟縣下圖書館一覽』には、館長名・兼職の項目があるが、大半の館長が校長・町長・村長の兼職である。県立図書館は専任、市立図書館四館では、専任は一つで、あとは市立高女長（市立高等女学校校長のことか）・市長・助役である。兼職の場合、館長ではない方が主な仕事であったことが推測される。第1節で紹介した「或る図書館の話」では、「秋月氏は図書館の司書である。そしてその館長を兼ねてゐる」「五年間大事に守つて来たその司書の職が」と、館長よりも司書に重きが置かれている。館長は名ばかりで、司書が図書館を仕切っていた例も多かったと思われる。

出納手

「出納手」は、聞きなれない言葉だろう。戦前は閉架式の図書館が多く、利用者の請求を受けて、主に少年の出納手が資料を出納した。

新田潤の「少年達[30]」では、「十五六から二十までぐらいの少年達で、みんな勤めのかたわら夜学の中学や商業学校に通っていた。そうした自分一人の身を何んとか立てて苦学をしようというのには、この図書館の出納手なぞいう勤は、暇も割にあるしよかったに違いない」とある。出納手といいながら「出納台や受附に坐る」ともあり、図書館によっては今でいうカウンターでの利用者対応も行なっていたようである。

東京市立日比谷図書館の竹内善作は、『東京市立図書館と其事業』において、図書館員はしばしば目録係であることを誇りに思っているが閲覧係こそが利用者と接する重要な任務としている。「従来はかゝる重要な任務に当るものを軽視して、多くは未熟のものを以てこれに当て、従つてその待遇の如きも、概ね低く且薄くして、啻に目録係その他の司書に比較してのみではなく下級の書記の職を執るものにすら、往々劣るが如き待遇を与へて敢へて省みようともしなかつたのである。これは日本の殆どすべての図書館の通弊であつて、またその事業を遅滞せしめてゐる大なる原因である」[31]。現代のカウンター職員の非正規化に対する批判と同じ議論が一〇〇年近くも前からされていた。

この論文の前に、竹内は「出納手の選択と採用試験」「再び出納手採用試験に就て[32]」の二本の論文で、出納手の質の低さによるトラブルをなくすべく、資質（性格）を重視した試験を開始したことについて述べている。募集対象は一三歳から一五歳（超えると減点される）、受験態度や技工（ラベルの貼付作業か）、学科試験（図書館の統計を用いた計算）等によって選考された。東京市立本所図書館長の山田正佐が同雑誌の「出納係員の特性[33]」において「出納係員の一部をなす出納手も小図書館に於てはさらに図書の出納運搬に止まらず、出納事務をも担任するものであり、且将来は漸次昇進して司書となるものであれば」としている。東京市立京橋図書館長の秋岡梧郎は、「出納手は中学一年、十二〜十三歳で、中学を卒業すると雇になり、大学を出ると事務員になって、そのまま定年（定年制はなかったが）までいる人が大半でした。永く勤めれば皆専門家です。また大学を出ても館長になれない人も沢山いたし、出納手からはいって館長になる人もおりました[34]」としているが、新田潤の「少年達」では図書館とは関係のない勉強をしている者が多い。出納手の採用試験を行ない、採用方法や適性についてたびたび論文を執筆する東京市立図書館が特殊だったのかもしれない。

出納手は、戦後名前が消えていった。佐藤真は『中小図書館の経営』で次のように論じる。「従来出納手と呼ばれ、身分も地位も極めて低く、不確定で、図書館特有の仕事に従事している者がある。この人達を法律施行上、どのように処置するかについては色々論議されたのであるが、専門職員としての司書及び司書補は地方公務員法によつて「任官者」とするということが規定されるので、夫々の図書館では出納手として現在勤務している人々の中から出来る限り専門職員として昇任させ、講習資格を得られるように努力していただきたいものである」[35]。後述するように、戦前の司書は戦後も司書が継続できるような措置が図られたが、出納手については一括した措置はなく、司書の下の立場で勤務を継続した者、司書になった者などがいたようである。

図書館講習所と司書検定試験

時代を遡るが、戦前に、司書の専門性を高めるべく二つの動きがあった。

一九二一（大正一〇）年には、文部省によって、図書館員の養成機関である図書館員教習所が開設された。上野の東京美術学校・帝国図書館に設置され、約一年の修業期間で外国語や図書館業務全般、図書館史といった授業を受けた。入学資格は「中学校又ハ高等女学校卒業ノ者但シ現ニ図書館ニ授業セルモノハ此限ニアラス」とあり、また授業料が不要であったことから、図書館令による司書・書記になる資格を持たない者にとって、また当時としては珍しい男女共学であったため、特に女性にとって、図書館で正職員として働く道が広がったものといえる。一九二五（大正一四）年には図書館講習所と改称され、一九四七年図書館職員養成所、一九六四年図書館短期大学に移行、一九七九年に図書館情報大学に移行、二〇〇四年に筑波大学に併合というかたちで流れが続いている。図書館講習所については、『学友会雑誌』をはじめとした刊行物や卒業した図書館人の回想は当然のことながら、戦中の若い男女の出会いと恋愛、特攻隊による別れを描いたノンフィクション『知覧からの手紙』[36]の二人が図書館講習所出身であり、講習所や卒業後の様子を描いていて、参考になる。

もう一つは公立図書館司書検定試験である。一九三三（昭和八）年に改正された「公立図書館職員令」では、司書の要件に「司書検定試験ニ合格シタル者」が加えられ、一九三六（昭和一一）年には「公立図書館司書検定試験規程」が定められて翌年第一回の試験が開催された。これも他の司書になる条件（官吏や学位）を持たない者に対して道を開く資格試験であり、採用試験ではないという面では現在の司書資格に近い。岡田大輔の研究[37]によれば、司書検定試験は、戦後廃止されるまで、七回開催され、一一一名の合格者を出したが、うち一〇三名は講習所出身者、外部合格者は八名であった。講習所出身者が検定試験を受ける理由として、図書館講習所の記録では「（司書検定試験の）受験者が少いことを予想して、本講習所の卒業試験は司書検定試験を以て換え得ることになつて、殆ど全部がその試験を通過した」とある[38]。『知覧からの手紙』にも、「十七年二月に、私は国家試験を受けて、司書の資格を取得しました」との記述がある。文部省社会教育局が編集した『公共図書館概覧――昭和二二年三月三一日調[39]』の「職員学歴及勤務年限」の統計表では、公共図書館の職員三七八七名のうち、司書検定合格者は五名だが、別に「図書館講習所修了者」の項目がある（三〇名）ことから、五名は、外部合格者八名のうちの五名ということであろう。図書館で勤務する条件を広げるという目的からすると、有効に活用されたとは言いがたい試験であった。

戦後の図書館員

戦後、公立図書館職員令は一九四六年の改正によってほとんどの条文が削除され、館長と地方事務官二級（奏任官相当）と三級（判任官相当）が置かれることのみが規定されたが、一九五〇年に図書館法が制定されることで、図書館令と公立図書館職員令は廃止された。図書館法では書記はなくなり、「公立図書館に館長並びに当該図書館を設置する地方公共団体の教育委員会が必要と認める専門的職員、事務職員及び技術職員を置く」とされた。この専門的職員が司書（補）だが、配置は義務づけられていないと解されている。

その代わりに設置補助金の条件として図書館法で「最低基準」を定め、館長が司書職であることや、人口に応じた司書の人数を示すことで、配置の促進が図られた。

> （国庫補助を受けるための公立図書館の基準）
> 第十九条　国から第二十条の規定による補助金の交付を受けるために必要な公立図書館の設置及び運営上の最低の基準は、文部省令で定める。

図書館法施行規則の「公立図書館の最低基準」では、以下のように定められた。

第二章　公立図書館の最低基準
第十三条　都道府県及び五大市立図書館の司書及び司書補の数は、人口六十万人未満の場合は七人、人口六十万人以上の場合は七人に六十万人を越える人口二十万人につき一人を累加した数を下ってはならない。
第十九条　町村立図書館の司書及び司書補の数は、人口一万人未満の場合は一人、人口一万人以上の場合は一人に一万人を越える人口二万人につき一人を累加した数を下ってはならない。

図書館法では、「専門的職員」とあるだけで、司書の職務内容については言及されなかったが、図書館法制定の五か月後に出された文部事務次官通牒「司書および司書補の職務内容」では、職務内容が詳細に示された。

一　司書および司書補の定義
司書は、館の大小に応じてその所掌する職務の広狭を伴うが、次にかかげるそれぞれの職務を、自己の責任と判断によつて処理する能力あるものとする。
司書補は、次にかかげる職務の中の◯印あるものは自主的に、他はそれぞれ司書の事前の指示と事後の検査を受けて助手的処理をする能力あるものとする。

二　職務内容

職務を総務、整理および奉仕の三種に大別して詳記すれば次のとおりである。

〔以下抜粋、項目番号は省略〕

A　総務的職務

教育委員会との連絡

諸報告書類の立案

厚生とレクリエーション

B　整理的業務

蔵書統計の作製と観察

○続刊物の受付と記録

○人形劇の演技と装置の管理

C　奉仕的職務

○資料の出納

郷土資料利用の案内

○子供の集りの世話

一三三もの業務が挙げられ、図書館の業務のほとんどを司書・司書補で担うことを想定している。戦前の司書と書記の別、また出納手の存在等を考えると、大きな変化といえよう。この通牒は、大庭一郎によれば以下の目的があった。[40]「(一) 新しく養成する司書と司書補の職務内容を明らかにし、養成内容（教育教科）を明確化すること。(二) 図書館に勤務する現職者に対する暫定資格付与の判断基準を提示すること」。

戦前の司書はそのままでは図書館法の司書資格は得られなかった。講習を修了すれば、大卒は司書に、高卒は司書補になる資格を得られたが、講習が始まっても大勢が一度に受けられるわけではなく、全国の図書館で司書・司書補がほとんどいない事態となってしまう。そのため特例として、図書館法の附則の四項で、すでに公立図書館、私立図書館、国会図書館、大学図書館で「館長若しくは司書又は司書補の職務に相当する職務に従事する職員」については、五年間は司書や司書補となる資格を持ち、その間に講習を受ければ図書館法のもとでの司書となる経過措置が設けられた。この措置について、文部省社会教育局の「図書館法　逐条解説[41]」では、「何が相当する職務かをどうしても明確にしなければならないのである。相当する職務であるかどうかを判断する一応の基準を文部省で定めて、本法施行前に関係者に連絡をし、更に本項によって暫定資格を付与される職員の名簿を文部省に備えるようにする予定である」と書かれている。このような趣旨で通牒「司書および司書補の職務内容」が出されたため、その時点での職員を館種も広げて救済すべく、幅広い職務を挙げたものと思われる（この救済について、ポツダム宣言後に少尉に昇進してから除隊した「ポツダム少尉」に倣って「ポツダム司書」と言われたりもした）。戦後、図書館員の専門性を議論するなかで、図書館員の職務分析について議論されることも多かったが、この通牒は深い分析も行なわれないまま、一九九八年に廃止された。

図書館法では、司書の配置の義務化の代わりに、補助金で促進が図られたが、一九九八年には補助金自体が廃止となり、最低基準も二〇〇〇年に削除された。代わって文部科学省告示「図書館の設置及び運営上の望ましい基準」が二〇〇一年に示されたが（引用は二〇一二年改正）、ここでも司書の配置は義務づけられていない。

第二　公立図書館
一　市町村立図書館
4　職員
（一）職員の配置等
1　市町村教育委員会は、市町村立図書館の館長として、その職責にかんがみ、図書館サービスその他の図書館の運営及び行政に必要な知識・経験とともに、司書となる資格を有する者を任命することが望ましい。
2　市町村教育委員会は、市町村立図書館が専門的なサービスを実施するために必要な数の司書及び司書補を確保するよう、その積極的な採用及び処遇改善に努める〔後略〕
3　市町村立図書館には、前項の司書及び司書補のほか、必要な数の職員を置くものとする。
4　市町村立図書館は、専門的分野に係る図書館サービスの充実を図るため、必要に応じ、外部の専門的知識・技術を有する者の協力を得るよう努めるものとする。

司書が配置されてこなかった歴史

図書館職員に関する考え方の変化を概観すると、以下のようになる。公立図書館草創期から終戦までは、司書という立場を上位の職として確立するという方向性があった。しかし、司書は図書館経験者以外でも得られる身分であったため、専門性はそれほど認識されていなかったようである。また、館長については、自治体の長など図書館とは無関係の兼任も多く、実態としては、(特に小図書館においては)館長や司書が重視されているとは言いがたかった。

戦後になり、書記が法律から消えて司書(補)が図書館の専門的な役割を担当すると定められた。しかし、何が専門的な業務かについては定められず、文部事務次官の通牒では図書館のあらゆる業務が司書の担当となるなど、司書と書記で業務が(実態はともかく)分けられていた戦前に比べて、特別な立場とは言いにくくなった。司書の配置については、義務づけられることはなく、長らく補助金支出のための最低基準というかたちで推奨されていたが、それも廃止され、非正規化が進んでいる。

第1節では、図書館員に専門性があるというイメージは持たれていないことを見たが、制度の変遷の面でも、図書館員の専門性は明確にはされず、司書は図書館に不可欠な存在とまでは見られていないのが現実である。

3 「図書館で働くべき人」の歴史

第3節では、図書館員に関する議論をふまえ、変わりゆく図書館のなかで今後どのような図書館員が求められていくのかについて考えてみたい。

図書館員をめぐる議論

図書館員のあり方については、図書館界（図書館関係者が図書館業界をしばしばこのように呼ぶ）を中心に、ここ数十年、同じような議論がくり返されてきた。主なものを順不同に列挙してみよう。

・図書館の仕事は、専門的な知識や能力といった専門性が必要な専門職である。有資格者を正職員の司書として採用し、他部局への異動がない職員区分とすべきである。
・図書館の仕事は、ＯＪＴで学べばできるものであり、司書資格を持つ公務員の正職員を置く必要はない。
・具体的にどの仕事に専門性が必要なのか明らかでない。
・専門職といえば医者や弁護士だが、司書も同じように専門職であると主張できるのか。
・司書資格は年間一万人程度が取得し、試験もなく、講習では短期間で取得できる難易度が低い資格であり、専門性があるとは言いがたい。
・図書館の仕事には経験が必要だが、非正規職員や指定管理者では経験が蓄積されない。
・司書有資格者の配置が義務づけられても、職員が数人の小図書館では対応できないことがある。

・非正規職員は待遇が悪いにもかかわらず、正規職員と同じ職務内容であったり、場合によっては司書資格を持たない正規職員よりも重要な職務を担っていたりすることもあり、待遇の改善が求められる。
・司書として正規職員になり、異動がないと、人事が停滞する。
・司書の正規職員は図書館のことしか知らず、公務員としての能力に欠ける。

「図書館の仕事は誰でもできる」「図書館の仕事は特定の人にしかできない」という大きな対立の中で、どの業務がどういう理由で特定の人にしかできないのか、特定というのが司書資格の有無なのか、正規非正規なのか、といった議論が錯綜してきた。そして社会的な認識としては、通常の利用からは図書館の仕事の一部しか見えていないこともあり、第1節で見たように、「誰でもできる」仕事と思われている。

昔から「図書館員の地位は低い」

図書館界では当初から「図書館員の立場が低い」と嘆かれてきた。
戸野周二郎は一九〇九（明治四二）年に『学校及教師と図書館』の「図書館員の待遇」の項で、（日本だけではなく）欧米においても図書館員の待遇は低く、その理由として「蓋し其職務の比較的上品にして、しかも読書の便多く、又執務余り繁劇ならず、傍大に研究し得らるゝの便ありと認められたるによる」と述べている。[42] 日本に公共図書館ができた初期から、「図書館の仕事は忙しくない」と思われていたようである。しばしば「図書館員は仕事中に本が読める気楽な仕事」というイメージが持たれるが、一〇〇年以上前から「仕事中に研究できる」というかたちであらわれている。この後段では、現在では学校職員が図書館員を兼ねていることに対して、一部は教員が兼ねるべきであると主張する。前段も、給与増額といった単なる待遇改善ではなく、社会的地位を向上させるべきとの主張といえよう。

また、徳島県立図書館長の蒲池正夫は、一九五〇年に、検討中の図書館法で司書の昇進の上限が低くなるとの予測から、「図書館そのものが従来の半封建的な日本社会において果して来た社会的機能そのものが極めて局限されたものであつたこと、従つて社会的な通念が図書館の社会的に占める位置を非常に低く見ていたことに図書館職員が日かげのかずらみたいな待遇に甘んじさせられた最大の要員があつたであろう」として、「図書館職員の待遇改善はわれわれの生活の問題であるだけでなく日本図書館界の革新の成否をかけた問題であることを図書館人自らがまずはつきり認識してこの問題ととり組まなければならない」と結んでいる。[43]

給与についても図書館員は低かったようである。第1節で取り上げた「或る司書の話」では館長兼司書でありながら安い給与であり、また、国立国会図書館に勤務していた阿刀田高は、「初任給は一万円と少し、女性が〝せめて二万五千円月給を取る人と結婚したい〟と言っていた時期だから、相当に安い方だった。仕方なしにアルバイトの原稿書きに精を出し、それが現在の小説書きの道につながった、と言えなくもない」[44]と述べている。

司書職制度

こうした「図書館員の立場の低さ」が、主に待遇について論じられていたときは、図書館関係雑誌でもそれほど大きくは取り上げられなかった。しかし、一九七〇年頃からは、司書資格を持たない正規職員および非正規職員の増加が問題視され、「図書館には正規職員の司書有資格者を専門職として置くべき」という主張を軸に活発な議論が交わされることとなった。図書館界では、この人事制度を「司書職制度」と呼び、現在でも、指定管理者制度に反対する文脈で用いるなど、実現を要求し続けている。[45]

日本図書館協会が挙げる「司書職制度の要件」は以下のものである。

一　自治体ごとに司書有資格者の採用制度が確立されていること
二　本人の意思を無視した他職種への配転が行なわれないこと
三　一定の経験年数と能力査定（昇任試験）のもとに、司書独自の昇進の道が開かれていること
四　館長および他の司書業務の役職者も原則として司書有資格者であること
五　自主研修の必要性が確認され、個人・集団の双方にわたり研修制度が確立していること
六　司書その他の職員の適正数配置の基準が設けられていること

「一」は、自治体によっては司書採用を行なわず、一般職の異動や非正規職員で充足していることに対するものである。「二」については、本人の意思に反して他職種へ配転されたことが問題化した事例が複数あり、裁判になったものもあった。「三」は、司書が一般職よりも昇進しにくかったり、図書館の管理者ポスト数が少なかったりといった事例があることによる。「四」は、図書館とは無関係の本庁管理職が館長となるケースが多いことから主張されている。第2節で示したように、都道府県立図書館五八館のうち、有資格者は六人である。「五」は、図書館員はつねに研鑽が必要であり、そういった環境を作ることを要求している。「六」の「適正数配置の基準」とは、「蔵書何冊ごとに司書一名」や「開館中に司書を何名置く」といった、司書数の基準を定めることだが、総務省の調査によれば実施している自治体はほとんどない[46]。

図書館員に占める正規職員の司書は、第2節で見たように大きく減少している。司書職制度を実現するために、図書館界では「資格試験の導入や認可団体の設立を通して、司書の地位を高める」「職務を詳細に分析し、図書館員には専門性が必要であることを明らかにする」「研修を充実させる」等が議論されてきた。議論が長期にわたるため、同じ主旨でも内容に変化もある。たとえば専門性が必要とされる業務として、以前は目録作成が挙げられることが多かった。目録を作成するには、書誌の知識や経験、主題に関する幅広い知識が必要であり、外国資料を扱う場合には語学力や文化に対する知識も必要になる。一般の人に向けても専門性の高さを説明しやすかった。しかし現在、多くの館では、大半の資料について外部で作成した書誌を利用して目録作成を行なっており、専門的な知識は以前ほど重視されておらず、業務に占める割合も低くなっている。代わりに専門性が必要な業務の代表として挙げられるようになったのがレファレンスである。レファレンスには、幅広い知識や経験、図書館資料への精通、検索技術などが必要であり、図書館を題材としたフィクションで花形業務として扱われることもある。しかし、レファレンスという図書館サービス自体が、社会にはあまり認知されておらず、司書職制度を強く進める理由とはなりえていない。また、第6章で見るように「貸出カウンターこそが図書館サービスの中核であり、専門的な職員を配置すべき」（貸出しカウンターモデル）との主張も根強いが、利用者からは専門性が必要とは思われていないことは、フィクションの中のイメージからもうかがいしれよう。

司書職制度の理想型についても、図書館界として認識が一つではないようである。司書職制度はしばしば「図書館には正規職員の司書が多いほどよい」との主張と思われがちだが、「正規職員の司書が適正な数配置されるべき」という考え方もある。日本図書館協会が図書館の現状や課題を整理した『図書館ハンドブック』の最新版[47]では、「図書館職員」の章で、節によってこの二つの主張が見られる。「人事制度」の節では、非正規職員の割合や公立図書館の専門職制度の実施割合（職名として司書を発令しているか）等から、「公務職場における正規職員の削減、「専門性の高い職種、業務のアウトソーシング、外部化」との「構造改革」は、図書館において不安定雇用労働者の増加、その専門性の蓄積に深刻な事態を招いている」としている。非正規職員の増加を問題視しており、正規職員が多ければ多いほどよいと読み取れる。こちらを仮に「職員数」の考え方とする。

一方、同じ章の「図書館員の専門性」の節では、「一定の訓練を受けた者こそができる専門的業務と、専門的な能力がなくとも行える非専門的業務に分けられる」「図書館に発生する業務のすべてが専門的職員によって行われる必要はない」「(専門・非専門が混在するため) 専門的職員が専門的業務に集中できないという状況を生み出し、結果として図書館のパフォーマンスを引き上げることができず、図書館の評価を高める機会を失することにつながっている」「高度な専門性を備えた職員、ある程度の専門性を備えた職員、そして専門性をもたない職員を適正なバランスで配置することが必要なのである」としている。この観点からは、統計上の人数は問題ではない。図書館業務全体のうち、専門性のある業務に見合った人員が雇用されていれば、それが最適な状態である。こちらは「適正数」の考え方とする。この考え方は新しいものではない。第2節で見たように、一九〇六 (明治三九) 年の改正図書館令では司書と書記に分けられ、また法には現われないが出納手も多くの図書館にいた。戦前的な考え方であるといえよう。一方、「職員数」の考え方は、戦後の制度に近い。「適正数」の考え方からすれば、専門的業務に適した人数を算出することなく正規職員数を検討することは問題解決にならず、また専門的業務は時代による変化があるため、過去の正規職員比率と比較することにもそれほどの価値を見出さないだろう。

このように、司書職制度を要求する主張は、図書館界においても理想型やそこへの道筋が整理されているとは言いがたく、利用者からの後押しがあるほどの浸透もしていない。一方、司書職制度にはデメリットもある。一般職員と別扱いをすることは、人事を管理する事務作業から、採用試験の問題作成の費用まで、数多くの場面でコストが発生する。また、一般職員からは、「どのような仕事にも専門性はあるのに、図書館だけが持つかのように主張するのは特権的である」といった反発もある。一九七〇年代に多く見られた主張だが、一九九七年には、一般職員でありながら図書館に勤務する伊藤浩による、「図書館の司書よ！　人事異動せよ！」と題した「守るほどの専門性もないのに、専門職として要求し、人事担当部署に図書館への人事権が及ばないで、公務員としての身分を保障してもらうというのは、ずいぶん身勝手な考えだと思いませんか」「ずっと同じ職場に居続けたい気持ちは、個人感情そのものです。それを司書だけは特別に認めよ、と理論武装し主張する一部の司書集団は、もはやエゴイスト集団そのものではないでしょうか」とする文章が『図書館雑誌』に掲載され、反論の文章が複数回掲載されるほどの議論となった(48)。

メリットが理解されなければ、司書職制度は公務員という組織の観点からはデメリットの大きな制度である。司書職制度のメリットを十分にアピールできず、デメリットを超えるだけの説得力を持てなかったため、司書職制度は確立されていない現状となっている。

専門性のある非正規職員

では、これからの図書館員はどのようなかたちで雇用されるべきだろうか。ある職業の人材確保に必要な制度を作るには、業務を詳細に分析し、それを実行するにはどのような能力が必要かを検討し、その能力を持つ人材をどう集める（育成する）かから始めるだろう。図書館員ならば、これまで多かった「司書職制度・司書資格制度ありき」だけではなく、「図書館ではどのような人が働くとよいのか」から制度を作っていく検討も深められるべきではないだろうか。図書館の現在の業務を再度分析し、どういった人材が必要かを整理し、図書館にとって理想的な人員構成を考え、それを実現するための資格制度や採用制度を考える組み立て方である。その結果、これまでの「正規職員の司書資格者」だけではない、多種多様な図書館員像が浮かび上がるかもしれない。本論でこの検討を網羅的に行なうことはできないが、多種多様な図書館員像の可能性の一つとして、「専門性のある非正規職員」について考えてみたい。

現在、図書館の業務は、従来の図書館員でこなせるものを超えて広がっている。たとえば多くの図書館では、利用者登録や検索、貸出を中心に、システム化が進んでいる。システムの機能が増えて複雑になり、「少しパソコンに詳しい図書館員」では対応できなくなってきている。システムの導入やリニューアルといった大きなプロジェクトには、図書館のことをよく知り、システムのことをよく知り、両者の橋渡しができる図書館員が必要となる。しかしこの職員を正規職員として各自治体で雇用することは、人材を探す面からも、数少ない職員の枠の一部を恒常的に割くという面からも、困難ではないか。また、担当職員としても、単独の図書館では、システム導入の経験をそれほど積めないだろう。システムの導入を各図書館で経験した職員を、非正規で雇用できたらどうだろうか。図書館に精通し、システムにも精通した職員を、数年間非正規で雇用し大きなプロジェクトに充てれば、その館の司書だけで対応するよりも効率よく業務を進められるのではないだろうか。

こうした、司書課程だけでは得られない知識や能力を必要とする業務は、年々広がっているように思われる。柳与志夫は、「図書館に必要な司書以外の専門職」として、システムのほかに、(単なる広報ではなくステークホルダーとの関係を作り上げるといった職務の)PR、アーキビスト、学芸員を挙げている。(49) 所蔵資料のデジタル化も、今後必要となる専門的な業務の一つであろう。近年デジタル・アーカイブを作る図書館が増加している。公共図書館が所蔵する地域刊行物や古地図、古い公文書から、写真や手紙といった個人の資料まで、デジタル化・インターネット公開が進んでいる。とはいえ所蔵数からすればいまだ少数であり、今後も各図書館にデジタル・アーカイブ化の要請が増えていくだろう。図書館員には、どのようなコンセプトのデジタル・アーカイブを作るか、対象資料をどう選定するかといった企画立案から、予算獲得、著作権やプライバシーに関する法的問題の確認、実際の撮影、外注する場合には仕様書の作成、メタデータや改題の作成、閲覧システムの構築、宣伝、公開後のメンテナンスまで、多岐にわたる仕事が舞い込んでくる。これらを未経験の図書館員が一からこなすのはむずかしく、ある程度外注するにしても、外注に至るまでに基礎的な知識や経験が必要である。そのような職員がいないためにデジタル化がされていない貴重な資料も全国の図書館に多数眠っていることだろう。非正規のプロフェッショナルが、各図書館を渡り歩いてデジタル化を進めていくことができれば、多くの資料が発掘されるのではないだろうか。

専門性のある非正規職員の活躍を推進するためには、専門性を認めた待遇であることはもちろん、契約終了後は別の図書館で雇用される見通しが必要となるだろう。この「将来の見通し」が、活躍の障害になることが予想される。司書職制度の議論では、非正規職員は経験が蓄積しない上に、将来が保証されず研鑽が積めないことを主な理由として、正規職員が必要と主張されてきた。専門的な非正規職員についても、将来が不安定なままでは研鑽を積みにくく、そもそもそういう立場になろうとする人が出てきにくいだろう。図書館界として、流動性を確保し、また需要と供給のミスマッチを防ぎながら人材を育成して、非正規のプロフェッショナルを確立すべきではないか。

「経験」は、指定管理をめぐる議論でもしばしば登場する。指定管理反対の立場からは「指定管理では経験が蓄積されない」と論じられるが、受託者が複数の図書館から受託し、その中で経験を積み人材の育成が図られる場合もある。複数の地域で規模、コレクション、利用者が異なる図書館を経験した図書館員は、一つの図書館に勤務している正規職員とは違う視点からの図書館サービスも可能かもしれない。

今後も、図書館ではどのような雇用がされるべきかの議論は続いていくものと思われる。司書資格制度を前提とせず、また司書職制度の実現に捉われずに、図書館に必要な人材を検討するところから始め、その人材を得るためにどのような制度にすべきかを、柔軟に考えてもよいのではないだろうか。

これからの図書館員

本論の最後に、これからの図書館員はどのような存在になっていく（べき）かについて考えてみたい（それはすなわち「これからの図書館」でもある）。

これからの図書館員は、紙媒体にせよ、インターネット情報にせよ、情報に対する感覚を研ぎ澄まし、最適な情報を最適なルートで得られるようになっていなければならない。以前、図書館は「本と人を結びつける」とも言われたが、現在は「情報と人を結びつける」場である。過去の図書館員が図書に精通していたのと同様に、さまざまな媒体の情報に精通する必要がある。これができる図書館員は、「誰でもできる」ではなく、「情報の専門職」の図書館員として、信頼される立場となるだろう。

そこでは、図書館・図書館員の個性が重視されてくるのではないだろうか。情報の範囲はあまりに幅広い。それらを広く浅く扱えたとしても、特定の情報を求めている利用者からは浅い情報でしかない。ビジネスに強い図書館員、明治時代の文芸に強い図書館員、自然科学に強い図書館、デジタル情報に強い図書館、それらが協力しあって、市民の要求に応えることが求められてくるのではないだろうか。「各館をまわり、美術書について、その館の予算や利用者層から、蔵書構築のアドバイスをする」といった、特定分野に特化して複数の図書館を掛けもつ非正規職員が出てきても面白い。

しかしながら、こうした図書館員の賞味期限は短いかもしれない。人工知能（ＡＩ）が進展すれば、図書館のかたちが大きく変わり、それにあわせて図書館員のあり方も変わっていくだろう。現在でも、ロボットのPepperを図書館で活用する取り組みが行なわれている。まだ簡単な利用案内程度だが、いずれは、蔵書検索が口頭でできるようになり、過去のレファレンス事例の集積から近い回答を導き出すようになり、と進んでいくだろう。その先にある図書館像として、貴志祐介の小説『新世界より』を紹介する。[50] 千年後の日本を舞台に、超能力を手にした子どもたちが活躍する物語だが、重要なアイテムとして「国立国会図書館つくば館」が登場する。長さ五、六〇センチほどのゴムのような生物の見た目の自走式アーカイブで、西暦二一二九年までに日本語で出版されたすべての書籍等約三九〇〇万冊を記憶し、運転免許証や住民票の写しなどで利用者登録をしたのちに質問すると、蔵書のなかから一瞬で検索して回答する。この作品が発表された二〇〇八年には、当然のことながらインターネットの検索は一般的になっていたが、あえて登録利用者に蔵書から回答するという図書館の形式であることは、著者の図書館に対するこだわりかもしれない。最近の技術の進歩を見ると、過去に作成された（図書に限らない）文字資料すべてをデジタル化し、インターネット上の情報と併せて読み込んで回答できるようになるのに、千年は要さないだろう。一〇年も経てば見通しが立つように思われてならない。必要な情報はすべてＡＩが答えてくれる。そのとき、人としての図書館員は何をしているのだろうか。

注

（１）ＮＨＫアーカイブス http://www.nhk.or.jp/archives/search/special/detail/?d=selection162#memo-y01
（２）高橋和子「作家と図書館（一）——作品に描かれた図書館像」『相模国文』二号、一九七五年、二九—四〇頁。
（３）吉屋信子「図書館のこと」『処女読本』健文社、一九三六年。
（４）宮本百合子「蠹魚」『宮本百合子全集　第一七巻』新日本出版社、一九八一年。

（5）日比嘉高編『図書館情調』皓星社、二〇一七年。
（6）吉田信夫「或る司書の話」『偽装された個性』制作社、一九三四年。
（7）中野重治「司書の死」『図書館情調』皓星社、二〇一七年。
（8）伊藤敏朗「映像表現における図書館と図書館員像に関する論考」『視聴覚資料研究』二巻三号、一九九一年、一二〇—一二三頁。
（9）岸見一郎・古賀史健『嫌われる勇気——自己啓発の源流「アドラー」の教え』ダイヤモンド社、二〇一三年。
（10）山口真也「漫画作品にみる大学図書館員のイメージ——「図書館の自由」を中心に」沖縄県大学図書館協議会配付資料（二〇〇二・一一・〇六）http://www.okiu.ac.jp/sogobunka/nihonbunka/syamaguchi/daigakumanga.pdf
（11）佐藤毅彦「テレビドラマの図書館員『もう一度君に、プロポーズ』を中心に——図書館はどうみられてきたか（一三）」『甲南女子大学研究紀要——文学・文化編』四九号、二〇一三年、五一—六二頁。
（12）阿刀田高「記号の惨殺」『過去を運ぶ足』文藝春秋、一九八二年。
（13）森谷明子『れんげ野原のまんなかで』東京創元社、二〇〇五年。文庫版は二〇一一年刊。
（14）門井慶喜『おさがしの本は』光文社、二〇〇九年。
（15）緑川聖司『晴れた日は図書館へいこう』小峰書店、二〇〇三年。
（16）埜納タオ『夜明けの図書館』双葉社、二〇一一年。
（17）平野啓一郎『決壊（上・下）』新潮社、二〇〇八年。
（18）山口真也「図書館ノート（一九）図書館員はどう呼ばれてきたか？——おねえさん・オバちゃん→司書→国家資格」『みんなの図書館』四二六号、二〇一二年、五三—五九頁。
（19）山口真也「漫画作品にみる図書館員の人物像——職業観・イメージの変化に注目して」『沖縄国際大学日本語日本文学研究』一六巻一号、二〇一一年、九三—一一九頁。
（20）日本図書館協会ホームページ「日本の図書館統計」http://www.jla.or.jp/library/statistics/tabid/94/default.aspx
（21）平成二七年度文部科学省社会教育調査—図書館調査—六九 図書館の職員数（全国）http://www.e-stat.go.jp/SG1/estat/List.do?bid=000001087264&cycode=0

(22)『東京市立図書館と其事業』七四号、一九三八年、二〇頁。
(23) 女子大学講義編輯部編『職業別学校案内と婦人職業指導』目白台書肆、一九二九年。
(24) 青柳邦彦『最新就職読本』山陽社、一九三五年。
(25) 文部省社会教育局編『全国図書館ニ関スル調査——昭和一一年四月現在』文部省社会教育局、一九二六年。
(26)『公共図書館調査』文部省社会教育局、一九五一年。
(27) 神谷伸子「公共図書館の職員構成——女性は図書館の半分を支える」『現代の図書館』二四巻四号、一九八六年、二二八—二三一頁。
(28) 高橋和子「作家と図書館（一）——作品に描かれた図書館像」『相模国文』二号、一九七五年、二九—四〇頁。
(29)『新潟縣下圖書館一覽——昭和一六年四月一日現在』新潟縣中央圖書館、一九四一年。
(30) 新田潤「少年達」『図書館情調』皓星社、二〇一七年。
(31) 竹内善作「閲覧係員の養成に就て」『東京市立図書館と其事業』一九号、一九二四年、一—三頁。
(32) 同二一号（一九二四年）、一—三頁および二八号（一九二五年）、一—三頁。
(33) 同七〇号（一九三七年）、一三—一五頁。
(34) 秋岡梧郎「ある図書館長の手記」『戦争と図書館』白石書店、一九七七年。
(35) 佐藤真『中小図書館の経営』理想社、一九五一年。
(36) 水口文乃『知覧からの手紙』新潮社、二〇〇七年。
(37) 岡田大輔「公立図書館司書検定試験」図書館史勉強会＠関西　関西文脈の会資料 http://researchmap.jp/?action=cv_download_main&upload_id=100056
(38)『図書館職員養成所同窓会三十年記念誌』図書館職員養成所同窓会、一九五三年。
(39) 文部省社会教育局編『公共図書館概覧——昭和二二年三月三一日調』日本図書館協会、一九四九年。
(40) 大庭一郎「司書および司書補の職務内容——日本の公共図書館における専門的職務と非専門的職務の分離の試み」『図書館学会年報』四四巻三号、一九九八年、一一一—一二七頁。
(41)『図書館法——逐条解説』文部省社会教育局、一九五〇年。

（42）戸野周二郎『学校及教師と図書館』宝文館、一九〇九年。
（43）蒲池雅夫「図書館職員の待遇」『徳島文化』四巻二号、一九五二年、巻頭。
（44）阿刀田高『脳味噌通信』時事通信社、一九八一年。
（45）日本図書館協会『公立図書館の指定管理者制度について——二〇一六』http://www.jla.or.jp/Portals/0/data/kenkai/siteikanrikeikai2016.pdf
（46）図書館職員の資格取得及び研修に関する調査研究報告書（平成一九年三月）http://www.mext.go.jp/a_menu/shougai/tosho/houkoku/07090599.htm
（47）日本図書館協会図書館ハンドブック編集委員会編『図書館ハンドブック』第六版補訂二版、日本図書館協会、二〇一六年。
（48）伊藤浩「図書館の司書よ！　人事異動せよ！」『図書館雑誌』九一巻一二号、一九九七年、一〇一四―一〇一五頁。
（49）柳与志夫『知識の経営と図書館』勁草書房、二〇〇九年。
（50）貴志祐介『新世界より（上・下）』講談社、二〇〇八年。

（河合将彦）

第6章　貸出カウンターの内と外——オルタナティブな時空間

1　公共図書館に対するイメージと実態

「開館時間が短い」「場所が狭い」は本当か

「新しい」図書館と対比させ、際立たせるために、従来の図書館の「旧態依然」さについて語られることがよく見受けられる。二〇一三年に新装開館した武雄市図書館をめぐる議論はその好例であろう。このプロジェクトを主導した樋渡啓祐・武雄市長（当時）は、著書のなかで、新装開館前の同館を、閉鎖的で、夕方には閉館し、高校生と一般利用者が座席の争奪戦を繰り広げる、どこにでもある「ごくごく普通の公立図書館」として紹介している。(1) そこにTSUTAYAを運営するカルチュア・コンビニエンス・クラブ株式会社が指定管理者として入ることで、民間ならではの革新がもたらされたというわけである。

では、「ごくごく普通の公立図書館」は本当に「旧態依然」としているのだろうか。文部科学省の『社会教育調査』をもとに、一八時より前に閉館してしまう公共図書館の数と割合の推移を見てみよう。夕方には閉まってしまう図書館（本館）は、確かに一九七〇年代後半には七割弱を占めていたが、その後一貫して減りつづけ、現在ではおよそ四分の一になっている。それでも開館時間は短いという意見もあろうが、確かなのは少なくともこの数十年間、総体としての公共図書館は開館時間を着実に延ばしてきたということである。また、閲覧環境についても、一九九〇年代から館内滞在型の公共図書館が登場してきたとされており、近年整備された公共図書館には充実した滞在用スペースが設けられていることが多い。

それなら、従来の公共図書館に対するこうした見方は、たんに無理解や誤解から生じたものなのだろうか。そういった面があるのは確かである。「正しい理解」の必要性を訴えればそこで議論は終わる。しかし、そのような「旧態依然さ」を批判し「新しさ」を称揚する言説がたびたび出現し、一定の影響力を持ち、それなりに受け入れられていることもまた確かなのである。この構造をより深く把握するためには、こうした言説の対立が生じる仕組みを内在的に理解しようとすることが必要なのではないか。そのことが究極的には、公共図書館のあり方についてより深く考察する端緒にもなるのではないか。それがこの章のさしあたっての問題意識である。

図書館サービスの利便性にとっての時間と空間

こうした見方の対立を整理する手がかりとして、この章では時間と空間に着目してみたい。すなわち、「開館時間の短さ」「閲覧席の少なさ」といったイメージはどのように形成され、どうして根強く残存しているのかを探ってみるということである。そもそも図書館が資料・情報に対するアクセスを保障する社会的装置であると考えれば、アクセスの利便性を向上させるためには、時間的にも空間的にもできるだけ拡大する方が望ましいのは明らかである。しかし、現実には種々の制約が存在し、何らかの優先順位に基づいて時間・空間的な利便性を可能なかぎり高めることになる。これまでの公共図書館がこの課題をいかにとらえ、どのように対応してきたかの変遷をたどることで、言わば「公共図書館はどのように利用者から使ってほしかったのか」を示す姿が浮き彫りになるのではないか。

なお、時間と一口に言っても、図書館の開館日数といったマクロ的な視点と、利用者個々人が図書館をどれくらい利用するかというミクロ的な視点がある。同様に空間についても、図書館のサービス圏域や施設といったマクロ的視点と、利用者がどのように図書館のスペースを利用するかといったミクロ的視点がある。それぞれの視点を意識しつつ議論を進めていく。

2　戦前の図書館はどう使われていたか

長時間の開館と壮麗な建物

まずは、戦前の公共図書館がどのくらい開館していたのかを確認してみよう。網羅的なデータは見当たらないが、一九三四（昭和九）年に当時の文部省社会教育局が各道府県の中央図書館の開館時間と日数をまとめている。(2) それによると、九割近くが年間三〇〇日以上開館している。すなわち、毎週の休館日が基本的に存在しないということである。最多の高知県立図書館に至っては、じつに三三五日開館している。同様に開館時間も長く、多くの館が一日当たり一二―一三時間程度開館している。これらは県立レベルの図書館に限ったデータであるが、たとえば岡山市の岡山図書館の一九二〇（大正九）年の館則でも次のように定められている。

第二条　本館の開館時限は左の如し
一〜三月、一〇〜一二月　午前九時〜午後九時
四月〜九月　午前八時〜午後九時
八月　午前八時〜午後六時
〔中略〕
第三条　本館の開館日は左の如し。但し臨時閉館はその都度これを掲示す
一　歳首一月一日より同月五日に至る
二　紀元節
三　曝書期　九月、十月の中で約十日間
四　天長節及び天長節祝日
五　歳末十二月二十八日より同月三十一日に至る(3)

計算すると、やはり年間三〇〇日以上、一日一二—一三時間開館していたことになる。このように、戦前においては、それなりの規模の公共図書館は年末年始や祝日以外は毎日、しかも朝から晩まで開いているのが一般的であったと言える。

それでは、空間面ではどうだったのか。当時の図書館は、個人や団体の寄付で設立されたり、皇族の行幸啓や御成婚等を記念して整備されたりすることが多かった。そうした経緯から、図書館の建築は権威や財力を体現した一種の象徴性を帯びることになる。その結果、当時の公共図書館の外観の多くはいわゆる洋館建てであり、ある種の厳めしさを備えた「知の殿堂」として威容を誇っていた。また図書館の内部には、一般閲覧室のほか、婦人用、児童用、新聞用といったさまざまな属性に応じた閲覧室が整備されていることも多かった。例として、一九二七（昭和二）年に篤志家の遺産を元に建設され、戦前の典型的な市立図書館施設とされている彦根市立図書館を見てみよう。木造モルタル塗り二階建てで、一階には新聞室と児童室、二階には大閲覧室と婦人室があった。

こうしてみると、戦前の公共図書館は開館時間も長く、施設も立派で、素晴らしいように一見思える。本当にそうだったのかを確認するために、ミクロ的な視点、すなわち利用者がどのように図書館を使っていたのかを確認してみよう。

長時間の館内閲覧がデフォルト

当時の図書館では、現在のように利用者が書架に並べられた本を自由に手に取ることは多くの場合できなかった。本は利用者の立ち入ることのできない書庫に置かれていて、カウンターに座っている職員に本の出納を依頼して受け取るという、閉架式の図書館が通常だった。これは資料の保存を第一に考えていたためであり、したがって利用者が館外に持ち出す「貸出」も補足的なサービスであった。一九三〇（昭和五）年に開館した東京市立駿河台図書館を例に、入館から資料の閲覧までをたどってみると、次のようになる。(4)

①入館するとまずホールになっていて、右手の受付で閲覧券を購入する。
②受付の職員が閲覧票という紙切れとロッカーの鍵をくれるので、近くのロッカーに大きな荷物を預ける。
③二階の目録室（カード目録の並んでいる部屋）に上がって、目当ての資料のカード目録を探す。見つかったらその資料の請求番号を閲覧票に書き写す。
④その閲覧票を目録室の隣にある出納台に持っていく。出納台の職員は閲覧票を受け取り、記入された請求番号の資料は背後の書庫から出納されてくる。
⑤資料を受け取り、閲覧室に行く。閲覧室の各席には番号が振られており、ロッカーの鍵の番号と対応している。

⑥自分の席で資料を閲覧する。

このように、館外への資料の持ち出しがむずかしい以上、館内の閲覧室で読み切るしかない。つまり、図書館にはかなりの時間、滞在せざるを得ない。そう考えると、先に見たような長時間の開館・さまざまな閲覧室というスタイルは、利用者の使いやすさのためではなく、資料の利用に関するさまざまな制限から半ば必然的に導かれるものであったことがわかる。

図書館職員はどう働いていたか

ところで、図書館職員はこれだけの長い開館時間をどのようなシフトで乗り切っていたのだろうか。大正期に堺市立図書館でカウンターに立っていたという元職員は、「今と違って閉架式だから、書庫へ通じる段ばしごを上ったり、降りたり、おそらく何十回もしました。足がくたくたになりますよ。職員はたった二人でした。二人とも食事もあんじょうできなかった。朝八時一〇分か一五分前に出勤し、夜は一〇時に閲覧者を帰し、それからたくさんの本を片づけて、そのうえ掃除までして帰ったら一二時すぎ。交代なしの一四時間勤務です。かれこれ一〇年くらいそんなことが続き、えらかったものです」[5]と当時を回想している。さらに当時の図書館運営の指南書（今澤慈海『図書館経営の理論及実際』叢文閣、一九二六）を見ても、一日一二—一三時間開館することを前提として、一日交代制、半日交代制といった種々のシフトの組み方が紹介されている。ちなみに最もうまくいくシフトは一日交代制だと指摘されていて、この勤務形態だと一日（一二―一三時間）勤務したら翌日は一日休みというのを延々とくり返すことになる。堺の元職員も一四時間勤務して翌日は休み、という日々を送っていたものと推察される。月の半分が休みと考えればよく見えるかもしれないが、かなり心身に堪える労働環境であったろう。当時は労働基準法もなく、図書館職員に限らず労働時間は一般的に長めだった。図書館が長時間開館していた裏側には、当時の図書館職員の厳しい労働環境があった。開館日数・時間の問題と図書館職員の働き方は、その後も密接に関連していくことになる。

実態は学生の勉強部屋だった

こうして成り立っていた戦前の公共図書館であるが、どのような人が使っていたのだろうか。実は利用者の中心は、学生や児童であった。当時の利用統計を確認すると、利用者全体の過半を占めるケースも多く見られる。学生・児童は、必ずしも所蔵資料を読むために図書館に来ているのではなく、学校の勉強をするためであることが多かった。試験期間中になると、図書館に弁当を持った大量の学生が押しかけ、満員になってしまうこともあったという。図書館はさまざまな資料にアクセスできる場所としてではなく、落ち着いて勉強できる机と椅子がある場所として機能を発揮していた。なお、勉強のための利用ということであれば、それなりに長時間滞在することになる。館内閲覧のために長時間開館している図書館は、その点でもうってつけであった。

結局、戦前の公共図書館は、長時間開館し建物も立派であったが、利用者にとって必ずしも使いやすいものではなく、しかも図書館として使われていない部分も多かった、とまとめることができよう。こうした姿は後に「勉強部屋としての図書館」と総括され、戦前から続く日本的風景として、克服すべきものとして認識されるようになっていく。

3　閉架・館内閲覧から開架・館外貸出へ

戦後すぐの図書館の苦衷

戦後の公共図書館も、使われ方という点では戦前を引きずっていた。基本は図書館の内部での閲覧であり、実際には学生や児童が利用者の多数を占め、彼らの多くは学校の勉強や受験勉強のために閲覧席だけを長時間利用していた。象徴的な事例として、一九六四年に目黒区立守屋図書館で行なわれた利用者調査の結果を見てみよう。利用者のうち九割が二〇歳以下で、来館目的に「受験勉強」を挙げた利用者が五二パーセントにのぼり、「場所を借りに」が二一パーセント、「貸出をうけるために」はわずか一パーセントであった(6)。

一方で、戦前から変わってきた部分もあった。その一つが開館時間・日数の変化である。戦前には比較的規模の大きい図書館は長時間開館していたのはすでに見たとおりだが、戦後、閉館時間を早めるケースが見られるようになってくる。日本図書館協会が一九六〇年に刊行した『図書館ハンドブック 改訂版』には、「日曜日を休館日とすることの可否については、種々論ぜられているが、要は館の機能や地域の実情等によって決すべきであろう。しかしわが国の現状としては、一般に日曜開館することが望ましい」「開館時間は、利用者の生活時間を考慮して決められるが、現状では、午前九時から午後五時までの官庁執務時間に準じているものが多い(7)」との記載があり、当時において日曜休館をする公共図書館が一定数あったこと、開館時間が短くなっていたことがうかがわれる。先ほどの守屋図書館のアンケートでも、閲覧時間について常時延長を求める声が六九パーセント、対して現状でよいとするのは一九パーセントであった。

こうした開館時間・日数の変化の要因としてはさまざまな事情があろうが、図書館職員の労働条件が関係していたことは確かだと思われる。労働基準法等の整備により、戦前のような厳しい労働環境を職員に強いることはできなくなった。一九六三年の『図書館雑誌』では、日曜開館の復活を求める利用者の投書に対して、当時の京都府立図書館長が苦しい胸の内を吐露している。「ついに日曜をしめたということは全国の公立図書館界に京都も同じ問題を出したといえるでしょう。図書館がもっとも大切に考えねばならない利用者へのサービスということが、も早この現状では余りにも大きな職員の負担となってしまったのです(8)」。利用者のために日曜開館したいとは思いつつも、職員の増員が実現されないなかで既存職員だけで業務を組み立てると休館日とせざるを得ないということである。こうした問題が全国の公共図書館界に広がっていたことがうかがわれる。

長時間の館内閲覧という利用形態はそのままで、開館時間だけが短くなれば、利用者にとっての利便性は戦前より低下する。さらに利用者の大半は勉強部屋を求めて図書館にやってくる学生であり、資料はそもそも求められていない。一九五〇年に図書館法が制定され、民主主義の礎と位置づけ直された戦後の公共図書館ではあったが、期待されたような機能を発揮することはむずかしい状況にあった。

「中小レポート」の革新

こうした苦境のなかで、図書館職員たちはサービス向上のための方策をさまざまに考えていた。たとえば、一九六二年に新装開館した八戸市立図書館は、日本図書館協会施設委員会と共同で設計され、図書館法の精神を実体化すべく、書庫の廃止、開架の拡大を行なった。また職員の省力化を図るべく、従来は閲覧室ごと、サービスごとに別々だったカウンター（当時は「コントロール・デスク」と呼ばれた）を一元化したことも大きな特徴であった。こうした試みからうかがえるのは、戦前から続く「古層」としての図書館の使われ方自体を変えていこうという問題意識である。

それをさらに推し進めたのが、一九六三年の『中小都市における公共図書館の運営』（以下「中小レポート」という）である(9)。同書は、「中小公共図書館こそ公共図書館の全てである」と高らかに宣言したうえで、貸出に消極的で学生・児童向けの館内閲覧が中心になっている従来の公共図書館のことを、もはや図書館ではなく無料の「貸席」や「貸本屋」に過ぎないと痛烈に批判している。では、「中小レポート」はどのような「図書館の使われ方」を構想していたのだろうか。同書が重視しているのが「館外奉仕」である。「館外奉仕」とは、閲覧中心の「館内奉仕」に対置された概念で、具体的な形態として分館、貸出文庫、ブックモビルの三つが挙げられている。

一つ目の分館とは、中央図書館の支部的存在として一定区域のサービス圏を分担するために、相当量の蔵書と、一定の職員と、相当数の閲覧席を持つ施設のことである。しかし実際には職員や閲覧席まで整備されている例はまだ少なく、資料が単に置いてあるだけの「停本書（配本所）」になっていることが多いため、その拡充が重要であると指摘されている。二つ目の貸出文庫とは、図書館の資料を、なかなか来館できない地域や職域の団体、施設、グループ等に送付し、一定期間その団体内で利用してもらう形態のことで、来館できないという空間的・時間的な制約を取り除くために図書館側から進んで資料を提供して、地域内の未利用者を開拓し、図書館を地域住民のものとすることが目的であるとされている。三つ目のブックモビルとは、図書館資料を自動車に積み込んで利用者に届けるものである。一定の規模の資料と図書館職員が出動する「動く分館」としての役割も、貸出文庫的サービスを個人にも提供する「配本車」としての役割もある。

これらの活動形態に共通しているのは、職員が公共図書館（の中央館）から外に飛び出してサービスを行なうということであり、まさに「館外奉仕」である。これによって、図書館の外部で図書館サービスを潜在的に求めているより広い利用者層に積極的な働きかけを行なうことができるのと同時に、学生が多い長時間の館内利用への対応に縛り付けられる時間が相対的に短くなるという効果も生じる。館内でのサービスに割く労力を減らせば、連動して図書館の施設自体の重要性も低下することになる。「中小レポート」では、図書館がその機能を十全に発揮するために施設自体の独立性を保つことは強調されているが、閲覧室が「大きな書斎」である必要はないと指摘されている。館内閲覧の縮小は、時間という観点から見ると、図書館の開館時間・日数を減らすことにつながる。同書は、公共図書館は原則として休日なしで運営されるべきであるという一般論を踏まえたうえで、館内利用の大部分が学生である現状から考えると、中小図書館であれば日曜休館にしたり午前中を休館にしたりして館外奉仕に注力する方がよいとしている。

従来から、図書館職員が学生・児童の長時間の席借りへの対応に追われ、本来の図書館業務に支障が出ているという問題意識は持たれていた。しかし、館内閲覧中心という利用形態を前提にしたとき、それがなくなってしまうと図書館の存在が成り立たなくなるとも認識されていて、それが閉塞感の一因となっていたと言えよう。こうした状況に対して「中小レポート」は、学生・児童の勉強部屋としての利用を図書館にとって健全なものではないと明確に批判し、新たなサービス提供の向かう先として図書館の外部という「フロンティア」を創出することにより、この問題に一つの解決策を示したのであった。

『市民の図書館』における空間と時間

「中小レポート」の示した方向性を継承し、さらに発展させたのが、当時日野市立図書館長であった前川恒雄が中心となって一九七〇年に刊行された『市民の図書館』であった(10)。時空間という観点から見ると、館内閲覧から館外貸出へという方向性は「中小レポート」と共通しているが、違いや深化が見える部分もあるので確認してみたい。

まず空間的な観点から見て特徴的なのは、「全域サービス」という概念とその重視である。『市民の図書館』では三つの重点を挙げており、その一つが「全域サービス」である（他の二つは「貸出」と「児童サービス」である）。図書館の最も基本的なサービスと位置づける貸出を、当該自治体の全域にわたって「面的」に提供することが「全域サービス」の実現になる。これは「中小レポート」における「館外奉仕」とも重なる理念であるが、『市民の図書館』の場合、施設、特に閲覧室に対する比重の低さがいっそう徹底している。同書では、図書館を建物や施設それ自体ではなく、資料提供（貸出）という働きを行なう公的な機関として位置づける。すなわち、図書館は単に一つの建物なのではなく、本館、分館、移動図書館（自動車図書館）といった構成要素から成る有機的な組織体であり、それらが一体的にサービスを展開することによって、貸出の面的拡大という「全域サービス」が達成されるのである。その結果、水道の蛇口をひねれば貯水池から水が流れてくるように、すべてのサービス・ポイントに図書館の持つ全資料が組織的に流れていくことになる。資料を利用せず、施設だけを長時間利用する学生・児童による席借りは、このような考え方とは真っ向から反するものである。『市民の図書館』では、勉強のための長時間の席借りを、そもそも公共図書館の機能ではないと切って捨てている。

では、『市民の図書館』において時間はどのように考えられているのだろうか。意外なことに、同書のなかに時間に関する記載はほとんど登場しない。「中小レポート」では、館内閲覧からの脱却のために、開館時間や日数を減らすこともやむを得ないとしていたのだった。時間に関する両者の態度の違いは何を意味するのだろうか。実は、『市民の図書館』成立の中心的役割を担った前川恒雄は、同書刊行と同時期に公共図書館は夜間や日曜も開館すべきであると述べている。これは「中小レポート」とは明確に異なる立場である。こうした主張が『市民の図書館』に反映されなかったのは、「中小レポート」の路線との親和性を保つためだったのだろうか。それとも別の理由があるのだろうか。両書が日本の図書館界に大きな影響を与え、一九七〇年代以降の公共図書館の発展をもたらすことができた要因を探すなかで、見えてくるものがあるように思われる。

「中小レポート」と『市民の図書館』はなぜうまく行ったのか

両書の成功の大きな要因として、両者が重視した貸出サービスの優位性や、関係者の熱意が挙げられることが多い。それらを踏まえて、ここでは、時空間に注目することで浮かびあがってくる要因を三点取り上げてみたい。

①サービス形態の効率性

貸出サービスは利用者にとっての利便性が高いことに加え、図書館側の人的・物的資源の効率的配分という点からも優位性を持っている。すなわち、資料を館外で読むのであれば、図書館の閲覧室の重要性は低くなるし、滞在時間自体も少なくて済む。また、閲覧室が縮小し、資料が開架になれば、閲覧室の管理や資料の出納といった事務が軽減されるため、カウンターの集約はいっそう容易になり、人員配置も効率的になる。こうした時空間的なスリム化によって、サービスの量的拡大も可能になる。館内閲覧を主体とするサービス形態の場合、その上限は閲覧席数に規定される。利用者当たりの滞在時間も長いので、閲覧席を短時間で回転させることも困難である。実際、それまでの公共図書館においては、閲覧席がサービスのボトルネックであり、座席が満員になったため外に行列ができるということもあった。館外貸出が主体になれば、利用者は目当ての本を探し、貸出手続きを受けるだけで館内での目的が果たせる。目当ての本を探しやすい仕組みと迅速な貸出手続きを追求すれば、要求があるかぎりサービスの上限は原理的になくなる。開架と館外貸出は、閲覧席というボトルネックを打破する強力な手段として機能したのである。

②利用環境の構造的改変

貸出サービスを中心に位置づけたとしても、従来のような閲覧室が残っているかぎり、学生・児童の席借り利用も同じように続くことになる。両書がこうした利用形態を公共図書館の本質的機能に反するものとして批判したことはすでに見たとおりだが、だからと言って、入口で利用目的を確認し、資料閲覧以外の利用を排除するなどということはできない。そこで、そもそも席借りが物理的にできなくなるような利用環境を用意するという路線が模索されることになった。具体的には、閲覧室の縮小・廃止であり、言わば利用環境のアーキテクチャを改変するということになる。前川恒雄が館長を務めた日野市立図書館は、初め移動図書館から出発し、中央館を整備する際にも閲覧室を設けなかった。その後も閲覧室のない図書館が一種のブームとなり、一時期注目されることになる。このような改変は、当然学生・児童にとっては利便性の低下につながるが、貸出サービスを受ける利用者にとっては、影響がほとんどない。むしろその分の資源を「全域サービス」に振り分けることで、貸出利用者にとっての利便性は上がることになる。学生・児童の席借りを物理的に排除するという一見強硬な手段は、貸出サービスの充実という果実と合わさることで、一般的に受け入れられるものとなったのである。

③ 空間的アクセス拡充の優先

貸出サービスへの移行により、図書館での利用者の滞在時間は短くてもよくなる。ただし、これは個人の利用時間の話であって、開館時間が長いほど利用可能になる人数も増えることになる。たとえば昼間働いている人にとっては、利用時間の長短に関係なく、夜間も開館していた方が当然利用しやすいであろう。しかし、開館時間が延びれば、その分学生・児童の席借りも増えることになる。このように時間的拡大には両刃の剣としての面があり、その結果、「中小レポート」と『市民の図書館』では時間的アクセス拡充より空間的アクセス拡充に軸足を置いているように見える。「中小レポート」では、「館外奉仕」のために開館時間を短縮してもやむを得ないとしていて、時間的なマイナスをサービス・ポイントの増加という空間的なプラスで相殺していることになる。『市民の図書館』でも、開館時間延長に積極的だったはずの前川は、空間的には「全域サービス」を強調しているのに対し、時間に関する記述をほとんどしていない。

ただ、先に述べたような閲覧室の縮小廃止といった策を講じれば、開館時間を延長することのデメリットは減らせるはずである。それでも時間の問題が大きく扱われない別の要因として浮かび上がるのが、先に述べたような図書館職員の労働条件という問題である。前川は、図書館職員が一般の行政職員と同じ人事体系であることが問題であると考え、開館時間延長や日曜開館のためには専門職制度の確立が必要と考えていた。すなわち、専門的な図書館職員が、自治体内に留まらず広域的に各地の図書館間を異動するようになれば、図書館職員としての自律的な労働環境が整備でき、一般の行政職員に合わせなくてもよくなるということである。しかし当時においては（今もそうだが）、そのような仕組みはほとんど存在しなかったうえ、別の部署から図書館に配属された職員のなかには、夜間や日曜の開館を嫌う人が多かったという指摘もある。このように当時の公共図書館では開館時間の問題はセンシティブな面があり、図書館内部の意識のずれを顕在化させず、みんなで協力して追求できるのが「全域サービス」だったのではないか。そう考えると、『市民の図書館』における時間の問題の不在は、深謀遠慮のもとにあえてなされた戦略であったのかもしれない。つまり、時間が書かれていないことにも積極的な意味があったのである。

ここで章の初めの問題意識に立ち戻ってみよう。「旧態依然」とした図書館を形容する例として、「短い開館時間」「少ない閲覧席」がしばしば槍玉にあげられていた。しかし、ここまでの記述からわかるように、「中小レポート」と『市民の図書館』の路線を推進しようとしたとき、こうした特徴はむしろ積極的、意識的に選び取られるものなのである。むしろこうした公共図書館は、当時において「進んだ」図書館だったと言えよう。では、そうした状況からどのように現在に至っているのだろうか。それを見ていくのには、館外貸出を推進する公共図書館というモデルがどうなっていったかを辿るのがよいように思われる。

4　「貸出」図書館の展開

利用者と図書館職員との唯一の接点＝「カウンター」

これまで紹介してきた経緯から、一九七〇年代以降の公共図書館は、「貸出」に重点を置いたサービスを展開することになる。時空間的な視点に着目すると、貸出サービスにおいては、利用者が図書館内で貸出手続きさえ済ませれば資料を自由に利用できるので、単位利用当たりのコストが小さくなり、効率的なサービス提供とそれに伴うサービスの拡大が可能になる。

貸出サービスの拡大に伴う利用形態の変化は、さまざまな側面から確認することができる。従来二、三時間程度とされていた図書館での平均滞在時間が、ある調査では二〇分にまで短縮されていた。利用者層も従来の学生・児童から、主婦とその子どもに中心が移っていった。図書館施設の立地についても、それまでは館内閲覧を前提として閑静な場所であるかどうかが重視されてきたのに対し、来館しやすさの方が重視されるようになり、賑やかな駅前や住宅地のなかが選ばれることも増えてきた。公共図書館の施設をスーパーマーケットになぞらえる言説が出てくるようになったのは、こうした変化の端的な例である。施設のなかにおける閲覧室の重要性も下がり、閲覧室を設けない図書館が評価されることも多かった。一九八二年の『図書館用語辞典』では、「自習室」の説明として、「最近の市町村立図書館は本来的機能を重視し、席をまったくかあるいは少ししか設けない所が多くなってきたので、このような問題にはあまり悩まされなくなってきた(11)」とまで記載されている。こうして公共図書館は、「学生の勉強部屋」から「市民の貸出図書館」へ、「滞在型」から「立寄り型」へという大転換を遂げたのである。

こうした大きな変化のなかで重要性を増すことになったのが、「カウンター」、特に貸出カウンターであった。先に見たように、戦前型の閉架で館内閲覧を主とする図書館においては、受付、資料出納、閲覧室監視などさまざまなカウンターが必要とされ、図書館職員の負担もそれだけ大きくなっていた。この問題を解決しようとした先駆的な例が、すでに紹介した八戸市立図書館であり、書庫を廃止し開架を充実させることでカウンターを統合し、効率的な体制構築を図っていた。こうした成果も踏まえ、「中小レポート」でも、館内奉仕のためのカウンターは、要員確保のため一つに集中させることが望ましいとされている。館外貸出に重点が置かれるのであれば、当然この唯一のカウンターの主たる機能は貸出サービスの提供になる。『市民の図書館』では、貸出カウンターの重要性に加え、貸出サービスの拡大に伴う返却カウンターや読書案内カウンターの設置も提案されている。一元化されたカウンターは、効率的な貸出サービス提供と拡大のために新たなかたちで機能分化することが目指されていたのである。

こうした一連の流れからうかがうことができるのは、図書館における「カウンター」に対する意味づけの変化である。従来、カウンターでの受付、資料出納、閲覧室監視といった業務は、単なる事務的な処理であるとみなされることが多かった。「中小レポート」には、カウンターの重要性を指摘する前段として、一般的には見張り台程度に軽視されているという記述が出てきており、当時におけるカウンターに対する評価の低さがかえって浮き彫りになっている。これが一九七七年の『図書館ハンドブック』（第四版）になると、「コントロールデスク〔筆者注：カウンターのこと〕は公共図書館の最も重要な部分、すなわち心臓部ともいえるところである[12]」とまで言われるようになる。カウンターは図書館のサービスの中枢であり、その図書館が息づき、脈打つ源なのである。こうしたカウンターの位置づけの劇的な変化の背景には、貸出サービスの重視とともに、貸出サービス中心の公共図書館における図書館職員の位置という論点もある。貸出サービスを主眼とする公共図書館にとっては、カウンターは利用者と図書館職員が恒常的に直接接触できる唯一の場所であり、利用者に対して公共図書館の姿を示すことのできる重要な場所であるとともに、利用者の声や反応を知ることのできる貴重なポイントになるのである。

貸出の専門性と「貸出しカウンターモデル」

カウンターという場所の重視は、そこに立つ図書館職員の業務内容に対する新たな捉え方にもつながっていった。カウンターに対する従来の見方と同様に、貸出も事務的で機械的な業務とみなされることが多かった。それに対して『市民の図書館』では、貸出こそが図書館業務の最も重要な基礎であり核心であるとして、その重要性をはっきりと打ち出している。この方向性をさらに進め、貸出サービスは専門的な図書館職員が行なう高度な業務である、または高度な業務の不可分な一部であると位置づける議論が出てくるようになる。先ほど紹介した『図書館ハンドブック』(第四版)でも、「貸出業務はまた、資料の貸出しを単に事務的に行うだけにとどまらない。場合によっては、利用者からの資料相談に応じたり、こちらから積極的に読書案内をしたりする仕事もその中に含まれる。その意味で、貸出を中心とするカウンター業務は、利用者との対応を通じて、図書館員の専門性が最も端的に問われ、検証される業務でもある。したがって、これに従事する職員は、土地の事情に通じ、館の所蔵資料を知悉した、経験豊かな職員でなければならない。決して経験の浅い新任職員やアルバイト職員に委ねてしまっていい業務ではない[13]」とされている。

ここで注意しておかねばならないのは、こうした主張における「貸出」とは、単なる資料の受け渡しに留まるものではないということである(以下、資料の受け渡しに限定した貸出サービスを「狭義の貸出サービス」ということにする)。具体的には、貸出サービスは利用者に対する読書案内といった、カウンターで行なわれる他の業務と一体的であるということである。『市民の図書館』においても、貸出のなかには狭義の貸出サービスに加え、読書案内と予約サービスが含まれ、レファレンスサービスの基盤としても貸出が機能していると指摘されている。さらにこうした議論をすすめれば、資料の受け渡し自体にも大きな意味があることになる。すなわち、カウンターでの貸出資料のやり取りを通じて、図書館員は利用者の顕在的・潜在的ニーズを把握することができ、それを資料選択や図書館運営に活かすことができるのである。利用者の滞在時間が短い貸出中心の公共図書館においては、利用者と図書館員との貸出カウンターでの比較的短時間のやり取りが貴重な直接的接点であり、貸出以外のサービスもここを起点に位置づけられ、利用者のニーズの表出も集中することになる。したがって、カウンターは図書館の中心であり、そこには専門的な図書館員がいなくてはならないということになるのである。

それまで、公共図書館員の専門性については、資料の分類といった整理業務や、地域独自の資料についての知見といった分野に求められることが多かった。しかし、貸出サービスを中心に据える図書館にとって、そうした業務の重要性は質的にも量的にも相対的に低下することになる。このような状況のなかで、貸出自体に専門性が要求されるという論理は、図書館員の存在意義を強調するうえで非常に効果的なものであったと言える。こうして、貸出サービスの発展とともに、貸出カウンターに専門的な図書館職員が配置されていることの意義と重要性についての主張が展開されていくことになる。以下では、こうした主張とその拠って立つ基盤を「貸出しカウンターモデル」と仮に名づけて分析を進めてみたい。「仮に」としているのは、筆者の造語であることに加え、このモデルを前提とする議論や部分的に対象とする論考は一九七〇年代以降多数見られるものの、貸出サービス、カウンター、貸出業務の専門性といった諸相を統合的に位置づける試みは、後に述べる一九八九年の『公立図書館の任務と目標』までほとんど出てこないためである。それでも、「貸出しカウンターモデル」という理念型を用いて分析することによって、この章の冒頭で設定した問題に対する整理をより明快にできるのではないかという見立てのもと、さらに考察を進めていく。なお「貸出し」と送り仮名を付す語法は、まさに狭義の貸出サービスに限定されない「豊かな」貸出サービスのことを示す際によく用いられるものである。こうした語法の存在も、モデルの妥当性の傍証になると思われる。

「貸出しカウンターモデル」から見た配本所と公民館図書室

それでは、「貸出しカウンターモデル」における時空間の問題を見ていくことにしよう。まず確認しておかなければならないのは、狭義の貸出サービスを時空間的に拡大することは、「貸出しカウンターモデル」からすると必ずしも望ましくないということである。

空間の面で象徴的な事例を挙げれば、「配本所」や「公民館図書室」についての議論がある。配本所とは、図書館から送られた資料が利用者に貸し出される図書館外の拠点で、自らの蔵書は通常持たず、利用者の要求にそのつど応じた資料が持ち込まれる場所のことである。また、公民館図書室とは、公民館のなかに設置された比較的小規模な図書室のことで、独立した図書館を持たない中小規模の地方自治体にも設置されていることが多かった。このような性格上、公民館図書室に充実した蔵書や専任職員が揃っているケースは少なかった。

こうしたサービスポイントであっても、狭義の貸出サービスを拡大する拠点にはなりうる。「中小レポート」においても、配本所を内容的に拡充して分館（自らの蔵書と専任職員を備えた拠点）の機能を果たさせるような体制を作り上げること、その際公民館図書室も配本所と同様の役割を期待できることが述べられている。つまり、配本所や公民館図書室はより充実した分館へ育っていく「種子」としての意義があるということである。

それが『市民の図書館』になると、やや見方が変わってくる。同書は「全域サービス」という理念を掲げていたが、それを構成しているのは基本的に中央館（本館）、分館、移動図書館であった。分館、移動図書館に対してはその重要性が指摘される一方、配本所や公民館図書室に対しては、分館や移動図書館との違いが強調され、低い評価しか与えられていない。両者の違いは専門的な図書館職員の存在にある。同書では図書館職員によるサービスが提供されていることが分館の条件とされ、移動図書館の運営についても専門的職員が行なう業務であると位置づけられている。一九八六年に日本図書館協会が出版した『町村の図書館』では、「本を自治体全体にばらまけば、それで全域サービスを実施している、ということにはならない。それぞれのサービス・ポイントが、公共図書館として機能を果たす窓口になっていなければならないのである。利用者からの資料要求にきちんと応えられない配本所は、そうした意味から、全域サービスの拠点となり得ない(14)」と明言されている。結局、配本所や公民館図書室は「貸出しカウンターモデル」とそぐわないものであるため、利便性の向上に寄与したとしても評価されないのである。

なお、公民館図書室についてもう少し考察を深めてみると、そもそも公民館自体が独自の目的のもとに設置された社会教育施設である以上、少なくとも本来的には、公民館の目的に資する専門図書館的な位置づけを果たすという役割も持っており、これは「狭義の貸出サービス」の拠点とはまったく異なるはずのものである。しかし現実には、先に紹介したとおり、図書館未設置の自治体における貸出サービス提供という機能を果たすケースがほとんどであり、その状況下で公民館図書室は公共図書館、さらに言えば「貸出しカウンターモデル」に則った「正しい」公共図書館を招来するための過渡的、二次的な存在としかみなされていなかった。公民館図書室の活動は、究極的には公民館図書室を消滅させるために行なわれるべきという議論も見られる。さらに、公民館図書室があることで図書館サービスが行き渡っているように「錯覚」されてしまうので、公民館図書室の存在は「本物の図書館サービス」の普及を阻害するという議論まであった。ここまで来るともはや悪役である。

開館時間から見た図書館職員の専門性と労働運動の相克

次に時間の面からも考えてみよう。『市民の図書館』で時間の問題がほとんど登場しない一因として、図書館職員の労働条件という論点を挙げたが、それを解決する手段として前川恒雄は専門職制度の確立を考えていたのだった。一九七七年の『図書館ハンドブック』（第四版）でも、「従来は事務的労働の分離による専門職化を説くものが多いが、近年ではこの両側面を新しい型の知的組織的労働として一体的にとらえ、たとえば貸出など一般に機械的労働とみなされてきた業務を専門職の立場から基本的にとらえなおし、その意義と改善の方途を解明する必要が指摘されるようになっている」[15]として、「貸出しカウンターモデル」のもとでの専門職制度が志向されている。専門的職員がカウンターに常駐して貸出サービスを提供できる態勢が確保されていれば、その態勢のもとで開館時間・日数を拡大する方が望ましいということになる。

このように、「貸出しカウンターモデル」が維持されるのであれば、空間における分館や移動図書館と同様、時間における拡大も前向きに考えられてきた。問題は、先に述べたような、公務員一般としての労働運動との相克にあった。一九八一年六月号の『図書館雑誌』の特集は、「日曜開館・夜間開館に向けて」と題され、全体的には日曜開館・夜間開館を実現しようとする論調であった。冒頭の論文では、夜間開館・日曜開館を求める利用者の要求に応じていない図書館が多い現状を、いまだに根強い行政体質から抜け切れていない実態の反映とみなし、十分な職員の確保を前提として、日曜・夜間開館の実現に向けて努力していくことが図書館員の職業上の倫理であると指摘されている。[16]この特集でさらに特徴的なのは、利用者側の労働組合に対する不満がはっきりと表出されている点である。日曜開館を求める運動を行なっていたある利用者は、労働組合の幹部から図書館業務の専門性を否定する言葉があった（つまり、一般の公務員と図書館職員は共通なので、日曜開館はむずかしいということである）とし、「私は、労働組合と話し合いをするまでは、組合に対し何となく親しみを持っていた。それは働く人達と、住民と手をつなぎながら運動していると思ったから。でも、その考えが甘い事が良くわかった。私達の話を聞こうともせず、自分大事、組合大事で、地域住民と話し合いや歩みよる考えはさらさらなく、何が庶民の味方よ、と腹立たしい思いでいっぱいです。働く者同志が信じ合わなくてどうするのでしょうか。自分達の事ばかりを考えず、もっと大きな心を持って欲しいと組合の人達にお願いしたいと思います[17]」という心情を吐露して文章を締めくくっている。この労働組合幹部の認識は「貸出しカウンターモデル」とはまったく相反するものであり、その意味で、「貸出しカウンターモデル」を志向する図書館職員は、行政組織より利用者の側に少なくとも心情的には近かったはずである。しかしながら図書館職員が自治体職員という上位の集合体の一部をなしていることも確かであり、そのバランスには苦心していたのではないかと思われる。一九八五年に出版された図書館問題研究会の『図説 図書館のすべて』のなかには、「図書館もしょせん支配的イデオロギーの一機関にすぎず、労働条件の確保なしに図書館の増設、日曜・夜間開館等の住民要求に簡単に応ずべきでないといった、労働条件のみを重視した論調が一部にみられます。果たしてそうでしょうか。人員確保を実現している図書館の事例は、その運動の視点を住民サービスと労働条件を結びつけることにおいています。図書館労働者の役割を考える上で学ぶべきものがあります[18]」という記述が見られる。その苦慮のほどが推察される。

『公立図書館の任務と目標』における「貸出しカウンターモデル」の正典化

「中小レポート」『市民の図書館』以降、公共図書館に関して日本図書館協会が策定した総合的な政策文書は約二〇年の間見られなかったが、一九八七年に『公立図書館の任務と目標』（以下、『任務と目標』という）の主文が策定され、一九八九年には解説とともに刊行された[19]。その内容は、「貸出しカウンターモデル」を念頭に置くときわめて興味深いものである。そこで、主に時空間の観点から『任務と目標』を確認してみよう。

まず空間について見ると、市町村立図書館は単一の図書館ではなく、一自治体の設置する複数の図書館施設（中央図書館、地域図書館、移動図書館）が有機的に結ばれた組織としての「図書館システム」を構成しなければならないとされている。これはまさに「全域サービス」に等しいものと言えよう。施設に関しても、席借りのみの自習は図書館の本質的機能ではないとされ、自習席の設置はむしろ図書館サービスの遂行を妨げることになると指摘されている。

一方、時間についてはシンプルに、開館日、開館時間は、地域住民が利用しやすい日時を設定するべきとしている。こちらも『市民の図書館』の路線に沿ったものと言えよう。なお、「開館時間、開館日などへの住民の要求にこたえるために、図書館職員の勤務時間及び休日が通常の勤務形態と異なる場合が多い。この場合図書館職員であることによって、他職種に比して不利益にならないよう、任命権者は配慮しなければならない[20]」という記述もあり、図書館職員の労働環境の問題も取り上げられている。

貸出サービスに対しては、資料提供という図書館の本質的な機能を最も素朴に実現したものであるという評価がなされ、読書案内と予約業務が不可分のものとして含まれることも念押しされている。

また、解説には「図書館は、単に開館して図書の返却・貸出ができさえすればよいというものではない。開館する以上は、業務に精通した司書が、読書案内その他、利用者ひとりひとりの要求にこたえられる態勢を整えた上のことでなければならない[21]」という記述があり、貸出サービスにおける専門的な図書館職員の必要性が強調されている。

このように見ていくと、『任務と目標』は「貸出しカウンターモデル」の理念を明確に結晶化したものであり、まさに正典とも呼べるものであることがわかる。『市民の図書館』からおよそ二〇年の歳月を経てこのような文書が策定された背景には、目指すべき姿を明確にする必要性があったのだと言えよう。裏を返せば、そうした必要性があるということは、目指すべき姿、すなわち「貸出しカウンターモデル」から外れていく動きが現われてきたということでもあるのではないか。実際、『任務と目標』のなかには、そうした警戒感がうかがわれる箇所が散見される。

たとえば、「図書館サービスの基本は、資料提供である。そして資料提供は、貸出とレファレンス・サービスによって成り立つ。貸出とレファレンス・サービスは不可分のものであり、レファレンス・サービスに力を入れるあまり、貸出を軽視してはならない[22]」という記述がある。最後の部分をわざわざ付け加えることには、そうした動向に対する批判的まなざしがうかがえる。また、先ほどの開館時間に関するシンプルな記述についての解説として、夜間開館が労働条件の悪化を招きかねないこと、館内外の同意が得られるまで十分な努力が必要なこと、職員の犠牲を伴うこと、図書館業務全体の質的低下につながりかねないこと、結果的に住民サービスの悪化をもたらす可能性があることが述べられている。[23] この解説部分には、明確な仮想敵が存在する。それは図書館の委託である。どのように委託が「貸出しカウンターモデル」を揺るがすこととなったのか、他の「敵」と合わせて確認していこう。

5　「貸出しカウンターモデル」を揺るがすもの

公共図書館における「委託」

公共図書館における「委託」と一口に言っても、施設の維持管理や資料の整理・装備といった業務については早くから実施されており、大きな問題とはなっていなかった。委託という問題か「貸出しカウンターモデル」との関係で大きく取り扱われるようになったきっかけは、一九八〇年代の京都市図書館の業務委託をめぐる一連の議論と動向である。京都市教育委員会は、市の図書館を財団に委託する方針を定め、その理由として、行政の硬直化した運営を避け、民間の柔軟な運営を行なうことで、開館時間の拡大が可能になることを挙げた。委託に当たっては、図書館業務を根幹部分（運営方針、企画立案、選書）と非根幹部分（カウンター業務）とに分けたうえで、前者は引き続き市が行なうこととし、後者のみ委託するという方針であった。

この京都市教委の考え方が、「貸出しカウンターモデル」と根底から対立するものであるのは明らかであろう。モデルにおいては、開館時間の延長自体は望ましいものであるが、その前提には専門的な図書館職員を十分にカウンターに配置できる体制の確保があった。開館時間・日数拡大のために委託を行なうという論理はこの意味で本末転倒であり、当時の議論においても、委託によらないと開館時間拡大ができないというのは、直営でも開館時間を延長できている事例を無視しているという批判が図書館側から多く出されている。

さらに、図書館の業務を分離したうえで、カウンター業務を「非根幹部分」にすることは、貸出カウンターにおける業務が他の業務と一体的な専門性の高い業務であるとするモデルの考え方と、やはり真っ向から対立する。京都市の取り組みが公共図書館界から激しい批判を受けたのも必然的だったと言えよう。

しかし、委託の導入は他の自治体でも次々と試みられていくこととなり、その理由として開館時間拡大が多くの場合に挙げられることになる。その一種の副作用として、開館時間拡大という課題自体も、委託と切り離しがたく結びつくようになり、「貸出しカウンターモデル」にとって望ましくないものと徐々にみなされるようになっていく。先ほど紹介した『任務と目標』中の開館時間についての解説文の姿勢も、こうした文脈を踏まえるとわかるようになってくる。

自動貸出機の登場

委託問題からやや遅れて、主に一九九〇年代以降に問題となったのが、公共図書館における自動貸出機の導入であった。[24] 一九八〇年代からビデオテープの貸出といった特別な用途での自動貸出機の図書館への導入は見られたが、図書についての自動貸出機の公共図書館への導入は一九九五年の長野県川上村文化センター図書館が最初と言われている。同館は二四時間開館を実施するため、深夜にも貸出サービスが提供できるよう自動貸出機を設置した。同様に山口県須佐町の町立図書館「まなぼう館」でも、二四時間開館を目的として自動貸出機が導入された。自動貸出機の導入目的としては、開館時間拡大という理由に加え、職員の労力削減が挙げられることが多かった。すなわち、資料の貸出処理を利用者が機械を用いて自ら行なうことによって、職員はレファレンスサービスや読書案内といった、他のより「専門的な」サービスに集中することが可能であるとされたのである。

こうした省力化は一見、誰にとっても望ましいように見える。しかし「貸出しカウンターモデル」からすると、いずれの目的も受け入れがたいことは委託と同様に明らかであろう。自動貸出機による開館時間拡大は、狭義の貸出サービスの拡大にすぎない。かつての配本所や公民館図書室に対する低い評価を思い出してみよう。また、自動貸出機によって図書館職員が貸出以外の「より専門的な業務」に集中することが可能になるという考え方は、モデルからすればやはり言語道断である。読書案内などを含んだ統合体としての「貸出し」が図書館職員の専門性の中枢に存在するのであり、それを除外しての専門性などありえないからである。こうした意味において、結局、自動貸出機は「貸出し」図書館における利用者と図書館職員の唯一の接点であるカウンターの重要性と、ひいては図書館職員のそもそもの必要性を揺るがすものであった。自動貸出機導入の動きは、図書館職員を貸出カウンターから引き離すことを本来の目的としていると警戒され、「貸出し」の重要性を理解している図書館職員であれば、どれだけ業務量が増えてもカウンターに立ちつづけることを望むはずであるとされたのである。

なお、貸出カウンターにおける図書館職員の必要性、専門性という問題に関しては、読書案内カウンターを貸出カウンターから分離して設置すべきという議論や、図書館業務の専門性を評価するために職務分析を行なうべきといった主張も前後して出てくることになる。「貸出しカウンターモデル」からすれば、こうした意見も貸出サービスの専門性を正当に評価せず、統合性を失わせるものであり、とても賛同できないものであった。しかし、先に見たように『市民の図書館』では貸出カウンターが発展して返却カウンターや読書案内カウンターも分化していくことが構想され、専門性の主張において職務分析を行なうこと自体は必須であるように思われる。こうした点を踏まえると、『市民の図書館』を継承したはずの「貸出しカウンターモデル」における独自性がうかがわれる。

開館時間・日数に対する終わりなき拡大要求

委託や自動貸出機の導入の目的として、多くの場合、開館時間拡大が挙げられた。その背景には、当然利用者側の要求の高まりがあった。一九七九年に政府が実施した公共図書館に関する初の大規模な世論調査では、さらに利用しやすくするための条件として「休館日や利用時間を工夫する」が二位（二九パーセント）、「家庭や職場の近くに図書館を設ける」は三位（二六パーセント）であった。[25] 一九八九年にも同様の調査が行なわれ、公共図書館を利用しやすくするために必要なこととして、「家庭や職場の近くに図書館を設ける」が一位（三五パーセント）、「休館日や開館時間を工夫する」が二位（二三パーセント）であった。[26]「貸出しカウンターモデル」では空間的拡大が優先されていたが、利用者にとっては時間的な拡大に対する要望も大きかったことがわかる。

先に見たように、一九八〇年代初頭の時点では、「貸出しカウンターモデル」を志向する図書館員は、労働条件を盾に利用者の要求を拒む「行政職員」よりも利用者の側に立っていた。そうした状況もあり、日曜開館や夜間開館を行なう図書館は着実に増加していった。しかし、利用者の要求はそれで完全に充足されたわけではなかった。一九八七年三月号の『図書館雑誌』は、一九八一年に続き再度開館時間の問題を取り上げているが、六年前には「日曜・夜間開館」に焦点が当たっていたのに対し、今回は「夜間・祝日通年開館」が主なトピックになっている。開館時間の拡大は、さらなる拡大への要求をもたらしたのである。特集における各論を見ても、終わりの見えない時間的拡大を懸念する意見が目立ってくる。ある論者は「図書館サービスそのものが、「数」のサービスから「時間」のサービスへとすりかえられている気がします。「どこでも」「だれでも」「ポストの数ほど」これは勤労地点で勤務時間内に図書館を利用できるように身近に図書館が建設されるべきなのです[27]」と主張しているが、これはまさに『市民の図書館』に端を発する時空間的問題への象徴的な指摘である。委託や自動貸出機の導入と結びついた開館時間拡大という問題には、こうした事情も付加され、一層「貸出しカウンターモデル」にとって厄介なものになっていくのである。

空間的拡大を第一に志向する「貸出しカウンターモデル」を揺るがすものとして、時間に関する問題が多く登場してきたのは、理論の面から考えれば必然的だったと言えよう。しかし、空間的な問題がまったくなかったわけではない。

その一つが、学習室、または席貸しであった。これらが公共図書館の発展を阻害してきた元凶として舌鋒鋭く批判されてきたこと、そして時空間的条件を変更し、長時間滞在がしづらい環境を構築することでこの課題に対処しようとしたことは、すでに見たとおりである。しかし、それによって要求自体がなくなったわけではもちろんなかった。一九八六年に日本図書館協会の町村図書館活動振興方策検討臨時委員会が発表した『町村の図書館』には、次のような記載がある。「しかし、いまだに、学習室―自習のための席を図書館に求める声が強い。また、席への需要は実際に強く、そういう部屋をつくった場合、よく利用されるのも事実である。そこで、図書館計画担当者は頭を悩ませることになるのである。〔中略〕図書館には、席だけの利用を前提とした学習室は、本来、不要である。そのような部屋は作らない方がよい。とはいうものの、面積に余裕があり、議会等から、自習のための席を作ることが強く要望された場合、それを無条件に切り捨ててしまうことも、現実問題としては難しいだろう。――それは図書館がやることではないにしても、そういう場所・席に対する需要があることは事実だからである。どうしてもさけられない場合は、前述のような弊害を、極力減らすように工夫した上で学習室をつくることになろう(28)」。このように、図書館で長時間勉強したいというニーズは、依然として無視できないものであり、「貸出しカウンターモデル」との齟齬は現場の図書館職員を悩ませるものであった。

さらに図書館に空間を求めていたのは、かつてのような勉強部屋を求める学生たちだけではなかった。それ以外の利用者も、図書館に居心地のよい空間を一層求めるようになっていったのである。この背景には、一九八〇年代前後に端を発する図書館を取り巻く社会環境の変化が考えられる。たとえば、自家用車の普及である。移動範囲の拡大によって、家族で週末に比較的遠距離でも大規模の公共図書館をゆっくりと利用するというスタイルが可能になった。利用者がニーズに応じて図書館を選べるということに連動して、ニーズの多様化に伴う公共図書館の役割分担も進んでいった。広範囲から利用者が集まる大規模な図書館では、ビデオやカセットテープといった録音映像資料の提供と鑑賞用ブース席の設置が進み、待ち時間が発生することもあった。また、図書館の業務システムに対するコンピュータの導入が進んだ結果、ＯＰＡＣ（Online Public Access Catalog：オンライン蔵書目録）の設置により蔵書検索が容易になり、貸出返却処理も迅速化し、開架冊数規模が一層増大した。そうした結果、図書館の居住性に対する関心が高まり、利用者が快適に長い時間在館できるような工夫が行なわれるようになったのである。一九八〇年代後半には、長時間利用の増加や、日野市立図書館の型から外れた公共図書館の増加、あいまいな滞在型スペースの必要性、といった指摘がされるようになり、さらに一九九〇年代に入ると、福岡県の苅田町立図書館など「滞在型」図書館と呼ばれるタイプの公共図書館が現われてくる。

ただし、こうした滞在型図書館でも、ほとんどの場合貸出サービスを重視しつづけていた。『市民の図書館』における「全域サービス」を踏まえれば、こうした大規模図書館は機能分化による発展が進んだ結果ということでもある。問題は、「貸出しカウンターモデル」において利用者の滞在時間が増加するとき、利用者が「効率的」に図書館の人的・物的資源を使うことによるモデルの利点が、少なくとも部分的には失われてしまうことである。結局、こうした流れは開館時間の拡大や、サービス提供体制の分化（専門的業務と非専門的業務の区分）、委託の導入といった現象と親和的なものであったと言えよう。「貸出しカウンターモデル」に基づけば、中小規模であっても専門的職員がカウンターにいる公共図書館が小学校のように徒歩圏内に存在するような体制が、最も望ましいことになる。ある公共図書館員が、一九八七年に「他市であっても自由に利用ができる数多い図書館、それが行政の縄張りと行政改革による緊縮財政は、居住地での図書館の長時間サービスへと要求を変えさせました」[29]（原文ママ）という指摘をしているが、「貸出しカウンターモデル」と滞在型図書館との距離感を端的に示している。

6 問題はどこにあったのか

ここまで「貸出しカウンターモデル」の成立・展開と、それに対立する動きの出現について概観してきた。モデルが公共図書館の普及や発展に強力な効果を発揮してきたことは確かである。しかし、前節で述べたような流れを食い止めることはほぼできなかったと言える。なぜ、「貸出しカウンターモデル」は展開を続け、遍く行き渡らないのだろうか。その問題をいくつかの論点から考えてみたい。

「貸出しカウンターモデル」はいつ達成されるのか

まず、「貸出しカウンターモデル」は何をもって実現したと言えるのかという問題がある。これまでの考察からすれば、専門的な図書館職員が常駐する貸出カウンターを擁する公共図書館が全域にわたって、すなわちあらゆる利用者が（徒歩で）アクセス可能なかたちで配置されること、というふうに位置づけることができるだろう。しかし、現時点ではこのような状況には至っておらず、モデルはいまだ達成されていないことになる。達成のためには、持てる力を「貸出し」にすべて振り向けることが必要である。そしてモデルが達成されないままで、それを差し置いて他の要素に資源を割くことは、モデルから離反する行為である。「本当に予算や職員数が不足しているなら、すべてのサービスにまんべんなく力を注いではならない。その時はまず、持てる力のすべてを貸出業務に注ぐべきなのである。公立図書館でいちばん優先順位の高い業務は貸出しだからである」[30]という指摘は、「貸出しカウンターモデル」の達成にすべての資源を集中投下すべきという考え方からすれば、当然のことである。結局そうした状況のもとでは、モデルにそぐわない新たなサービスや業務は、その内容を吟味される以前に、その発展を阻むものとしてすべて望ましくないものになってしまうのである。「貸出しカウンターモデル」が唯一の正しいかたちであるとするなら、それもやむを得ないことなのかもしれない。しかし、モデルから外れること自体を認めないという姿勢は、自己目的化にもつながってしまうのではないか。

興味深い事例として、一九九六年に起こった日本経済新聞のコラムをめぐるやり取りを取り上げてみよう。コラムの筆者は、近所にできた区立図書館の閉まっている日の多さを指摘して、「運営業務の民間委託やパートの活用などの工夫で、もっと開館日や開館時間を増やせるはずだ。貸出業務などの機械化が進み専従職員でなくても出来る仕事が少なくない(31)」と指摘した。これはまさにモデルと対立する意見である。そして約一か月後、コラムにふたたび公共図書館が登場する。読者の反響を紹介したうえで、「「職歴三年の司書」氏からは「あまりにも一方的な、ばかばかしい意見に激しい怒りを感じました」という反論をもらった。「民間委託して開館日数が増えても、開いているだけの中身のない図書館であれば、それは図書館ではありません。利用者のプライバシーの守秘義務、外からの検閲、継続的な運営、住民の意思が反映されなくなる」と〝問題点〟を列挙している(32)」として、「利用者の求めとの間に大きな落差を感じた」と述べている。「職歴三年の司書」氏の意見は、「貸出しカウンターモデル」に忠実に準拠したものである。コラムの筆者も、考え方はどうあれ、公共図書館の利用者である。そして「貸出しカウンターモデル」とは、利用者の要求に第一に寄り添うものであったはずである。結局ここでは、モデルから外れる要求は正当な「要求」とはみなされず、「あるべき姿」を攻撃する敵対意見としかみなされていないのである。そうして見ると、「職歴三年の司書」氏がコラム筆者の意見に「怒り」を感じているのもよくわかる。意見の対立は「より良い図書館の姿」を追求するための議論の前提ではなく、唯一の「あるべき姿」を必死に守る図書館職員に対する内外からの攻撃としてしか位置づけられないのである。このように議論が成立しない構造は、二〇〇〇年代に盛り上がりを見せた「無料貸本屋」論争にもみられる。(33) このときにも、貸出サービス以外の図書館サービスの拡充を求める意見は、公共図書館の存在意義を否定するものとして、「貸出しカウンターモデル」側から受け止められたのである。貸出が公共図書館のあらゆるサービスの不可欠の基盤をなしており、それが完全に確立していないという現状認識からすれば、それ以外の方向を拙速に模索することは、公共図書館自体に対する攻撃に等しいのである。

そう考えると、先に紹介した『任務と目標』における警戒感の現われも一層理解できる。もちろん「中小レポート」や『市民の図書館』のなかにも、激しい批判の言葉が随所に見られる。それらは、彼らが目指す新しい「あるべき姿」を実現するために「旧態依然とした現状」を言挙げするものであった。それに対して『任務と目標』では、実現の途上にある「貸出しカウンターモデル」を、その路線から外れようとするさまざまな「新しい」動きから守ろうとする、言わば防衛戦を展開しているように見える。

貸出サービスにおける専門性とは何か

ここまで、「専門的」「専門性」といった言葉を所与のものとして使ってきたが、そもそも「貸出サービスの専門性」とはどのようなものなのだろうか。これまでの議論を振り返れば、貸出サービスのなかで行なわれる読書案内やレファレンスサービスについての専門性というのが、まずは考えられる。しかし、「貸出しカウンターモデル」からすれば、それらと貸出業務とを切り離すことはできないとされ、それが委託や自動貸出機の導入といった動きに対する反対につながっていったのであった。

では、モデルにおける専門性はどのようにして明らかになり、認識してもらえるものになるのか。それは、言語化によっては達成できないと思われる。言語化とは一種の分析であり、究極的には「貸出し」とそれに含まれうるさまざまな業務を分離することにつながるからである。業務分析に対する反対も、こうした考えに基づいている。結局、貸出カウンターにおける専門性は、カウンターという場で図書館職員が行なうさまざまな業務の有機的全体性として「示される」ものであり、それを明示的に言語化するため、ばらばらに分析した途端、生き生きとした全体はその活力を失ってしまうのである。こうして「語る」ことだけでは十全に把握しつくせない専門性は、貸出カウンターに自ら立つことで、身をもって理解し血肉化するというかたちでしか身につけられないことが明らかになる。だからこそ、貸出カウンターから図書館職員を引き離そうとする動きは、目的の如何にかかわらず批判されたのである。こうした専門性は、カウンターに立っていない多数の人々には伝わりづらいものになる。「貸出し」の専門性が一般市民に十分に理解してもらえないという認識はこれまでも随所に見られるが、それを克服する方策は、ほとんどの場合、専門性の分析や言語化ではなく、貸出サービスの一層の推進によって利用者に「おのずから」認識してもらう方向性に求められた。図書館職員がカウンターで真心を込めて熱心にサービスしていれば、心ある利用者は理解してくれるはずなのである。

このように、「専門性」を言語化しがたい有機的全体と位置づけることには、いくつかの利点があるように思われる。一九八二年の『図書館用語辞典』では、「貸出し」の説明として次のような記載がある。

「貸出しを単に「本を貸すための事務手続き」としてのみではなく、学習権を保障する、という図書館の本質的機能ととらえることにより、必然的にその中に、資料相談・予約を含むものとして理解し、その実現を実践する方向が打ち出されてきた。またそれに伴って、図書館員の専門性も必然的な内容を持つようになり、それを備えることが強く要求されるところとなった(34)」。

記述内容は「貸出しカウンターモデル」に則ったものであるが、「図書館員の専門性も必然的な内容を持つようになり」とは、どういうことだろうか。筆者なりに敷衍すれば、図書館サービスの本質的要素として貸出サービスを位置づけるならば、「必然的」にそれは専門性を持たなければならないということである。つまり、モデルにおいて貸出サービスの専門性は必然的な要請なのである。業務の分析をした結果として専門性が認識されるのではなくて、「貸出しカウンターモデル」に立つとき、当然にそれは専門的業務である。この考え方が先ほどの議論によって補強されることは明らかであろう。さらに、委託に関する議論と関連して、図書館職員の専門性と自治体直営の必要性が一体的に論じられることがある。確かに両者が連動する場合もあろうが、本来的には切り分けて整理できる問題であると思われる。しかし「貸出しカウンターモデル」から考えれば、両者は必然的結合を伴っている。すなわち、専門性が言語化しがたく、カウンターに立つことによってしか身につけられない以上、仮に受託した業者が司書資格取得者率といった点で優位性を主張しても、「これまでカウンターに立っていた」ということが最も重要なのであり、委託はどのようなかたちであれ認められないものになるのである。

「貸出しカウンターモデル」は公共図書館の多数意見なのか

冒頭で述べた、「なぜ実際には変わりつつある公共図書館が旧態依然として見えるのか」という問題を考えるうえで外せない論点が、「貸出しカウンターモデル」の実効性、すなわち公共図書館全体のどの程度がこのモデルに依拠しているのかという点である。「貸出しカウンターモデル」を体現した『任務と目標』は日本図書館協会の政策文書であり、これまで見てきたように、公共図書館をめぐる言説において、モデルに基づく主張が公共図書館職員を中心に多く見られることは確かである。また、モデルの淵源である「中小レポート」や『市民の図書館』を評価する声は今でも多い。こうして見ると、「貸出しカウンターモデル」は公共図書館の多数派を占めているように思える。

しかし実際には、モデルの立場から批判されつづけた委託や自動貸出機の導入は進んでいる。これはモデルの重要性を理解していない公共図書館内外の勢力の増長ということなのだろうか。こうした理念と実態のずれを検討する際に興味深いのが、各種のアンケート調査である。たとえば二〇〇三年に実施された調査によると、市区町村立図書館で、資料選定を正規職員が行なう館が約七割を占めるのに対し、貸出業務を正規職員が行なう館は三割程度であった。(35)「貸出しカウンターモデル」からすれば、貸出カウンターに立って利用者の生きた声に触れることが資料選定につながるのであり、両者は切り離せない。だが実際には、そうした業務体制を敷いているのは少数派なのである。二〇一三年に日本図書館協会が実施した業務委託に関する調査では、委託の導入理由について、「開館時間や開館日数の拡大によって利用者へのサービス向上が図れる」という事項が約半数を占め、また委託対象の業務として、「貸出・返却」が九七パーセントと最多になっている。[36] これもモデルからけ容認しがたい事態である。この結果について調査の分析者は、「窓口業務は、今日の図書館の業務において最も多く委託されている分野である。本来、窓口においては、司書と利用者が直接コミュニケーションを交わす場であると同時に、司書が利用者の読書要求を把握する重要な役割を担っている場であり機会でもある。故に、レンタルショップの窓口のような機械的単純作業ではない[37]」と述べている。一文目と二文目以降の断絶に実態と理念との距離が表われている。

こうした理念と実態のずれを、実態が理念に基づいて修正されていく途中段階であるとみなすこともできるだろうが、あまり現実的ではないように思われる。より蓋然性が高そうなのは、公共図書館界にはモデルとは違う立場を取りつつも、それを表立っては主張しない勢力が存在し、アンケート等を通してその存在が明らかになっているという解釈ではないか。先に述べたように、モデルからの脱却はそれ自体をもって非難されるのであれば、その正当性を主張しても議論は成立しない。そうして地滑りのようにモデルに拠らない公共図書館が徐々に増えていくことになる。ここで問題なのは、あくまで言説空間では「貸出しカウンターモデル」が依然として存在感を示しつづけることによって、一般的なイメージとしてモデルに近い姿の公共図書館が形成されるということである。このように仮説を展開すると、冒頭で述べたイメージと実態のずれも、より理解可能になる。

理念と実態のずれをどう扱うか——複合施設をめぐる言説を例に

本節の最後に、理念と実態のずれを考えるうえで示唆に富む空間的な問題として、複合施設をめぐる言説の変遷を取り上げたい。複合施設とは、公共図書館が単体で独立の建築物に存在するのではなく、他の施設と共に入っているものである。元来、公共図書館の施設は独立している方が望ましいとされてきた。「中小レポート」以前の時代においては、その理由は主に図書館の「立派さ」の確保にあったと言える。寄付者や設置者等の威信は、独立して存在する豪壮な建物に象徴されていたのである。

その後、『市民の図書館』では施設自体の重要性は小さくなるが、それでも図書館の、少なくとも中央館は独立していなければならないとされた。その主な理由は、施設の独立性を失えば図書館運営の独立性も一緒に失われかねないことへの懸念であり、複合施設は図書館にとって何らプラスにならないと一蹴されている。こうして貸出サービスに主軸を置いた図書館にとっては、①複合化によって、公民館の職員が図書館職員を兼ねるなど専門的職員の十分な配置が確保できなくなる、②複合施設全体の長の指揮監督下に図書館が置かれ、独立した運営が困難になる、③施設全体で共通の開館時間が設定されると、図書館もそれに従わないといけなくなる、といった懸念から複合施設はまったく評価されていなかった。一九八一年に日本図書館協会が複合施設の状況について大規模な調査を行なったが、その結果、報告の冒頭でいきなり「図書館の建物が独立した専用の建物であることが良いのはいうまでもない(38)」と明言されている。複合施設であっても空間的なアクセスの拡大にはつながるだろうが、それはやはり狭義の貸出サービスにすぎず、配本所や公民館図書室と同列に扱われたのである。『任務と目標』でも同様に、図書館は単独施設であることが望ましいとされている。

こうした理念の一方で、実態としては公共図書館のなかで複合施設はかなりの割合を占めつづけていた。割合は徐々に増加し、一九九〇年代には中央館レベルでも複合施設が選択されるケースが常態化してきたと言われている。しかも相手にも多様化が見られ、従来は公民館といった類縁施設が多かったのが、商業施設のような民間との複合も目立ってくる。こうして複合施設が一種のトレンドになるに及んで、図書館施設の専門家を中心に複合化のプラス面が評価されるようになってくる。最近では、複合化がさらに進んだ結果、「融合型」と言われるさらに一体化の進んだ施設のなかに図書館が位置づけられるケースも出てきており、高く評価されることも多い。かつてのような見方は、少なくとも表立っては影を潜めていると言えよう。

だが、「貸出しカウンターモデル」に立つかぎり、こうした複合施設の増加はどうあっても容認できないはずである。たとえ実態が理念からいかに乖離していようと、理念の一貫性を求めるなら実態をそのまま受け入れることはできない。現に民間委託等の動きも実態としては増加してきているが、こちらは一貫してモデルの立場から批判されつづけている。こうした態度の違いは、外側から見ると機会主義的な主張のように見えてしまいかねない。

7　オルタナティブな時空間を考えるために

ここまで、時空間的観点に注目しつつ公共図書館のたどってきた系譜を概観することで、「貸出しカウンターモデル」という理念型の導出とその意義の確認、そして直面している問題について考察してきた。これまで、モデルに対する内在的な理解に努めつつ吟味を進めてきたが、筆者は「貸出しカウンターモデル」自体に問題があるわけではないと考えている。すでに見たように、モデルは論理的な一貫性を保っており、少なくとも一定の状況では合理的である。問題は、このモデルがすべての状況に妥当しなければならないという前提が置かれてしまうことである。その結果、モデルから外れる試みは「外れている」ということ自体で、内容を吟味されることなく批判されるか黙殺されるのである。

とは言え、モデルの本質的部分としてそうした普遍的妥当性が不可分にあるのなら、筆者の位置づけは誤っていることになる。ここで最後に、思考実験をしてみたい。電子書籍は「貸出しカウンターモデル」のもとでどう位置づけられるだろうか。公共図書館が電子書籍を提供することは、利用者の情報へのアクセスを時空間的に飛躍的に拡大しうる。しかし、たとえば利用者が自宅に居ながらにして自分の端末で図書館の電子書籍を借りられるとすると、それはモデルに明確に反する。モデルに立つ以上、利用者は自分の端末を公共図書館に持ち込んで貸出カウンターにいる専門的職員から貸出を受けるべきである。論を弄んでいると思われるかもしれないが、筆者は決してそう思わない。そうした利用形態の方が望ましい場合はないとは言い切れない。問題は時空間的なアクセスの利便性とサービスにおける専門的職員の介在との比較衡量であり、こうした比較衡量こそモデルが避けてきた部分である。比べるためにはモデルとは別の考え方の存在を認めなければならない。そうしなければ、「貸出しカウンターモデル」は正当に評価されることなく今度は黙殺されてしまいかねない。

直営でもさまざまな姿の公共図書館があり得るべきである。「貸出しカウンターモデル」を唯一のあるべきかたちとし、それ以外のモデルを認めないことは、逆に「委託をすれば新しいことができる」という発想につながってしまう。そうした状況の一つの帰結が、冒頭で触れた公共図書館のイメージであるように見える。そもそも公共図書館とは、さまざまな「他のありうるかもしれないもの」、オルタナティブなものに出会えることを保障する社会的な装置でもあるはずだ。

注

（1）樋渡啓佑『沸騰！　図書館』角川書店、二〇一四年、四―五頁。

（2）文部省社会教育局編『中央図書館ニ関スル調査　昭和9年4月現在』一九三四年、二頁。

（3）岡山図書館編『岡山県岡山市岡山図書館要覧』一九二〇年、四頁。なお、表記や言い回しを適宜現代語に直している。

（4）小林昌樹「東京市立図書館を利用するには」2016〈http://www.library.chiyoda.tokyo.jp/files/findbook/gyoumushiryou/gyoumushiryou_kouenroku20160122.pdf〉

（5）堺市立中央図書館編『堺市立図書館一〇〇年史』二〇一六年、四頁。

（6）内閣総理大臣官房広報室編『世論調査年鑑（昭和40年版）』一九六六年、一七一頁。

（7）『図書館ハンドブック』改訂版、日本図書館協会、一九六〇年、一二五頁。

（8）相馬利雄「日曜も開いて誰にでも貸出したいが」『図書館雑誌』五九巻六号、一九六三年六月、二一五—二一六頁。

（9）『中小都市における公共図書館の運営』日本図書館協会、一九六三年。

（10）『市民の図書館』日本図書館協会、一九七〇年。

（11）図書館問題研究会図書館用語委員会『図書館用語辞典』角川書店、一九八二年、一八五頁。

（12）日本図書館協会図書館ハンドブック編集委員会『図書館ハンドブック』第4版、日本図書館協会、一九七七年、三九三頁。

（13）日本図書館協会図書館ハンドブック編集委員会『図書館ハンドブック』第4版、日本図書館協会、一九七七年、三二七頁。

（14）町村図書館活動振興方策検討臨時委員会『町村の図書館』日本図書館協会、一九八六年、一〇三—一〇四頁。

（15）日本図書館協会図書館ハンドブック編集委員会『図書館ハンドブック』第4版、日本図書館協会、一九七七年、八二頁。

（16）久保輝巳「日曜開館・夜間開館に向けて」『図書館雑誌』一九八一年六月、三二〇—三二三頁。

（17）鈴木澄子「日曜開館を要求して」『図書館雑誌』一九八一年六月、三二六—三二七頁。

（18）図書館問題研究会「図説図書館のすべて 改訂新版」編集委員会『図説 図書館のすべて』ほるぷ出版、一九八五年、二〇二頁。

（19）日本図書館協会図書館政策特別委員会編「公立図書館の任務と目標 解説」日本図書館協会、一九八九年。

（20）日本図書館協会図書館政策特別委員会編「公立図書館の任務と目標 解説」日本図書館協会、一九八九年、五一頁。
(21) 日本図書館協会図書館政策特別委員会編「公立図書館の任務と目標 解説」日本図書館協会、一九八九年、二六頁。
(22) 日本図書館協会図書館政策特別委員会編「公立図書館の任務と目標 解説」日本図書館協会、一九八九年、二三頁。
(23) 日本図書館協会図書館政策特別委員会編「公立図書館の任務と目標 解説」日本図書館協会、一九八九年、二六頁。
(24) 小林昌樹「自動貸出機論争」田村俊作・小川俊彦編『公共図書館の論点整理』勁草書房、二〇〇八年。
(25)「読書・公共図書館に関する世論調査」『図書館雑誌』一九八〇年四月、一七六―一八一頁。
(26)「読書・公共図書館に関する世論調査」内閣府。
(27) 江崎邦彦「豊中市立図書館の日曜全日開館に至るまで」『図書館雑誌』一九八七年三月、一三七頁。
(28) 町村図書館活動振興方策検討臨時委員会『町村の図書館』日本図書館協会、一九八六年、一三五―一三六頁。
(29) 江崎邦彦「豊中市立図書館の日曜全日開館に至るまで」『図書館雑誌』一九八七年三月、一三七頁。
(30) 公立図書館の経営調査委員会『こうすれば利用がふえる——公立図書館の経営』日本図書館研究会、一九九七年、一二七頁。
(31)「春秋」『日本経済新聞』一九九六年一〇月二日。
(32)「春秋」『日本経済新聞』一九九六年一〇月三〇日。
(33) 詳細は、次の文献を参照。安井一徳「「無料貸本屋」論」田村俊作・小川俊彦編『公共図書館の論点整理』勁草書房、二〇〇八年。
(34) 図書館問題研究会図書館用語委員会『図書館用語辞典』角川書店、一九八二年、五二頁。
(35) 国立教育政策研究所社会教育実践研修センター編『図書館及び図書館司書の実態に関する調査研究報告書』二〇〇四年三月、四三頁。
(36) 堤伸也「公立図書館の業務委託の実態を考察する」『自治総研』二〇一三年七月、七三―八七頁。

（37）　堤伸也「公立図書館の業務委託の実態を考察する」『自治総研』二〇一三年七月、八三頁。
（38）　嵩原安一「併設・複合館の状況――アンケート調査の集計結果と考察」日本図書館協会編『併設・複合館の問題をめぐって』一九八一年一〇月、五頁。

（安井一徳）

終章　何をしたかったのか、何ができるのか

オルタナティブな公共図書館史

> 図書館の本質的な役割の一つは資料収集にありとは、司書が真っ先に教えられることです。そして資料とは、作られた瞬間から過去に属する性質のものです。本を集めるとは必然的に「過去」を蓄積することであり、だから図書館は「過去」と非常に親和性が高いのです。
>
> 開き直りついでに言えば、人間も過去の記憶で作られているわけですしね。

第5章で紹介されている森谷明子『れんげ野原のまんなかで』の続編『花野に眠る』(1)の「あとがき」からの引用です。同書は、前作と同じ秋葉図書館が舞台になっており、三名の司書がストーリーの中心となって展開するミステリー作品です。第5章でも指摘されていますが、同じ図書館員の姿を描いても、図書館の外側から見た場合と、内側を知っていて創り上げる場合とでは、大きな違いが生

まれるものだと実感させられます。

ここで森谷明子さんの一文を紹介したのは、本書『公共図書館の冒険』が公共図書館の歴史を基調に執筆されているからです。ただし、本書の意図するところは、「過去の事象の検討=歴史研究」ではなく、過去の営みを振り返ることを通して、公共図書館ではこれから何ができそうかを見据えることにあります。本書のサブタイトル「未来につながるヒストリー」は、執筆者一同のそうした願いを込めたものと言ってよいでしょう。

日本の公共図書館の歴史を扱った図書・雑誌記事は、夥しい数にのぼります。実は、これ自体が、日本の図書館に関する論考の特質の一つと受け止めています。日本図書館情報学会の機関誌(2)に掲載される記事や同学会の研究集会(3)における研究発表を眺めると、歴史研究が少なくありません。日本図書館研究会の場合も同様でしょう(4)。さらに、日本図書館文化史研究会という、図書館の歴史に特化して研究を行なう人たちの集まりもあります(5)。図書館という社会的機関を対象としていることから、実証的・実践的な研究が多いのではないかという印象を持ちますが、必ずしもそうではないようです。

ちなみに、公共図書館史の先行著作と言うと、時代・地域・事象を限定したものを除けば、第1章3節以降で拠りどころの一つとしている『近代日本図書館の歩み 本篇』(6)や『日本公共図書館の形成』(7)が代表となります。古くは『日本近代公共図書館史の研究』(8)、近年では『公共図書館サービス・運動の歴史』(9)も浮かびます。また、詳細な歴史的事象を拾い出すときには、『近代日本公共図書館年表』(10)が有用です。さらに、司書養成の現行カリキュラムには、選択科目の一つに「図書・図書館史」があり、そのためのテキストブックも刊行されています[11]。

こうした資料を通して公共図書館の歴史を辿ることは比較的容易かもしれません。しかし、そうであるならば、本書の意義はどこにあるのでしょうか。私は二つの点にあると感じています。本書をオルタナティブな、もうひとつの公共図書館史と呼ぶ所以も、ここにあります。

一つは、従来の著作が、時代区分に基づき、編年形式で図書館全般の事象を位置づけているのに対し、本書は独自のトピックをまず設定し、それを歴史的に概観しています。つまりトピック別の公共図書館史です。登場するさまざまな事象は、新たに発掘された史料に基づくものもありますが、多くはすでに知られているものです。むしろここに、本書のオリジナリティがあります。すなわち、独自のトピックに関係づけて事象を再構成した点です。このことは、設定したトピックのもとで新たに整理したことにもなり、『公共図書館の論点整理[12]』に共通する手法を用いているとも考えられます。

もう一つは、トピックの立て方と論述の仕方です。公共図書館に関係するトピックを、ただ名辞として掲げたのではなく、それぞれに「問い」を立て、かつ、検証しようとしています。たとえば第2章では「どんな本が読めて、どんな本が読めなかったのか」という「問い」が具体的に設定され、娯楽本、マンガ、雑誌などの位置づけと変遷が検討されています。各トピックの関連事象を時間の流れに沿って平板に記すのではなく、「問い」の答えを得るべく、ダイナミックに記述しています。歴史的なエビデンスを求める研究的な姿勢と言えるでしょうか。

なお、本書で取り上げられているトピックに対する理解の幅を広げるには、根本彰『情報基盤としての図書館』[13]と『続・情報基盤としての図書館』[14]が、まとまりのある著作して役立つと思われます。

イメージ解明への取り組み

本書に通底する問題意識は「公共図書館は何をしてきたのか」です。「公共図書館員は何をしたかったのか」と言い換えることもできるでしょう。未来に向けては、こうした過去の現実を踏まえて、「公共図書館は何ができるか」という問題提起にもなります。各章の情報量はかなり多く、ここでは、着目すべきと思うところに絞って紹介します。

第1章冒頭では、「ライブラリー・オブ・ザ・イヤー」が描かれています。この賞は公共的な図書館としての優れた営みに対して与えられます。その対象は「図書館法」に規定された公共図書館と大きく異なります。公共図書館とは何か、そもそも公共的な活動とは何であるのかを強く意識することから、本書は始まります。

第2章は、公共図書館が提供する資料・コレクションのイメージが主眼となっています。また、提供する資料を利用する人々の姿が描かれています。どのような資料であっても、公共図書館は提供してくれる、あるいは、コレクションとして所蔵してくれるといった、抱きやすい現在の理想型とはほど遠い、過去の状況に驚かされます。

第3章は、資料の受入・整理（分類作業や目録作成）・装備など、「利用者の目には直接見えない作業」（一〇五頁）を扱っています。すなわち、イメージを形成しにくい活動、言わば、図書館の外からはブラックボックスと映る部分です。こうした業務の変遷を記すだけだと教科書のような書き方になってしまいますが、この章では、資料の発注先である書店、出版取次、整理・装備の委託先との関係に焦点を合わせているのが特徴です。それにより、第4章との架け橋ともなっています。

第4章は、出版業界（出版取次ほかの関連業界を含む）と図書館界の間柄を概観しています。なかでも、両者の関係を強く認識させるものとして、栗田ブックセンター、『図書館年鑑　一九五二』、本の学校・大山緑陰シンポジウム、『季刊・本とコンピュータ』に対する位置づけは、公共図書館の背後に渦巻く事情を明らかにする役割を果たしており、きわめて新鮮です。

第5章については、すでに記したところと重なりますが、文芸作品に登場する図書館員を描き、一般的なイメージと現実との挾間に目を向けています。図書館員のイメージを通して公共図書館の実状をも思い起こさせるという点でも効果的です。最も興味深いのは、これからの図書館員の姿を考える要素として、雇用形態との関係で必要とされる能力《コンピテンシー》のあり方、すなわち、コンピテンシーモデルについても触れていることです。これは、図書館員に対する能力観、あるいは専門職観とも無縁ではありません。

第6章は、公共図書館の時空間に目を向けているように、一見思われます。しかし中心となるのは、第5章の後段に記されている専門職に関する議論と符丁を合わせているとも思われるような「貸出しカウンターモデル」の提示です。『中小都市における公共図書館の運営』[15]（以下「中小レポート」と記す）および『市民の図書館』[16]の提言を受け、今日に至る「まちの図書館（市町村の図書館）」では、貸出サービスを中心とする業務モデルを構築してきたことがわかります。しかし第6章では、これを単なる業務の連関にとどめず、貸出カウンターという場で実践され、発揮される図書館員の専門的職務の姿を含み込んだモデルとして表わしています。

このように、各章を眺めてみると、気づくことが一つあります。「何をしてきたのか」「何をしたかったのか」という問題意識は、「公共図書館はどのように見えていたのか」あるいは「公共図書館はどのように描かれてきたか」を明らかにする作業にもなっているということです。各章によって、イメージ、像、姿、認識、理想型と表現こそ異なりますが、似通った意味合いの語にしばしば出会うのは、そのためと言ってもよいでしょう。

レファレンスライブラリーの不在

これからの公共図書館における「冒険」を意識したとき、都道府県立図書館の取り組みを外すことはできません。「中小レポート」に基づいて「まちの図書館」が公共図書館の主体となることにより、大図書館である都道府県立図書館の役割の再定義が必要になること、そして、いまだにそのあり方に対する有効な解決策が見出せないままになっているという、第1章5節の指摘（四八頁）は重要です。読み流してしまいがちなわずかな記述ですが、「中小レポート」に端を発する大きな転換が、その後半世紀以上経っても収束していないという事実認識がここにあります。しかも、そこには日本の公共図書館制度の特質が絡んでいます。

私たちは、二つのタイプの地方自治体、すなわち市町村の住民であるとともに、都道府県の住民でもあります。東京二三区は特別区ですが、ここでは市町村と一つのものとして扱います。要するに、地方自治体が二層になっているのです。広域自治体の都道府県と、住民の生活圏に近い市町村であり、それぞれが行政サービスを実施しています。地方自治体の形態は外国でもさまざまです。日本に近い二層型もあれば、一層型や三層型もあります。イングランドのように、大都市圏とそうでない地域とで層の数が異なる場合もあります。ここで問題となるのは、どの行政サービスをどの層の地方自治体が行なうかということです。すべての行政サービスを生活圏に近い自治体で行なうのが効果的であるとは限りません。広域自治体の単位で組み立てたほうが資源の有効利用に結びつくという考え方も成り立つからです。

こうした考え方は日本でも適用されています。たとえば、公立小学校や公立中学校は、基本的には市町村が設置します。しかし、その学校に勤務する教員の採用は、都道府県が実施します。例外は政令指定都市で、学校の設置も教員の採用も行なっています。ところが公共図書館に関しては、「図書館法」において、市町村も都道府県も設置できます。ただし、一九七〇年代以前は、公共図書館と言えば、都道府県立図書館ならびに比較的大きな都市の市立図書館が大勢を占めていました。それが、「まちの図書館」の設置が進んだことから、都道府県立図書館の役割が「新たな」課題になったわけです。住民の生活する場に設置母体の異なる二つの公共図書館が存在しているという問題が、私たちの目の前にあるのです。

この問題は、世界的に見るとかなり独自です。先に挙げたイングランドでは、各地域において公共図書館は一つしかありません。大雑把に、大都市圏以外を例にすると、広域自治体のカウンティ（日本で言えば県）があり、その中がシティ（市）やディストリクト（区）に分かれています。このとき、公共図書館サービスを行なうのはカウンティとシティになります。シティの公共図書館は、その住民に対してサービスを行ないます。これに対し、カウンティは、シティを除いた残りのカウンティの住民に対してサービスを提供する仕組みとなっています。日本に当てはめれば、県と政令指定都市のような関係になるでしょうか。

二〇一四年に『図書館雑誌』は、「がんばれ！ 都道府県立図書館」[17]と題する特集を組みました。そこには、迷える都道府県立図書館の姿が見え隠れします。この「迷い」の背景の一つが、公共図書館設置の二層構造であると言えるでしょう。しかし、二つのタイプの公共図書館が存在する必要はない、とまでは論じられません。「図書館法」では、都道府県立図書館が市町村立図書館の並立を認めているわけですが、そうした体制で「何をしたかったのか」について、それまでの制度、とりわけ、一九三三年の「改正図書館令」に依拠する中央図書館制度の位置づけをも視野に入れた歴史的検証が必要と思われるからです。

それに加えて世界的な状況を踏まえると、公共図書館には別の意味での二つのタイプが併存していることも関係します。レンディングライブラリーとレファレンスライブラリーです。それぞれを『図書館情報学用語辞典』[18]で検索すると、「貸出図書館」と「参考調査図書館」の見出し語のもとに、次のような定義が示されています。

貸出図書館：主として読書の対象となる資料からなるコレクションを形成し、資料提供にかかわるサービスを行っている図書館ないし図書館の一部門。参考調査図書館と対比される図書館であり、貸出サービスを中心としながら、関連サービスとして予約サービスや相互貸借などを実施している。また、貸出図書館におけるレファレンスサービスとして、読書案内サービスを提供している。

参考調査図書館：レファレンスブックを始め、主として調査、研究に役立つ資料からなるコレクションを形成し、レファレンスサービスを行う専門職員を配置している図書館ないし図書館の一部門。原則として、資料の貸出は行わず、閲覧に限っている。

この定義で注意したいことの一つは、それぞれは、図書館の一部門となる場合があり、独立した建物を有するとは限らないことです。外国の中央図書館では、一つの図書館のなかに両方の部門を置いている姿に出会います。しかし「中小レポート」に沿って発展した日本の公共図書館の実態は、レンディングライブラリーに大きく傾斜してきました。したがって、伝統的な公共図書館観に基づけば、レファレンスライブラリーの役割を果たす機構が別に必要となります。都道府県立図書館がそれに当てはめられそうですが、実際はそう単純ではなく、レファレンスライブラリー不在の状況が続いていると見受けられます。

なお、貸出図書館の定義において、そこで行なわれるレファレンスサービスが、読書案内サービスと位置づけられて実践されているという点にも注意してください。読書案内サービスは第6章の「貸出しカウンターモデル」で登場しますが、右記の定義内容はこのモデルの構造を理解する一助になるはずです。

さらに蛇足ですが、一言。日本の公共図書館でレファレンスサービスと記すと、すぐさま、図書館員が利用者の質問に答える活動と扱われます。しかし、これはレファレンスサービスの一形態であり、正確には質問回答サービスと呼ぶべきものです。レファレンスサービスは、資料・情報源と利用者を結びつけ、資料に記録されている内容を参照利用できるようにする活動全般を指します。したがって、レファレンスライブラリーにおいて行なわれる活動は、利用者の調べ物に対する直接・間接を問わない幅広いものです。詳しくは本書の執筆者でもある小林昌樹の論考(19)で確認できます。

フリー天国

もう一つ、日本の公共図書館制度の特質が影響している事象を取り上げます。第1章、第4章、第6章を横断して登場する「無料貸本屋」論争との関係です。第1章にも示されているように「図書館法」第一七条において、図書館利用（入館料と資料利用の対価）に対する無料原則が公立図書館において確立しています。しかしここで問いかけたいのは、「資料利用として扱いたかったのかは何だったのか」ということです。

私の理解では、公共図書館におけるサービスをほとんどすべて無料としている国は多くありません。

日本の公立図書館は、語弊を怖れずに記すならば、「フリー天国」に近いのです。たとえばイングランドでは、紙媒体の図書以外のメディアは、有料での貸出を制約していません。リクエストサービスも有料です。延滞料も取られます。フランスのように、貸出カードの入手（貸出登録）を年会費制にしているところもあります。ベストセラーに対して、米国やカナダでは、有料コレクションを用意して対応している事例もあります。

ベストセラーの複本を貸し出したり、リクエストに応じたりすることは、いずれの国でも悩ましい側面があるのでしょう。その解決に「課金」という方策を用いている、あるいは用いる可能性がある点が、日本の公立図書館と大きく異なるところです。さらに、公共図書館における資料の貸出に対して著作者に補償金《ロイヤリティ》を支払う制度である公共貸与権（公貸権）の考え方を、ヨーロッパの少なくない数の国が導入しています。日本においても、「著作権法」において、映像著作物に対して限定的に補償する仕組みが成り立っています。このことが出版物にも拡がれば、これからの公共図書館と出版業界の関係もまた変容するものと予想されます。

このように、本書に啓発されて、探究したくなる「問い」が次から次へと生まれます。もちろん、秋葉図書館に勤務する司書のように、スマートに謎解きはできませんが。

注

（1）森谷明子『花野に眠る――秋葉図書館の四季』東京創元社（創元推理文庫）、二〇一七年。なお、単行本は同社から二〇一四年に刊行されている。
（2）日本図書館情報学会編集委員会編『日本図書館情報学会誌』同学会、一九九九年―（季刊）。これ以前は、日本図書館学会編集委員会編『図書館学会年報』同学会、として、一九五四年から一九九九年まで刊行されている。
（3）現在、日本図書館情報学会は、春季研究集会と研究大会を開催している。詳細は http://jslis.jp/ を参照。
（4）日本図書館研究会では、機関誌として『図書館界』を一九四七年から刊行している。同誌ならびに研究集会の詳細は http://www.nal-lib.jp/ を参照。
（5）日本図書館文化史研究会は、前身となる図書館史研究会の時代から、機関誌『図書館文化史研究』（前身は『図書館史研究』）を一九五四年以降、年刊で刊行しており、歴史研究の記事を掲載している。研究集会等の詳細は http://jalih.jp/ を参照。
（6）日本図書館協会編『近代日本公共図書館の歩み 本篇』同協会、一九九三。
（7）永末十四雄『日本公共図書館の形成』日本図書館協会、一九八四年。
（8）石井敦『日本近代公共図書館史の研究』日本図書館協会、一九七二年。
（9）小川徹ほか『公共図書館サービス・運動の歴史』日本図書館協会（図書館実践シリーズ）、二〇〇六年、全二巻。なお、第一巻は「そのルーツから戦後にかけて」、第二巻は「戦後の出発から現代まで」のサブタイトルが添えられており、取り扱っている時期を明示している。
（10）奥泉和久編著『近代日本公共図書館年表　一八六七―二〇〇五』日本図書館協会、二〇〇九年。
（11）刊行の古い順に記すと、次のようになる。
・佃一可編『図書・図書館史』樹村房（現代図書館情報学シリーズ）、二〇一二年。
・小黒浩司『図書・図書館史』日本図書館協会（ＪＬＡ図書館情報学テキストシリーズ）、二〇一三年。
・原田安啓『図書・図書館史――此処に無知終わり、「知」始まる』学芸図書（実践図書館情報学シリーズ）、二

○一三年。
・千錫烈編著『図書・図書館史』学文社（ベーシック司書講座・図書館の基礎と展望）、二〇一四年。
・綿抜豊昭『図書・図書館史』学文社（ライブラリー図書館情報学）、二〇一四年。
(12)　田村俊作・小川俊彦編『公共図書館の論点整理』勁草書房、二〇〇八年。
(13)　根本彰『情報基盤としての図書館』勁草書房、二〇〇二年。
(14)　根本彰『続・情報基盤としての図書館』勁草書房、二〇〇四年。
(15)　『中小都市における公共図書館の運営』日本図書館協会、一九六三年。
(16)　『市民の図書館』日本図書館協会、一九七〇年。
(17)　「がんばれ！　都道府県立図書館」『図書館雑誌』一〇八巻六号、二〇一四年六月、四〇四―四一九頁。
(18)　日本図書館情報学会図書館情報学用語辞典編集委員会『図書館情報学用語辞典』第四版、丸善出版、二〇一三年。なお、インターネット上の辞書サイト「コトバンク」(https://kotobank.jp/) においても、この辞典の検索ができる。
(19)　小林昌樹「「参照」してもらうのがレファレンスサービス」池谷のぞみほか編著『図書館は市民と本・情報をむすぶ』勁草書房、二〇一五年、一七八―一八七頁。

（小田光宏）

索　引

ア　行

カ　行

サ 行

タ　行

ナ　行

ハ　行

マ　行

ヤ　行

ラ　行

ワ　行

編者・執筆者紹介

柳 与志夫（やなぎ・よしお） 1954 年生まれ．東京大学情報学環特任教授．著書『文化情報資源と図書館経営——新たな政策論をめざして』（勁草書房，2015 年）ほか．

田村俊作（たむら・しゅんさく） 1949 年生まれ．慶應義塾大学名誉教授（図書館情報学）．共編著『公共図書館の論点整理』（勁草書房，2008 年）ほか．

小林昌樹（こばやし・まさき） 1967 年生まれ．国立国会図書館．著書『雑誌新聞発行部数事典——昭和戦前期　附．発禁本部数総覧』（金沢文圃閣，2011 年）ほか．

鈴木宏宗（すずき・ひろむね） 1970 年生まれ．国立国会図書館．「帝国図書館長松本喜一について」（日本図書館文化史研究会編『図書館人物伝——図書館を育てた 20 人の功績と生涯』日外アソシエーツ，2007 年，所収）ほか．

柴野京子（しばの・きょうこ） 上智大学文学部新聞学科准教授．著書『書棚と平台——出版流通というメディア』（弘文堂，2009 年）ほか．

河合将彦（かわい・まさひこ） 1978 年生まれ．国立国会図書館．「「男性図書館員」の肖像」（国立国会図書館カレントアウェアネス　No. 298）ほか．

安井一徳（やすい・かずのり） 1982 年生まれ．国立国会図書館．「コレクションとは」（日本図書館情報学会研究委員会編『情報の評価とコレクション形成』勉誠出版，2015 年，所収）ほか．

小田光宏（おだ・みつひろ） 1957 年生まれ．青山学院大学教育人間科学部教授．「社会教育施設の管理運営に関する諸問題」（鈴木眞理ほか編著『社会教育の施設論』学文社，2015 年，所収）ほか．

柳 与志夫・田村俊作編

公共図書館の冒険

未来につながるヒストリー

2018 年 4 月 16 日　第 1 刷発行

発行所 株式会社 みすず書房
〒113-0033 東京都文京区本郷 2 丁目 20-7
電話 03-3814-0131(営業) 03-3815-9181(編集)
www.msz.co.jp

本文組版 キャップス
本文印刷・製本所 中央精版印刷
扉・表紙・カバー印刷所 リヒトプランニング
装丁 安藤剛史

Printed in Japan
ISBN 978-4-622-08682-6
[こうきょうとしょかんのぼうけん]
落丁・乱丁本はお取替えいたします